Elisabeth Bonneau

300 Fragen zum guten Benehmen

Inhalt

Besuch in Sicht

Begrüßen, vorstellen & Co.

»Der erste Eindruck prägt« – sich dessen bei jeder Begegnung bewusst zu sein ist eine Kunst. Dabei können sich Nervosität bei der ersten Begegnung, Nachlässigkeit bei wiederholten Treffen und Unsicherheit über Rang und Namen als Stolpersteine erweisen, die den weiteren Fortgang einer Bekanntschaft unnötig erschweren. Bewusstes Vorgehen erleichtert jede Begegnung.

Grüß Gott, Salut und Guten Tag

Die Entscheidung Ihres Gegenübers, ob es Sie als »Freund« oder »Feind« einschätzt, ist in Sekundenbruchteilen gefällt. Setzen Sie die richtigen Gesten ein, damit diese Entscheidung zu Ihrem Vorteil ausfällt.

1. Reihenfolge beim Grüßen: Zwei Bekannte begegnen sich. Wer grüßt wen zuerst?

In einem geschäftlichen Umfeld wird eine höher gestellte Person von Untergebenen, ein Kunde vom Anbieter gegrüßt. Dieser sendet damit das Signal: »Ich achte Sie, Sie entscheiden über den weiteren Verlauf unserer Begegnung.« So grüßt z. B. die Sachbearbeiterin den Abteilungsleiter zuerst. Wer als Gleichrangiger zu einer Gruppe hinzukommt oder einen Raum betritt, hat einen schwächeren Status als die Anwesenden, darum wird von ihm erwartet, dass er durch einen Gruß auf sich aufmerksam macht und um Aufnahme bittet (▸ auch Seite 18/19). Jüngere Personen grüßen ältere Personen: die 20-jährige Kollegin den 55-jährigen Kollegen, der Schüler die Lehrerin, die Enkelin den Großvater. Greifen alle diese Kriterien nicht, grüßt der Herr die Dame zuerst. Im privaten Umfeld wird jedoch meist ein partnerschaftlicher Umgang gepflegt, daher gilt im öffentlichen Raum die Regel »Wer zuerst sieht, grüßt zuerst«.

2. Begrüßung mit Hallo: Ist »Hallo« auch außerhalb des Freundeskreises akzeptabel?

Es gibt Orte und Kontexte, an denen »Hallo« zum normalen Umgangston gehört:

- im Fitness-Studio, am Skihang, im Schwimmbad,
- in der Kneipe, in der Disko,
- unter Studenten, Schülern, Auszubildenden,
- bei jüngeren Vertretern der freien Berufe und der Medien.

Die neutrale Grußformel bleibt jedoch bundesweit »Guten Tag«, mit ihr gehen Sie überall auf Nummer sicher. Klingt

Ihnen der Ausdruck zu distanziert, können Sie die Förmlichkeit reduzieren, indem Sie es weich betonen und freundlich lächeln. Antwortet Ihr Gegenüber Ihnen mit »Hallo«, spricht nichts dagegen, dass Sie den Ausdruck wiederholen und bei Ihrer nächsten Begegnung mit dieser Person gleich mit »Hallo« grüßen. »Mahlzeit« ist als Tagesgruß eher ein Scherz. Auch wenn Sie auf Kollegen in der Kantine treffen, sollten Sie besser mit »Hallo« oder einem Nicken grüßen. Von einem lockeren »Hallo« z. B. einer jungen Verkäuferin gegenüber einer älteren Kundin ist abzuraten – je fremder Sie einander sind, desto sicherer ist »Guten Tag«.

Regionale Unterschiede

Im Süddeutschen hören Sie »Grüß Gott«, im Norden »Moin-moin« und in der Schweiz »Salut« oder »Hoy«. Unter Einheimischen bleiben Sie – gleichgültig in welcher Gegend – bei der unter Ihnen üblichen Grußform. Leben Sie hingegen als Süddeutscher im Norden, mag die geografisch markierte Formulierung »Grüß Gott« auf Verwunderung stoßen. Besonders befremdlich wirkt es, wenn ein Besucher mit seinem Akzent eine lokale Vokabel ausspricht – also ein Hamburger in München mit norddeutscher Tonalität »Grüß Gott« sagt. Bleiben Sie in solchen Fällen sicherheitshalber bei der neutralen Form »Guten Tag«.

3. Abschiedsformel: Und wie steht es am Schluss mit »Tschüssi«?

»Tschüssi« ist zwar im Gegensatz zum geografisch begrenzten »Adieu«, »Tschüs« oder »Tschö« als Abschiedswort im gesamten Bundesgebiet zu hören. Viele reagieren jedoch allergisch darauf. Verzichten Sie daher auf den Gebrauch, solange Sie Ihr Gegenüber noch nicht richtig einschätzen können. Die neutralste und damit sicherste Variante des Abschiedsgrußes bleibt »Auf Wiedersehen«.

4. Grüßen in der Öffentlichkeit: In welchen Situationen muss ich in der Öffentlichkeit grüßen?

Je anonymer das Umfeld, desto seltener der Gruß. So ist es auf dem Dorf ein Fauxpas, den Gruß zu vermeiden, im Gang eines ICE hingegen fände ein Fahrgast es befremdlich, wenn Sie ihn grüßten. Am ehesten grüßen sich Menschen, die eine Weile miteinander auf engem Raum bleiben werden und/oder ein gemeinsames Interesse haben. Grüßen Sie daher, wenn Sie

- einen Aufzug, ein Zugabteil oder ein Amtszimmer betreten,
- in ein Geschäft eintreten,
- im Kaufhaus, an der Tankstelle, in einer Arztpraxis, an einem Bahnschalter o. Ä. an Mitarbeiter herantreten,
- sich in Bus, Bahn oder Flugzeug neben jemanden setzen,
- im Theater, Konzert, Kino usw. Ihren Platz einnehmen,
- bei Spaziergängen und Wanderungen von den entgegenkommenden Personen angeschaut werden,
- im Restaurant vom Kellner empfangen werden.

Verbringen Sie den Urlaub in einer Familienpension, grüßen Sie beim Betreten des Frühstücksraums. Hingegen geht es in einem großen oder internationalen Hotel anonymer zu und ein Gruß wird nicht erwartet. Treffen Sie Gäste zum wiederholten Mal, grüßen Sie. Lieber zweimal zu viel als einmal zu wenig! Und: Ein Gruß ohne Blick ist nichts wert.

Bitte beachten: Befinden sich in einer Kirche Gläubige im Gebet, würde ein Gruß nur stören.

5. Handschuh ausziehen: Wer zieht bei einer Begrüßung wann den Handschuh aus?

Früher durfte eine Dame beim Handschlag einen feinen Handschuh anbehalten, ein Herr zog jeden Handschuh aus. Die geschlechtsspezifische Unterscheidung ist heute hinfällig: Beide dürfen einen Handschuh an der Hand behalten, der die Empfindung des Händedrucks nicht beeinträchtigt. Es wird jedoch weiterhin als freundliche Geste empfunden, wenn sich Mann und Frau ihres Handschuhs entledigen.

Reichen Sie sich die Hände

Wer reicht wem die Hand?

Eine **Person mit höherem Status** kann von anderen einen verbalen Gruß erwarten. Ob eine Berührung stattfindet, liegt dann in ihrer Hand.

Innerhalb eines Unternehmens reicht ohne Rücksicht auf Ort, Alter und Geschlecht der Vorgesetzte dem Mitarbeiter die Hand – oder er verzichtet darauf. Außerhalb der firmeninternen Hierarchie gilt eine Person, die Besucher erwartet, als Gastgeber. Es obliegt ihr, die Ankommenden per Handschlag in ihr Revier einzuführen.

Eine **Person nähert sich einer Gruppe –** darf sie die Hand reichen oder nicht? Die Rolle der Person entscheidet! Gehört der Neuankömmling zur Riege der Gastgeber, streckt er die Hand aus; ist er Gast, wartet er auf die Initiative der Anwesenden. Soll eine Sekretärin einem ankommenden Geschäftsführer eines anderen Unternehmens die Hand reichen? Ihre eigene Definition ihrer Rolle wird das entscheiden: Betrachtet sie sich als würdige Gastgeberin, streckt sie dem Ankommenden die Hand entgegen; als bescheidene Zuarbeiterin tut sie das nicht. Ihr Verhalten bestimmt ihr Ansehen beim Besucher und sein späteres Verhalten.

Auf dem **neutralen Terrain** eines Theaterfoyers, auf der Straße oder im Laden um die Ecke reicht die ältere Person der jüngeren die Hand – oder sie verzichtet darauf. Ob eine gleich alte Frau gleichen Ranges dem Mann die Hand zuerst hinstreckt oder nicht, sollte in gleichberechtigten Zeiten unwichtig sein.

Die korrekte Reihenfolge

Wenn Sie **mehrere Personen** begrüßen, interpretieren diese Ihr Sortierungsmuster als Hinweis auf die Wertigkeit, die Sie ihnen beimessen. Daher begrüßen Sie korrekter- und geschickterweise

- einen Vorgesetzten vor seinen Mitarbeitern,
- Gäste vor Kollegen,
- eine Ihnen bekannte Person vor denen, denen Sie sich noch vorstellen müssen,
- eine ältere Person vor wesentlich jüngeren,
- wenn all diese Kriterien nicht greifen, eine Dame vor einem Herrn.

Bei **Gruppen** gehen Sie nach erfolgter Vorzugsbehandlung praktischerweise der Reihe nach vor. Lassen Sie sich hierbei Zeit. Das hat mehrere Vorteile: Ihre Gelassenheit erhöht Ihren Status. Fremde schätzen die Gelegenheit, Sie einschätzen zu können. Sie können allen Beteiligten Augenkontakt anbieten, bevor Sie zur Tat schreiten. Sie können die Arme zu einer Willkommensgeste öffnen und dabei beobachten, wer diese als Erster zu erwidern beginnt. Das ist die Person, die zuerst begrüßt werden möchte. Ob das protokollarisch korrekt ist oder nicht – weisen Sie eine Ihnen entgegengestreckte Hand niemals zurück; das käme einer Ohrfeige gleich. Dass der Fehler nicht auf Ihre Initiative hin geschah, haben die anderen Beteiligten gesehen.

Wenn Sie eine Person bisher bei sich empfangen haben, sie nun **auf ihrem Terrain** besuchen, tauschen Sie die Rollen: Nun ist der andere der Gastgeber. Durch das Zurückhalten Ihrer Hand bei gleichzeitiger offener Haltung geben Sie ihm die Gelegenheit, die neue Rolle zu spielen. Erst wenn er das aus Unsicherheit nicht tut, reichen Sie ihm von sich aus die Hand.

Wie Sie Ihre Hand reichen

Art und Dauer eines Handschlags laden zu vielerlei Interpretationen ein. Zu schlaff? Kein Mumm! Zu kräftig? Keine Sensibilität! Zu lang? Aufdringlich! Zu weit entfernt? Distanziert. Und so weiter. Dabei entscheidet jeweils der Adressat äußerst subjektiv, was ihm in der einen oder anderen Richtung als übertrieben erscheint. Am ehesten wird positiv bewertet, wenn ein Handschlag sich in einem mittleren Stärkegrad bewegt, ein bis zwei Sekunden dauert, aus circa einem bis eineinhalb Meter Abstand beginnt und nicht frontal, sondern aus einem leichten Winkel heraus erfolgt.

Über den Handschlag hinaus

Intuitiv macht sich Ihr Gegenüber nicht nur ein Bild davon, wes Geistes Kind Sie sind, es bekommt beim Handschlag im wahrsten Sinn des Wortes einen **Ein-Druck** davon. Das war schon in alten Zeiten so, als das Darbieten der bloßen – also leeren – Hand unter anderem symbolisierte, dass die aufeinander treffenden Personen nichts Böses im Schilde, sprich keine Waffe in der Hand führten.

Ähnliche **Sicherheitserwägungen** kamen zum Tragen, wenn Menschen sich umarmten und so prüfen konnten, ob der andere tatsächlich keinen »Dolch im Gewande« führte. So friedvoll ist also auch der Bruderkuss ursprünglich nicht. Niemand denkt heute bewusst an derartige Sicherheitsvorkehrungen, wenn unter Freudengeschrei »bussi-bussi« verabreicht werden. Doch ein offener Blickkontakt über den Handschlag hinaus wird weiterhin als angenehm empfunden. Eine Hand in der Hosentasche hingegen gilt als Tabu und die Absicht, Lässigkeit an den Tag zu legen, wird von der Gleichsetzung mit Nachlässigkeit und mangelnder Wertschätzung überdeckt. Machen Sie zumindest zur Begrüßung die Hände frei!

Bitte beachten: Die Verbeugung gilt als Unterwerfungsgeste; die Andeutung der Verbeugung in Form eines leichten Nickens hingegen wird als Bejahung interpretiert. Als Begleitung von Handschlag und Lächeln steht es darum Frauen wie Männern gleichermaßen gut zu Gesicht. Dass Linkshänder adressatenorientiert die Rechte reichen, sollte selbstverständlich sein.

Küsschen-Küsschen

Das doppelte Küsschen zur Begrüßung wird in manchen Kreisen als schick gewertet, es ersetzt meist den Handschlag, manchmal sehen Sie es aber auch über die gekreuzten Arme hinweg. Sie können ihm, wenn es Ihnen angeboten wird, nicht entkommen, ein Ausweichen wäre ein Affront. Deutschland hat diese Sitte den Sechzigerjahren des 20. Jahrhunderts und den ersten Schüleraustauschen mit Frankreich zu verdanken.

»La bise« heißt wörtlich »kühles Lüftchen« und wird niemals auf die Wange gedrückt, sondern gegenseitig **am Gesicht entlang gehaucht.** Eine »bise« kommt niemals allein, entsprechend den regionalen Gepflogenheiten wird sie zwei-, drei- oder sogar viermal verabreicht, nie unter Männern, und einfühlsame Partner nehmen dabei etwaige Brillen ab. Problematisch wird »la bise« im Kundenkontakt sowie bei der Begrüßung einer Gruppe von Personen, die Ihnen teils mehr, teils weniger nahe stehen. Gehen Sie hier mit ostentativen Intimitäts-Bekundungen sparsam um! Im Übrigen werden wegen der inflationären Verabreichung der lockeren Doppel-Küsschen ein einzelner Schmatz auf die Wange und eine feste Umarmung inzwischen in Deutschland als besondere Auszeichnung gewertet. Vielleicht lassen Sie sich davon anregen.

Ohne Handschlag geht's auch

Eine Berührung bei einer Begrüßung muss **nicht unbedingt** sein, wir sehen es international. Engländer halten sich im wahrsten Sinn des Wortes zurück, amerikanische Kollegen reichen sich die Hand, während ihre Frauen sich und den Männern aus gebührendem Abstand zulächeln. Japaner verbeugen sich nach einem ausgeklügelten, die jeweiligen hierarchischen Zusammenhänge spiegelnden Ritual. Strenggläubige männliche Moslems und orthodoxe Juden geben Frauen die Hand nicht, nehmen möglicherweise von ihnen nicht einmal Visitenkarten entgegen. Inder verneigen sich über gefalteten Händen.

In Deutschland wird unter jungen Leuten der **Handschlag seltener** – sicherlich eher aus einer gewissen Nonchalance heraus als aus hygienischen Erwägungen. Diese sollten im Winter alle Personen zur erhöhten Sensibilität ermuntern. Sind Sie erkältet, verzichten Sie darauf, Ihre Bazillen weiterzugeben, und erläutern Sie Ihrem Gegenüber den Grund für Ihre Zurückhaltung; es wird sie Ihnen danken. Müssen Sie husten oder niesen, nehmen Sie bitte den linken Handrücken als Schutzschild vor das Gesicht – das ist mehr als eine nette Geste!

6. Handkuss: Wie küsse ich als Mann einer Dame korrekt die Hand?

Der Handkuss geht mit einer tiefen Verbeugung einher, mit der Sie als Mann Unterwerfung vor der Dame signalisieren. Beginnen Sie ihn deshalb in gebührendem Abstand: Der Herr ergreift mit dem Zeige- und Mittelfinger seiner rechten Hand wiederum Zeige- und Mittelfinger der ihm dargebotenen Hand, verbeugt sich, ohne die Hand hochzuziehen, und deutet einen Kuss des Handrückens an, ohne diesen zu berühren.

Wurde ein Handkuss früher nur verheirateten Damen verabreicht, gilt heute: »Eine geküsst, alle geküsst.« Immer sollte das Zeichen, dass überhaupt ein Handkuss verabreicht wird, von der Dame kommen: Sie hebt Arm und Hand leicht mit dem Handrücken nach oben an. Bedenken Sie außerdem: Das Zeremoniell ist auf gesellschaftliche Anlässe in einem abgesteckten Rahmen wie einer Cocktailparty oder einem Opernball beschränkt. Auf der Straße ist der Handkuss tabu, bei einer Gartenparty ist er möglich, im Geschäftsleben ist er deplatziert. In Österreich ist das anders.

»Ich küsse Ihre Hand, Madame« – in oder out?

Manche Damen in konservativem Umfeld schätzen den Handkuss noch und bieten einem Herrn den Handrücken dar. Reagieren Sie als Mann entsprechend; es nicht zu tun, wäre ein Affront. Doch eine Frau, die im Beruf ihren Mann steht, emanzipiert ist und Gleichberechtigung fordert, verlangt von Männern keine Unterwerfungsgeste.

7. Damenhut aufbehalten: Ich kleide mich gern modisch und bin eine begeisterte Hutträgerin. Gibt es Situationen, in denen ich meinen Hut unbedingt abnehmen muss?

Der Hut einer Dame gilt wie das Haar als Kopfschmuck und darf darum in den meisten Situationen auf dem Kopf bleiben. In vielen Ländern Südeuropas ist es für Frauen sogar Pflicht,

beim Betreten einer christlichen Kirche den Kopf zu bedecken; wer da nicht ohnehin einen Hut trägt, wählt ein Tuch.
Ob Mütze, Pillbox oder Florentinerhut – die Praktikabilität entscheidet über den Verbleib Ihrer Kopfbedeckung. Sie behalten deshalb Ihren Hut auf dem Kopf

- in der Kirche,
- beim Pferderennen,
- bei einer Hochzeit,
- bei einer Stehparty im Freien,
- bei einem Empfang in geschlossenen Räumen,
- wenn Sie z. B. in einem Café oder Restaurant eine Kleinigkeit zu sich nehmen.

Vor einer ausgiebigen Mahlzeit nehmen Sie Ihren Hut ab, im Restaurant wie in einem privaten Haushalt, ob Sie im Stehen an einem Bistrotisch essen oder ob Sie an einem gedeckten Tisch Platz nehmen.
Laufen Sie Gefahr, dass Ihre Kopfbedeckung anderen die freie Sicht nehmen könnte – im Theater, im Kino, im Konzert, beim Kirchgang –, wählen Sie einen äußerst kleinen Hut. Oder Sie nehmen Ihren Hut ab.

8. Hut ziehen: Wann ziehe ich als Mann heute noch meinen Hut?

Wie in grauer Vorzeit der Ritter sein Visier hob, nimmt heute der Motorradfahrer bei einer Begrüßung seinen Helm ab, um dem Gegenüber freie Sicht auf sein Gesicht zu geben. Ähnlich gehen Sie als Mann mit dem Hut vor: Ziehen Sie ihn immer, wenn Sie einer anderen Person auf der Straße begegnen und eine Ehrerbietung zukommen lassen wollen. Der Mann zieht generell den Hut vor einer Dame und vor einem ihm in Rang oder Alter ebenbürtigen oder höher gestellten Herrn. Mützen gelten nicht als Hüte und können als Schutz vor Kälte auf dem Kopf bleiben. Der Mann entblößt seinen Kopf selbstverständlich in christlichen Kirchen und Andachtsräumen sowie grundsätzlich, wenn er Verkaufs-, Amts- und Beratungsräume sowie Cafés und Restaurants betritt. Erst beim Verlassen des Gebäudes kann er seinen Hut wieder aufsetzen. In halb offenen Bereichen wie Einkaufszentren und Passagen darf der Hut auf dem Kopf bleiben.

Den Hut richtig ziehen und aufsetzen

Passieren Sie als Mann eine Person, ohne stehen zu bleiben, heben Sie den Hut mit einer leichten Geste vom Kopf und setzen ihn wieder auf. Lassen Sie sich auf ein Gespräch ein, nehmen Sie Ihren Hut ganz vom Kopf und zwar so, dass er stets seitlich vom Körper bleibt, damit der Augenkontakt zum Gegenüber nicht unterbrochen wird. Während Sie ihn in der Hand halten, achten Sie darauf, dass niemand einen Blick in das Innere des Hutes werfen kann. Erst nach der Verabschiedung können Sie den Hut wieder aufsetzen.

9. Zur Begrüßung aufstehen: Ich beobachte immer wieder, dass Frauen heutzutage zur Begrüßung aufstehen. Ist das ratsam?

Wer sich die Mühe macht, für eine andere Person aufzustehen, erhöht den Status dieser Person. Deshalb lautet die alte gesellschaftliche Regel: Männer stehen zur Begrüßung immer auf und bleiben nur vor jüngeren Männern oder Untergebenen sitzen.

Damen können sitzen bleiben, es sei denn, eine höherrangige oder erheblich ältere Dame reichte ihnen die Hand. Sind Sie eine emanzipierte Frau, die sich ihrer Rechte und Pflichten gleichermaßen bewusst ist? Erweisen Sie jeder Person, die auf Sie zukommt, die Ehre, sich für sie zu erheben. Gleichzeitig stellen Sie dadurch auf partnerschaftliche Weise die gleiche Augenhöhe mit Ihrem Gegenüber her.

Bitte beachten: Stehen Sie rechtzeitig auf, wenn sich Ihnen eine Person nähert, die Sie begrüßen möchten. Dann können Sie sich sogar an einem Tisch ausreichend Bewegungsfreiheit verschaffen und vermeiden damit den Eindruck von Hast oder Unterwürfigkeit. Das gilt auch für die Verabschiedung.

10. Gruß nicht erwidert: Immer wieder passiert es, dass ich meinen Chef grüße, er aber den Gruß nicht erwidert. Wie soll ich mich verhalten?

Schauen Sie genau hin: Was macht Ihr Chef, während Sie grüßen? Ist er in Gedanken oder im Gespräch mit Besuchern oder Kollegen? Dann will er wahrscheinlich durch eine Antwort den Faden nicht verlieren, registriert Ihre Geste aber sehr wohl. Vielleicht sehen Sie das an seinem offenen Blick. Spricht er, wenn Sie sein Zimmer betreten? Dann darf er entscheiden, ob Sie an dem Gespräch teilhaben sollen oder nicht; vielleicht bieten Sie ihm den heiß ersehnten Vorwand, es zu beenden. Assistieren Sie ihm bei einer Veranstaltung? Dann ist er wahrscheinlich nicht nur anderweitig konzentriert, sondern hält Ihre Anwesenheit für so selbstverständlich, dass er sie nicht gesondert quittiert. Grüßen Sie ihn also munter weiter. Fühlen Sie sich schlecht dabei, fragen Sie Ihren Chef am besten in einer ruhigen Minute, welches Verhalten er sich von Ihnen wünscht.

11. Nicht gegrüßt: Die Kinder unserer Nachbarn grüßen uns einfach nicht, sollen wir sie oder die Eltern darauf ansprechen?

Entsprechend der Regel »Wer zuerst sieht, grüßt« vergeben Sie sich nichts, wenn Sie als Erwachsene ein Kind zuerst grüßen. Sie dürfen hoffen, dass die Kinder von Ihrem guten Beispiel lernen und mit der Zeit von sich aus grüßen. Sollte das nicht der Fall sein, sprechen Sie sie einmal darauf an, dass Sie es schön fänden, wenn Sie miteinander verbal in Kontakt träten, sobald Sie einander sehen. Nur wenn Sie ein Exempel statuieren wollen, beziehen Sie die Eltern in die Sache ein. Vermeiden Sie dabei jedoch einen tadelnden Ton. Vielleicht wissen die Eltern gar nicht, wie ihre Kinder sich verhalten. »Ich fände schön, wenn Ihre Kinder auch von sich aus hin und wieder ›guten Tag‹ sagen würden« – der Satz sollte reichen. Haben Sie ein gutes Verhältnis zu den Eltern, brauchen Sie den Kindern keinen bösen Willen zu unterstellen.

Das richtige Wort

Ein höflicher Umgang und Professionalität gehören eng zusammen. Gerade in der Wahl der ersten Worte verhilft das »Gewusst wie« zu gutem Ruf und gutem Draht.

12. Sich vorstellen: Wie stelle ich mich im Berufsleben richtig vor?

Es ist heute international üblich, sich mit Vor- und Nachnamen zu identifizieren. So kann Ihr Gegenüber sich an Ihre Aussprache gewöhnen und Ihren Nachnamen später korrekt nennen. Wenn Ihre Funktion im Unternehmen für Ihr Gegenüber relevant ist, fügen Sie sie hinzu. Verzichten Sie dabei auf komplizierte und/oder fremdsprachige Stellenbezeichnungen. Erläutern Sie lieber konkret, was Ihre Aufgabe im Unternehmen ist.

13. Andere vorstellen: Ich muss oft privat und beruflich Menschen zusammenführen. Wie mache ich sie korrekt miteinander bekannt?

Je zielorientierter Sie die Personen identifizieren, desto leichter kommen diese miteinander ins Gespräch. Nennen Sie die Vor- und Nachnamen. Das reicht aber noch nicht; Menschen mögen sehr, wenn sie vor anderen und durch neue Bekanntschaften selbst aufgewertet werden. Nennen Sie daher die Besonderheiten der Personen. Das kann je nach Umfeld der Herkunftsort, die berufliche Tätigkeit oder der Verwandtschaftsgrad sein. Neue Bekannte freuen sich über direkte Anknüpfungspunkte: »Carola hat in Köln an der Hopper-Ausstellung mitgewirkt, da waren Sie doch auch?« Oder: »Auch Constantin Meier hat seinen MBA in Zürich gemacht.« **Bitte beachten:** Der Ausdruck »bekannt machen« wirkt weniger hierarchisch als »vorstellen«. Selten verläuft das Bekanntmachen komplett nach Plan. Fangen Sie korrekt an und lassen Sie dem Schicksal seinen Lauf, sobald ein anderer Ihren Plan durchkreuzt. Nicht tadeln! Nicht hektisch lachen!

Die richtige Reihenfolge beim Vorstellen

Wer trifft auf wen?	Wen stellen Sie wann vor?
Sie bringen Personen unterschiedlicher Rangstufen zusammen?	Informieren Sie zuerst den oder die Höherrangigen.
Sie führen eine Person an eine Gruppe Gleichrangiger heran?	Identifizieren Sie zuerst den Einzelnen, dann die Gruppenmitglieder.
Sie führen einen Kunden und eine Kollegin zusammen?	Der Kunde zahlt und hat damit einen höheren Status; informieren Sie ihn zuerst über die Kollegin, dann die Kollegin über ihn.
Sie müssen sich selbst und Ihre Begleitperson vorstellen?	Identifizieren Sie zuerst sich als Person mit dem direkten Draht zum Umfeld, dann die Begleitung. Danach wird Ihre Begleitperson informiert.
Sie bringen Ihre Ehefrau/Ihren Ehemann mit Geschäftspartnern, Kunden, Kollegen zusammen?	Informieren Sie die Externen zuerst, dann Ihre Ehefrau/Ihren Ehemann.
Sie treffen mit Ihrer Frau auf eine Kollegin mit Mann, die jeweiligen Partner kennen sich nicht?	1. Sie begrüßen die Kollegin per Handschlag. 2. Sie stellen mit Blick auf beide gegenüberstehenden Personen Ihre Frau vor. 3. Sie sagen Ihrer Frau, wer die Kollegin ist, und übergeben im Lauf des Satzes an diese. 4. Die Kollegin stellt ihren Mann vor. 5. Sie stellt ihrem Mann Sie und Ihre Frau vor. 6. Alle, die sich noch nicht die Hände geschüttelt haben, tun dies jetzt.

14. Floskel »Angenehm«: Sage ich, nachdem sich mir jemand vorgestellt hat, eigentlich noch »Angenehm«?

Es erfreut jeden, wenn ein anderer sich die Mühe macht, sich auf ihn einzulassen, und jeder hört eine Wertschätzung gern. Die Floskel »Angenehm« wird nicht als solche empfunden, verzichten Sie lieber darauf und stellen Sie einen direkten Bezug her. Der ist oft leichter als gedacht und kann beispielsweise so klingen: »Haben wir nicht letzte Woche E-Mails ausgetauscht? Schön, dass wir uns persönlich kennen lernen.« Oder so: »Das ist also das Gesicht zur Telefonstimme! Ich freue mich, Sie jetzt auch zu sehen.«
Gibt es tatsächlich keine Anknüpfungspunkte, beschränken Sie sich auf den Tagesgruß. Nennen Sie dabei den Namen der Person, können Sie ihn später leichter abrufen. Fällt Ihnen nicht einmal das ein, beschränken Sie sich auf die Floskel »Angenehm«. Wundern Sie sich nicht, wenn man Ihnen danach mangelndes Interesse unterstellt.

15. Visitenkarten überreichen: Wann und wie überreiche ich Visitenkarten stilvoll?

Überreichen Sie immer nur eine tadellos saubere Karte und zwar zu Beginn einer geschäftlichen Begegnung. Drehen Sie im internationalen Kontakt die fremdsprachige Seite nach oben. Richten Sie die Schrift so aus, dass Ihr Gegenüber die Angaben ohne Umstände lesen kann. Bieten Sie dabei Blickkontakt an.

16. Privat- und Geschäftskarten: Darf ich private und geschäftliche Visitenkarten kombinieren?

In manchen Unternehmen ist das als Signal »Ich bin immer für Sie da« erwünscht. In anderen wiederum ist das verboten, um die Mitarbeiter vor Belästigungen zu schützen. Schreiben Sie im Einzelfall Ihre private Telefonnummer von Hand auf Ihre Geschäftskarte, empfindet Ihr Gesprächspartner dies als Vorzugsbehandlung.

Adel verpflichtet ...

...zur richtige Anrede

Seit der **Weimarer Verfassung von 1919** gelten Adelsbezeichnungen als Bestandteile des Namens. Anreden wie »Königliche Hoheit« sind offiziell abgeschafft – gebräuchlich sind sie dennoch. Deshalb ist es klug, sich im Umfeld eines Adligen zu erkundigen, welche Anredeform er favorisiert.

Prinzipiell haben Bürgerliche die Wahl: Sie verwenden einen Adelstitel namensrechtlich korrekt, oder sie wählen die auch adelsintern gebräuchliche traditionelle Anredeform.

Die häufigsten Adels-Anredeformen

Bezeichnung auf Visitenkarte	Namensrechtlich korrekte Anrede	Traditionelle Anrede
Otto Freiherr von Roth	Herr Freiherr von Roth oder Herr von Roth	Herr von Roth
Carola Baronin zu Pahlmann	Frau Baronin zu Pahlmann	Baronin Pahlmann oder: Frau von Pahlmann (da Freifrau und Baronin ungefähr gleichwertig sind)
Dietrich Graf von Kolbe	Herr Graf von Kolbe	Graf Kolbe
Dr. Constanze Gräfin zu Szolni	Frau Dr. Gräfin zu Szolni	Dr. Gräfin Szolni

So klappt die Anrede

1. Die aus Operetten geläufigen Anreden »Frau Baronin« oder »Herr Graf« sind deren Personal vorbehalten.

2. Verwenden Sie einen Adelstitel, fallen die bürgerlichen Anredewörter und die Präpositionen »von« und »zu« weg.

3. Ein akademischer Grad tritt nicht in Konkurrenz zur Adelsbezeichnung, sondern wird vor den Adelstitel gestellt.

17. Adelstitel: Kann ich heutzutage bei der Anrede eines Adligen noch etwas falsch machen?

Ja, denn oft unterscheiden sich die gewünschten Anreden nach der Position der Namensträger innerhalb ihres Adelsgeschlechts und sogar nach persönlichen Vorlieben. Sicherheit bietet Ihnen das Adelslexikon des Genealogischen Handbuchs des Adels (GhdA) oder die Adelsdatenbank im Internet www.adelsdatenbank.de.

18. Geistliche Würdenträger: »Herr Pfarrer«, »Pfarrer Meier« oder »Herr Meier« – wie lautet die Anrede unseres Pfarrers richtig?

Die Anrede von Würdenträgern in der evangelischen Kirche ist immer leicht gewesen, da wird das Anredewort »Frau« oder »Herr« mit der Amtsbezeichnung verknüpft: »Frau Bischöfin, Herr Präses, Herr Pfarrer, Frau Pastorin«. Bei den Gemeindepfarrern können Sie die bürgerlichen Namen verwenden: »Herr Meier«, »Frau Dr. Müller«. In der katholischen Kirche sind teilweise noch die alten Anreden zu hören wie »Hochwürden« für einen Gemeindepfarrer, »Exzellenz« für einen Bischof und »Eminenz« für einen Kardinal. Als zeitgemäßer wird auch von Katholiken die schlankere Version empfunden: »Herr Pfarrer« statt »Hochwürden«, »Herr Bischof« statt »Exzellenz« und »Herr Kardinal« statt »Eminenz«. Die jüdische Religionsgemeinschaft geht entsprechend vor: einen Rabbiner sprechen Sie mit »Herr Rabbiner« an. In jeder Konfession fallen etwaige akademische Grade dem Würden-Titel zum Opfer.

19. Akademiker: Was muss ich bei der Anrede von Akademikern beachten?

Entgegen der landläufigen Meinung ist ein akademischer Grad nicht Bestandteil des Namens; sonst müssten Sie alle Doktoren im Telefonbuch unter »D« suchen. Dennoch will das Gesetz der Höflichkeit, dass Sie bestimmte Titel und Grade in der Anrede nennen. Das ist für den »Doktor« und für den »Professor« der Fall (▸ Tabelle Seite 25).

Akademiker im Überblick

Ist die Person ...	... nennen Sie den Grad nicht	... nennen Sie den Grad
Bachelor, Magister (M. A.) oder Master of Business Administration (M. B. A.) und in Deutschland oder der Schweiz	Ausnahme: in Österreich »Frau Magistra/ Herr Magister«	
Diplom-Ingenieurin, -Kaufmann, -Betriebswirtin usw.	keine Nennung	
Diplom-Mediziner	häufig wird aber der Doktorgrad als Berufsbezeichnung verwendet: »Frau (Dr.) Kramer«	
Doktor gleich welcher Fachrichtung (Dr. med., Dr. jur.)		»Herr Dr. Kraus«
Doktor mehrerer Fächer (Dr. med. Dr. phil. oder gar Dr. mult.)		einen Grad nennen: »Frau Dr. Lang«
Doktor ehrenhalber (Dr. h. c.)		»Herr Dr. Kurz«
Privatdozent	Voraussetzung ist der Doktorgrad, deshalb: »Herr Dr. Schneider«	
Professor		Doktorgrad entfällt, da ursprünglich Voraussetzung der Professur: »Frau Professorin Schmied«, »Frau Professorin«/ »Frau Professor«
im gleichen Fach wie Sie promoviert oder habilitiert	keine Nennung	
in anderer Fachrichtung als Sie promoviert oder habilitiert		Herr Dr. Müller, Frau Prof. Kattler
habilitiert oder promoviert und bietet Ihnen an, Titel oder Grad wegzulassen	keine Nennung	

20. Angeheiratet: Kann eine Arztfrau verlangen, dass ich »Frau Doktor« zu ihr sage?

Natürlich kann sie das! Sie muss nur selbst den Doktorgrad an einer Universität erworben haben; am Standesamt wird man in Deutschland nicht promoviert. Bezieht eine nicht promovierte Frau ihre Identität jedoch aus dem Beruf ihres Mannes, wird es ihr Freude machen, wenn Sie sie mit der Anrede »Frau Doktor« würdigen.

21. Selbstvorstellung Akademiker: Wenn es stimmt, dass sich Promovierte nicht mit »Doktor« vorstellen dürfen – warum tun es manche dann doch?

Es ist korrekt, dass akademische Grade – und auch Titel wie »Professor« – von den Trägern, wenn sie sich selbst vorstellen, nicht verwendet werden sollten: Bescheidenheit ist eine Zier. Diese Einschränkung gilt darüber hinaus für die handschriftliche Unterschrift sowie für die Erwähnung der Ehepartner. So wird Frau Dr. Isolde Schulze von ihrem Mann als »Isolde Schulze« präsentiert.

Es kann jedoch für die betreffende Person von Vorteil sein, wenn allerseits und umgehend bekannt wird, dass sie promoviert ist: So mancher Nicht-Promovierte ist beeindruckt und arbeitet einem »geouteten« Studierten gegenüber schneller, zuvorkommender oder präziser zu. Die Damen und Herren Akademiker wissen den kleinen Vorteil zu nutzen. Dass Nicht-Promovierte daraus eine Kombination von Minderwertigkeitsgefühl (»der hat's nötig«) und Arroganz (»eingebildeter Fatzke«) ableiten, müssen sie dafür in Kauf nehmen.

22. Falsche Anrede: Was tue ich, wenn ich eine promovierte Person falsch angesprochen habe?

Sie sprechen sie von dem Moment, zu dem Sie wissen, dass die Person promoviert ist, mit ihrem akademischen Grad an. Verzichten Sie auf Demutsgesten wie »Das tut mir so Leid, bitte verzeihen Sie« und Rechtfertigungen: »Ich konnte es doch nicht wissen, weil es mir niemand gesagt hat.«

23. Amtstitel: Ich finde Amtstitel altmodisch, kann ich sie einfach weglassen?

Die Medien ersetzen meist Mandatsbezeichnungen wie »Herr Bundespräsident«, »Frau Bundestagspräsidentin«, »Herr Bundeskanzler« durch die Nennung des Namens. Orientieren Sie sich nicht daran. Es ist durchaus zeitgemäß, gewählte und ernannte Vertreter des Volks zumindest im Umfeld ihrer Tätigkeit von Privatpersonen zu unterscheiden, indem Sie sie mit ihrem Amtstitel ansprechen. Korrekt sind auf politischer Landes- und lokaler Ebene und vor Gericht:

- Frau Ministerpräsidentin,
- Herr Minister,
- Frau Abgeordnete,
- Herr Landrat,
- Frau Oberbürgermeisterin,
- Frau Richterin,
- Herr Staatsanwalt und
- Frau Verteidigerin/Frau Rechtsanwältin.

Hat die Person ihr Mandat bzw. Amt nicht mehr inne, verliert sie ihren Anspruch auf Nennung.

24. Einfach duzen: Ich bin ein lockerer Typ und duze andere einfach. Kann das andere Menschen stören?

Geduzt wird meist unter Studenten oder auch an Orten, an denen es locker zugeht – im Fitnessclub oder in der Bier-Kneipe. In Berufen, die auf Zuruf arbeiten – auf dem Bau, im Transportwesen –, in kreativen Berufen wie Werbung und Medienbranche sowie unter den Repräsentanten von helfenden Berufen ist das »Du« häufig. In Branchen mit häufigen Kontakten zum angelsächsischen Sprachraum, in denen das »you« als einzige Anredeform selbst in Kombination mit dem Vornamen nicht unbedingt persönliche Nähe symbolisiert, wird das »Du« auch im Deutschen gern verwendet. Ansonsten ist im Deutschen die übliche Anredeform unter Erwachsenen, die nicht miteinander vertraut sind, das »Sie«. Seien Sie also nicht ganz so unbekümmert mit dem Duzen!

25. Das Du anbieten: Wir haben eine neue Kollegin in der Abteilung; darf ich ihr das Du anbieten?

Sind Sie z. B. in der Medienbranche tätig und alle gleichrangigen Kollegen duzen einander, weihen Sie die neue Kollegin in die herrschenden Spielregeln ein. Das ist nicht mehr als fair. Das können Sie als Sprecher der Gruppe vornehmen oder aber bei einer Kaffeepause im Kollegenkreis thematisieren. Ist das Duzen jedoch nicht generalisiert, warten Sie bis zum nächsten geselligen Anlass. Nicht dass Sie sie dort einfach so duzen könnten. Aber Sie können erzählen, welch komplizierte Aktionen es in Ihrer Abteilung schon beim Übergang vom Sie zum Du gegeben hat. Sie wird Ihre Anspielung zwischen den Worten zu hören wissen. Ob sie Ihnen daraufhin ihre generelle Einstellung zum Du/Sie kundtut, ob sie den Bezug ignoriert oder Ihnen »wo wir schon beim Thema sind« das Du anbietet – Klarheit haben Sie so oder so. Ist die Dame Ihnen jedoch hierarchisch übergeordnet, haben Sie keine Chance. Das Du gilt als verbale Annäherung und kann darum nicht erbeten oder gar erpresst, es muss angeboten werden. Diese Regeln helfen:

- Der Ranghöhere bietet es dem Rangniederen an,
- in einem nicht hierarchischen Kontext die Gruppe dem Einzelnen,
- der Ältere dem Jüngeren,
- Mann und Frau verhandeln.

Wenn Kinder erwachsen werden

Es war lange üblich, Schüler ab der 10. Klasse mit Vornamen und »Sie« anzusprechen. Heute bitten die meisten Schüler ihre Lehrer, beim »Du« zu bleiben. Sie erwarten dabei nicht, dass die Lehrer ihnen ebenfalls das »Du« anbieten, denn sie stehen in der Schulhierarchie über den Schülern. Im Bekanntenkreis und in der Nachbarschaft fragen Erwachsene am besten junge Leute ab 16, welche Anrede sie sich wünschen.

26. Duzangebot ablehnen: Manchmal erhalte ich von Kunden ein Duzangebot. Darf ich es ablehnen? Wie verhalte ich mich richtig?

Ein Angebot ist keine Anordnung, deshalb dürfen Sie das Angebot zu duzen ablehnen. Vor- und Nachteile sollten Ihnen bewusst und im Idealfall mit Kollegen und Vorgesetzten im Rahmen Ihrer Unternehmensphilosophie abgesprochen sein. Wird der Kunde Sie weiterhin mit Aufträgen bedenken oder haben Sie Sorge, dass er ein Duz-Verhältnis nutzen will, um bessere Konditionen bei Ihnen zu bekommen? Lehnen Sie ab. Müssen Sie fürchten, dass das Du die Vorbereitung zu einer körperlichen Annäherung ist? Lehnen Sie ab. Selbst im privaten Umfeld ist es nicht leicht, eine Person in ihre verbalen Schranken zu verweisen. Gehen Sie so vor: Danken Sie für das Angebot »Es freut mich sehr…« oder »Es ist mir eine Ehre…«. Sprechen Sie in der Ich-Form: »Ich möchte jedoch Ihr Angebot nicht annehmen.« Sie können den Grund erläutern, müssen es aber nicht. Denn je mehr Sie sagen, desto mehr Ansatzpunkte für eine Diskussion geben Sie Ihrem Gegenüber. Gehen Sie lieber zügig zu einem anderen Thema über.

27. Duzen nach dem Fest: Ich habe mich beim Betriebsfest mit einer Kollegin geduzt, hätte ich sie am Morgen danach siezen müssen?

Generell ist der Übergang von Sie zum Du gültig, wenn er einmal beschlossen wurde. Deshalb schätzen es Kollegen auch nicht, wenn einer von ihnen befördert wird und nun auf der höheren Rangstufe gesiezt werden möchte.
Alkohol jedoch kann ein schlechter Ratgeber sein. Erinnert sich Ihre Kollegin am nächsten Tag noch an Ihre Verabredung und ist sie ihr angenehm? Das sollten Sie mit einer offenen Frage bei Ihrer ersten Begegnung nach dem Fest klären: »Ich fand unser Gespräch beim Betriebsfest ausgesprochen angenehm. Wir haben uns ja dort geduzt. Wie sollen wir es jetzt im Alltag halten?« Nun kann sie entscheiden: Bleibt sie konsequent oder nutzt sie Ihre Frage zum strategischen Rückzug?

Nicht Schall und Rauch!

Wie Sie sich Namen leicht merken können

Wenn Sie im Alltag nicht sicher sind, ob Sie einen Namen korrekt verstanden haben, bitten Sie logischerweise den Namensträger um **Wiederholung** und gegebenenfalls **Erläuterung:** »Hasemann – wie Hase und Mann?« »Genau!« Wenn Sie sich – wie so viele Menschen – Namen nicht leicht merken können, wenden Sie einfach dieses Prinzip auch bei Begegnungen an, bei denen Sie den Namen verstanden zu haben glauben. So gehen Sie sicher, dass Sie den Namen wirklich korrekt aussprechen, bieten sich selbst durch die Wiederholung eine zusätzliche Merkhilfe und Ihr Gegenüber interpretiert Ihr Interesse als Wertschätzung. Somit ist beiden geholfen.

Sie können dieses Prinzip selbst initiieren. Liefern Sie von sich aus bei der Vorstellung eine **Merkhilfe** für Ihren Namen. Damit erhöhen Sie die Wahrscheinlichkeit, dass Ihr Gegenüber Ihnen ebenfalls eine Merkhilfe nennt. Das bietet sich nicht nur bei fremdsprachigen und komplizierten Namen an: »Maier mit ai« oder »Schmidt mit dt« sind Beispiele, die längst Schule gemacht haben.

Schlimmstenfalls nuschelt Ihr Gegenüber seinen Namen so sehr, dass Sie ihn auch beim dritten Mal nicht verstehen. Bei Ihrer vierten Nachfrage ginge die Wertschätzung mit Sicherheit verloren. Nehmen Sie die Schuld auf sich, ohne sich übermäßig zu rechtfertigen, und schreiten Sie zur Tat: »Ich habe immer noch nicht verstanden. Würden Sie mir Ihren Namen bitte **aufschreiben**?« Oder Sie machen es wie die Briten, die bei Verständnisschwierigkeiten bitten: »Würden Sie Ihren Namen bitte **buchstabieren**?«

Wie sich Profis Namen merken

Gedächtniskünstler arbeiten mit **Bildern.** So wird Herr Hasemann mit langen Hasenohren ausgestattet. Oder Sie hängen beispielsweise nach dem **loci-System** (Raum-System) vor Ihrem inneren Auge die Namen an bestimmten Stellen im

Raum auf – an Lampen, Gardinenstangen usw. – und stricken sich eine Geschichte daraus. Dann schaut beispielsweise Herr Hasemann vom Regal aus auf Frau Feldbusch, die auf dem Feld hinter einem Busch auf dem Bilderrahmen sitzt. Dieses Verfahren ist effektiv, aber leider zeitaufwändig.

Andere Namen bieten sich eher für **Reime** an: »Frau Giese – auf der Wiese«. Vielleicht können Sie sich zusätzlich Frau Giese auf einer Wiese vorstellen. Ebenfalls visuell und kreativ: Sie schreiben den Namen der Person – natürlich nur imaginär – auf deren Stirn.

Lassen Sie sich Zeit, wenn Sie eine **Visitenkarte** entgegennehmen. Schauen Sie sie genau an und stellen Sie von Name, Position, Ort ausgehend etwaige Gemeinsamkeiten her.

Sicher ist: Je mehr Zeit und Kraft Sie in den Vorgang des Einspeicherns eines neuen Namens investieren, desto leichter wird Ihr Gedächtnis beim nächsten Mal Zugriff auf diesen Namen haben.

Name vergessen – was nun?

Sie erinnern sich, wo Sie die Person getroffen haben oder worüber Sie mit ihr gesprochen haben. Doch der Name ist Ihnen entfallen! Wahrscheinlich ist Ihnen das peinlich – und genau dieser Vorgang blockiert Ihr Gehirn noch mehr. Lösen Sie sich aus dieser Situation, handeln Sie. **Sagen Sie, was Sie wissen oder ahnen:** »Wir haben uns doch beim Tag der Offenen Tür im Kepler-Gymnasium kennen gelernt.« Oder: »Kann es sein, dass wir auf der Mode-Messe in Düsseldorf …?« So beweisen Sie der Person, dass sie Ihnen in Erinnerung geblieben, also wertvoll erschienen ist. Identifizieren Sie sich dann: »Ich bin …« Nur wenn die Person jetzt nicht ihren Namen nennt, bitten Sie sie darum: »Würden Sie mir Ihren Namen auch noch einmal sagen?« Ein entwaffnendes Lächeln unterstützt Ihr Anliegen. Sprechen Sie nun den Namen der Person mehrmals aus, damit Sie sie beim nächsten Mal nicht wieder fragen müssen. Profis legen sich eine Namenskartei an und machen z. B. vor einer Veranstaltung Hausaufgaben, indem sie ihre Kartei durchgehen – gegebenenfalls gemeinsam mit Kollegen.

Kleider machen Leute

Jenseits aller Scherze über das Drama, dass Frauen nie genug zum Anziehen haben, stehen Sie doch auch sicherlich hin und wieder ratlos vor dem Schrank und fragen sich: Was um Himmels willen ziehe ich da an? Einerseits wollen Sie sich in Ihrer Haut wohl fühlen, andererseits denken Sie an die Außensicht: Wer sieht Sie? Wer soll was denken? Wer soll was sehen?

Im Alltag, beruflich und privat

Berufe, Anlässe und Lebensbereiche, in denen aus hygienischen Gründen bestimmte Kleidungsstücke notwendig oder tabu sind, sind Ihnen bekannt. Über alle anderen reden wir hier.

28. Outfit für Berufseinstieg: Als Berufseinsteigerin bin ich unsicher bei der Wahl meines Outfits: Welche Fehler sollte ich vermeiden?

Haben Sie beim Vorstellungsgespräch als Frau mit Kostüm oder Hosenanzug und als Mann im Anzug immer gute Karten, sind an den ersten Arbeitstagen mehr Fingerspitzengefühl und Detailkenntnis gefragt. Erscheinen Sie »underdressed«, bringt man Ihnen am neuen Arbeitsplatz nicht den nötigen Respekt entgegen, kommen Sie »overdressed«, hält man Sie möglicherweise für anmaßend. Erst wenn Sie Ihrem neuen Umfeld durch Verhalten und Kleidung signalisiert haben, dass Sie sich integrieren wollen, können Sie mutiger und individueller zur Arbeit kommen.

Darum ist es am wichtigsten, sich vor Arbeitsantritt über den – mehr oder weniger ausgesprochenen – Kleidungs-Code der spezifischen Abteilung dieses Unternehmens zu informieren. Sie können die Bilder in Werbematerialien und auf der Homepage des Unternehmens unter dem Aspekt durchforsten, wie Mitarbeiter gekleidet sind. Oder Sie holen Auskunft darüber ein, wie sich Vertreter dieser Branche in anderen Unternehmen präsentieren. Nutzen Sie die Gelegenheit, beim Vorstellungsgespräch offen nach einer Kleiderordnung zu fragen und, während Sie sich innerhalb des Unternehmens bewegen, genau zu beobachten. Erkundigen Sie sich sicherheitshalber nach Dienstantritt, ob Sie die Empfehlungen korrekt verstanden haben. Was man Ihnen auch sagen mag: Verzichten Sie in den ersten Tagen auf ein lässiges und/oder aufreizendes Outfit. Man könnte Ihnen sonst mangelnde Seriosität und Kompetenz unterstellen.

Dressed for success

Machen Kleider wirklich Leute?

Die Regel »no brown after six« – für Herren keine braunen Schuhe nach 18 Uhr – ist Ihnen möglicherweise schon begegnet. Woher sie kommt, weiß niemand so genau. Auf jeden Fall ist sie falsch. Sie heißt korrekt **»no brown in town«** – nichts Braunes in der Stadt – und ist keinesfalls auf die Schuhe und auch nicht auf Herrenkleidung beschränkt. Sie bedeutet vielmehr: Sobald es um Status geht und es feierlich wird, sind Outfit und Accessoires in kalten Farben passend.

Das mag auf den ersten Blick eigenartig erscheinen, und doch haben Menschen **idealtypische Bilder** im Kopf, wie sich bestimmte Rollenträger in bestimmten Situationen präsentieren sollten: Stellen Sie sich bitte einmal vor, der die Kommunion austeilende Priester käme in Jeans und gelbem T-Shirt daher. Oder der Richter, der über Freiheit oder Haft entscheidet, spräche Recht im grün karierten Jackett. Oder die Bankerin, die Ihr Vermögen mehren soll, erschiene im roten Minirock und Sandaletten. Selbst wenn diese Kleidung der Ihren ähnlich sähe, würden diese Personen Ihren Erwartungen zuwiderhandeln und könnten darum kaum mit Ihrer Akzeptanz rechnen.

Was tragen Sie?

Zwar liegt es auf der Hand, dass **Kompetenz und Seriosität** nicht am Erscheinungsbild abgelesen werden können, und doch erliegen wir immer wieder dieser Versuchung. Deshalb bekommen Sie im Anzug eher einen Kredit als in Shorts und T-Shirt. Deshalb treten international operierende Geschäftsleute in der »Uniform« des dunklen Anzugs auf. Deshalb wählt schon der Teenager sein Outfit bewusst unter dem Aspekt aus, welchen Eindruck er machen möchte. Will er Oma ein paar Euro abschwatzen, zieht er die Stoffhose an. Will er in der Disko Gruppenzugehörigkeit signalisieren, muss er auf sie verzichten. Daher ist es klug, sich vor jedem

Griff in den Kleiderschrank nach dem **Anlass,** Ihrer **Rolle** dort und Ihrem **Ziel** zu fragen.

Zum Beispiel müssen Sie beim **Betriebsfest** wissen: Findet es in einer rustikalen Halle mit Bier vom Fass statt? Da kann die Jeans passen. Ist eher eine Gartenparty auf dem Anwesen des Chefs angesagt? Dann kommen Sie als Mann um ein Jackett und als Frau um eine sportlich-elegante Kombination von Rock oder Hose und Blazer bzw. ein Kleid nicht herum. Oder: Wohin lädt der Chef Sie ein? Zum Nobel-Italiener gehen Sie in Kleid bzw. Anzug, in den Bierkeller in Rock bzw. Hose und Pullover.

Wird in Ihrer eher traditionell eingestellten Familie **ein großes Fest** in einem Restaurant gefeiert? Da sind Kleid und dunkler Anzug das Minimum. Ist Ihre Familie eher locker? Vielleicht geht's dann ohne Krawatte.

Bei **Opern- und Theater-Premieren und großen Konzerten** ist in manchen Städten Abendkleidung angebracht, in anderen nicht. Als Faustregel kann gelten: Je moderner das Stück, desto eher verzichtet das Publikum darauf, sich »schön« zu machen.

Selbst wenn Sie sich für einen privaten, geselligen, beruflichen Anlass für ein lockeres Outfit entschieden haben, heißt das nicht, dass Sie auf Sorgfalt verzichten müssen.

Konformität und Individualismus

Wollen Sie als Individuum **auffallen,** kleiden Sie sich entgegen dem Gesamtbild und den Erwartungen der Mehrheit. Wollen Sie sich **eingliedern,** entsprechen Sie ihnen im Großen und Ganzen. Ihre Individualität muss dabei nicht auf der Strecke bleiben. Wie deutlich unterscheidet ein Accessoire wie ein farbiges Einstecktuch den Individualisten vom Konformisten. Wie leicht sticht ein nach Maß geschneidertes kleines Schwarzes aus der Masse der Konfektionskleider heraus. Wie schnell senden Designer-Schuhe und ein flotter Haarschnitt zum klassischen Kostüm oder Anzug das Signal: Hier hält sich jemand an die Spielregeln und interpretiert sie gleichzeitig auf kreative Weise.

29. Blue Jeans: Wann darf ich im Beruf guten Gewissens Blue Jeans tragen?

Wenn Sie Wind, Wetter und Schmutz ausgesetzt sind, ist die Blue Jeans ideal. In anderen Berufsfeldern gilt: »Kommst du in Jeans, wirst du behandelt wie eine Jeans. Kommst du im Anzug, wirst du behandelt wie ein Anzug.« Daher ist in Beratung, Handel und Verkauf von jeder Art von Jeans bei Damen und Herren abzuraten.

30. Turnschuhe im Business: Sind Sneakers (Turnschuhe) zu Anzug und Kostüm nun in oder out?

Bei aller Liebe zu Tragekomfort und Sportlichkeit: Turnschuhe sind riskant! Sie können sich als Stolpersteine zu einem guten Geschäft erweisen: Ein Schuh, der den Stil der Kleidung nach unten fortsetzt, wird zumindest in einem konservativen Geschäftsumfeld als passend empfunden. Daher ist, wenn Sie Repräsentant eines seriösen Unternehmens sind, von auffälligen Schuhen abzuraten.

Welcher Schuh an welchen Fuß?

Wer trägt wann ...	... welche Schuhe?
Damen im Alltag	Schuhe, die festen Stand ermöglichen, in Form und Farbe zur Kleidung passend: dunkle Pumps, schmale Schnürschuhe mit Ledersohle, keine High Heels, keine Sandalen oder Mules
Herren im Alltag	zum Anzug: Schnürschuhe aus Glattleder, auch mit Zierlöchern auf Oberfläche (Brogue) und/oder offener Schnürung (Derby); zur Kombination: schlichte Loafers akzeptabel; meist Schwarz, in kreativen Berufen auch in Bordeaux und Braun
Damen zu Repräsentationsanlässen	farblich auf Kleidung abgestimmte Pumps, als Privatperson auch offen, als Unternehmensvertreterin mindestens vorn geschlossen
Herren zu Repräsentationsanlässen	schwarze Schnürschuhe aus Glattleder mit Ledersohle, am elegantesten mit verdeckter Schnürung und ohne Verzierung auf der Zehenkappe (Oxford)

31. Stiefel: Meine Vorgesetzte hat mir den Rat gegeben, im Business keine Stiefel zu tragen. Soll ich diesen Rat befolgen?

Es kommt darauf an, in welchem Geschäftsfeld Sie arbeiten. Stiefel und Stiefeletten sollen vor Schnee und Regen schützen und sind deshalb in konservativen Geschäftsfeldern im Kundenkontakt verpönt. Tragen Sie sie zum Herrenanzug, werden sie auch an anderen Orten als unpassend empfunden, zu Rock und langer Damenhose gilt das nicht. Der Rock muss den Stiefelrand nicht mehr überdecken.

32. Gürtel: Muss der Gürtel die gleiche Farbe wie die Schuhe haben?

Nein. Der Gürtel soll aber in Farbe und Material auf die Schuhe und bei Damen auch auf die Handtasche abgestimmt sein. Zum eleganten (Hosen-)Anzug und bordeauxfarbenen Schuh brauchen Sie also einen anderen Gürtel als den schwarzen mit großer Schnalle, den Sie zu Jeans tragen.

33. Hände in den Taschen: Man sieht ja unterschiedliches Verhalten bei Personen des öffentlichen Lebens. Gelten Hände in den Taschen nun als »cool« oder verpönt?

Es kommt darauf an, wen Sie fragen. Die meisten Schüler finden das – bei Schülern – lässig und manche Politiker scheinen durch eine lässige Haltung Volksnähe demonstrieren zu wollen. Wer sich professionell um die Frage kümmert, wie ein Eindruck entsteht, weiß: Bei der Mehrheit kommen Hände in den Taschen gar nicht gut an. Die meisten Personen empfinden vor allem bei Begrüßung und Abschied eine Hand in der Hosentasche als mangelnde Aufmerksamkeit, als Unsicherheit, gar als Geringschätzung. Wenn im Lauf einer Plauderei die eine oder andere Hand in die Tasche wandert, ist das im informellen Umfeld z. B. einer Party nicht schlimm. Notfalls nähen Sie Ihre Hosentaschen zu, um nicht mehr in Versuchung zu kommen.

34. Gepflegte Hände: In den USA sieht man an jeder Straßenecke ein Nagelstudio. In Europa muss ich meinen Händen doch keine übertriebene Aufmerksamkeit widmen, oder?

Entgegen dem landläufigen Urteil ist es nicht so, dass nur Frauen Männern auf die Hände schauen; die meisten Menschen nehmen das Aussehen einer Hand als Indikator für die Persönlichkeit. Das ist auch beim Handschlag der Fall. Zumindest ist eine gepflegte Hand Zeichen einer Sorgfalt, die vom Betrachter positiv bewertet wird. Falsch wäre Ihre Aufmerksamkeit mit Sicherheit, wenn Sie sich als Frau nach US-amerikanischem Vorbild künstliche farbige Nägel ankleben ließen und mit klappernden Fingernägeln auf die Tischplatte trommelten. Doch für Frauen wie Männer sollten Handcreme und Maniküre an der Tagesordnung sein. Dass Sie sich nicht in der Öffentlichkeit die Nägel reinigen – auch nicht in Bus und Bahn –, sollte selbstverständlich sein. Schneiden Sie die Nägel oval oder rund; die ideale Grenze ist bei der Männerhand die Fingerkuppe. Zu gepflegten Händen gehört es, weder Fingernägel noch Nagelhaut zu kauen. Tun Sie es doch, hilft Ihnen nur die Verbindung von Entspannung und Disziplin.

35. Parfüm: Wie stark darf ein Duft sein?

Ein künstlicher Duft soll die Persönlichkeit unterstreichen und nicht gesondert wahrzunehmen sein. Ihre Duftmarke sollte bewusst nur von den Personen gerochen werden, die Ihnen – z. B. bei einer Umarmung – sehr nahe kommen. Ein kurzer, fester Druck auf den Atomiseur ist bei Eau de parfum und Eau de toilette schon genug.

36. Körpergeruch: Wie weise ich eine Kollegin darauf hin, dass sie unangenehm riecht?

Jeder Mensch ist an seinen eigenen Geruch so gewöhnt, dass er ihn meist nur in einer Ausnahmesituation wie nach der Einnahme starker Medikamente wahrnimmt. Daher sollten Sie einer Person, der das Missgeschick unterläuft, unangenehm zu riechen, Ihre Unterstützung nicht vorenthalten. Die Bedingung dafür, dass Ihre Anmerkung als Hilfe verstanden wird, ist, dass Sie auf Folgendes verzichten:

- Öffentlichkeit: nicht auf dem Korridor,
- Verallgemeinerungen: »Das stört alle Kollegen.«,
- Anklagen: »Merken Sie denn nicht, dass keiner neben Ihnen sitzen will?«,
- Unterstellungen: »Sie waren wohl wieder beim Türken essen, dass Sie so nach Knoblauch riechen!«,
- kluge Ratschläge: »Jeden Morgen duschen.«.

Vielmehr schaffen Sie ein partnerschaftliches Umfeld unter vier Augen, idealerweise von Frau zu Frau oder von Mann zu Mann. Zuerst teilen Sie der Person Ihre Verbundenheit mit: »Ich schätze Sie sehr.« Nennen Sie diese als Grund für die Aussage: »Und deshalb ist es mir ein Anliegen, dass Sie Folgendes wissen.« Tragen Sie nun Ihre Sinneswahrnehmungen sachlich und konkret vor: »Ich bemerke, dass Sie in letzter Zeit am Ende des Arbeitstags leicht nach Schweiß riechen.« Fordern Sie schließlich die Person zum Handeln auf: »Es wäre nicht schlecht, wenn Sie dagegen etwas unternehmen würden.« Haben Sie selbst schon einmal unter eigenem Körpergeruch gelitten, können Sie jetzt einen persönlichen Erfahrungsbericht anfügen; nur dann!

Die andere Seite: Hilfe, ich rieche

Wenn Sie von einer Verwandten, einem Freund oder einer Kollegin auf Körper- oder Mundgeruch hingewiesen werden, seien Sie froh. »Danke, dass du mir das sagst«, ist die einzige vernünftige Antwort auf eine Aussage, für die Ihr Gegenüber all seinen Mut zusammennehmen musste. Nur mit einer sachlichen Reaktion verhindern Sie, dass Sie in die Peinlichkeitsfalle geraten und Ihr Gegenüber mitziehen. Natürlich können Sie Ihrer Betroffenheit Ausdruck geben und nach den Details fragen: »Seit wann? Wonach? Wie?«

37. Schmuck: Etwas Schmuck gehört ja zu einem eleganten Outfit dazu. Wie viel Schmuck ist denn zu viel des Guten?

»Weniger ist mehr« – dieser Satz ist Programm. Es ist geschickter, den Blick des Betrachters auf ein einzelnes Schmuckstück zu lenken, als sein Auge von Ohrring über Kette und Ring zu Armreif und Armbanduhr irren zu lassen. Sie können ein klug gewähltes Juwel – und als Frau auch aparten Modeschmuck – nutzen, um Ihren persönlichen Stil geschickt zu unterstreichen und Ihre Kleidung zu komplettieren oder gar aufzuwerten.
Männer sind mit Armbanduhr, Partnerschaftsring und maximal einem Schmuckring ausreichend geschmückt. Bei Frauen darf es ein wenig mehr sein: insgesamt maximal drei auf beide Hände verteilte Ringe, eine Kette, Ohrringe, eine Brosche und – wenn es nicht bei der Arbeit hindert – ein Armband. Achten Sie darauf, dass alle Stücke in Design und Material zueinander, zu Ihrer Kleidung und zu Ihrer Rolle in Ihrem Berufsumfeld passen. Es wäre deplatziert, im dunklen Kostüm oder Anzug mit Plastikuhr auf Kundenbesuch zu gehen. Gürtelschnalle, Knöpfe und eventuelle Schmuckelemente an den Schuhen sind in den Abgleich einzubeziehen. Einen Siegelring tragen Sie bitte nur, wenn er Ihr – echtes, historisch verbrieftes – Familienwappen ziert; alles andere würde von »guten Familien« als Anmaßung empfunden. Es gilt auch hier: Wer krampfhaft versucht, seinen Status zu erhöhen, senkt ihn sofort.

38. Gold und Silber: Stimmt es, dass Silber und Gold nicht kombiniert werden dürfen?

Das Verbot stammt aus alter Zeit, in der bestimmte Materialien bestimmten gesellschaftlichen Schichten vorbehalten waren. Diese Zeit ist passé. Allerdings können Sie Stilbewusstsein demonstrieren, indem Sie nur Stücke miteinander kombinieren, die in Material, Form und Design gut aufeinander abgestimmt sind.

Für Herren

Design ist überall, Eleganz ist in: Bei Männern ist eine wachsende Aufmerksamkeit für ihre Kleidung und Körperpflege zu beobachten. Das sagen nicht nur die einschlägigen Medien, das bestätigt zur Mittagszeit ein Blick in die Fußgängerzonen von Geschäftsvierteln.

39. Anzugsqualität: Woran erkenne ich einen Anzug in guter Qualität?

Ein guter Schneider fertigt Ihnen einen Maßanzug, der Ihnen auf den Leib geschneidert ist. Auch hochwertige Konfektion kann gut passen und Sie elegant kleiden. Da nicht jeder Schnitt zu jedem Körper passt, bleiben Sie am besten bei der Marke, die Sie einmal als die für Sie ideale entdeckt haben. Denn Bedingung für die Qualität eines Anzugs sind nicht nur Stoff, Material und Verarbeitung, sondern auch die richtige Passform. Der Anzug sitzt korrekt, wenn

- er Ihrem Typ entspricht,
- er Ihren Körperbau positiv unterstreicht: ein schmal geschnittener Einreiher lässt Sie schmal wirken, ein Zweireiher mit ausgeprägten Schulterpolstern kantig,
- das Jackett sich Ihrem Oberkörper ohne Faltenwurf anpasst, ohne ihn einzuklemmen, und das Gesäß bedeckt,
- der Kragen sich anschmiegt und die schmalste Stelle etwas oberhalb Ihrer Taille sitzt,
- der Jackettärmel Blick auf einen Zentimeter des Hemdsärmels freigibt,
- die Hose auch im Sitzen der Oberschenkelmuskulatur Spielraum lässt.

Bitte beachten: Ein guter Anzug kommt nur zum Tragen, wenn Sie ihn richtig behandeln. Das gilt nicht nur für die Pflege – viel lüften, nicht täglich tragen, regelmäßig reinigen lassen. Das gilt auch für die Schließtechnik. Der korrekt gekleidete Herr lässt im Stehen den unteren Knopf offen. Ob Sie den oberen ebenfalls offen lassen, entscheidet die Passform.

40. Kombination: Wann kann ich statt eines Anzugs eine Kombination tragen?

Wenn Sie einen guten Blick für die harmonische Verbindung unterschiedlicher Materialien, Farben und Muster haben, sind Sie beispielsweise als Vertreter der freien Berufe im Alltag mit einer Kombination sehr gut gekleidet. In konservativen Berufsfeldern wird der Anzug bevorzugt. In der Hansestadt Hamburg sehen Sie auch die Kombination eines blauen Blazers mit grauer Hose bis in die Chefetagen hinauf.

41. Hosenlänge: Welche Hosenlänge ist denn nun die richtige?

Wenn eine gerade geschnittene Hose auf Ihrer Schuhkappe mit einem leichten Knick aufsteht, ist sie genau richtig. Idealerweise stößt eine Hose ohne Aufschlag dann hinten auf dem Absatz auf, eine Hose mit Aufschlag endet zwischen Absatz und Fersenmitte. Das ist bei schmalen Hosen nicht möglich. Im Zweifel lieber etwas zu kurz als zu lang!

42. Jackett schließen: Muss ich mein Jackett wirklich immer geschlossen halten?

Sobald Sie sich hinsetzen, öffnen Sie aus praktischen Gründen Ihr Jackett. Im Stehen sieht ein geschlossenes Jackett – auch bei Damen! – korrekter aus, bei Begrüßung und Verabschiedung ist das unabdingbar (▸ auch Seite 47). Westenträger dürfen außer bei hohem Besuch das Jackett geöffnet lassen.

43. Jackett ausziehen: Ich gerate leicht ins Schwitzen – wann darf ich mein Jackett ausziehen?

Sind Sie allein oder unter Kollegen – im Büro, auf Reisen, im Flugzeug, in der Bahn –, entledigen Sie sich Ihres Jacketts, wann Sie möchten. Bei Veranstaltungen geht das nicht: Weder Kunden noch Anbieter noch Geschäftspartner sollen Sie in der Öffentlichkeit »im Hemd stehen« sehen. Bei Besprechungen und Essen in Restaurants, in denen es nicht förmlich zugeht, entscheidet die wichtigste Person am Tisch, ob das

Jackett ausgezogen werden darf oder nicht. Das ist im konkreten Fall bei Rangunterschieden der Vorgesetzte, bei Einladungen der Gastgeber, auf neutralem Terrain der Älteste sowie auf gleicher Hierarchiestufe und bei gleichem Alter eine Dame. Ist die Person mit der Entscheidungsgewalt ein wenig unkonzentriert oder nimmt sie die Sache nicht so wichtig, fragen Sie so, dass die positive Einstellung in eine positive Aussage münden kann: »Ist es Ihnen recht, wenn ich …«

44. Das richtige Hemd: Welches Hemd soll ich zu welchem Anlass tragen?

In vielen Geschäftsfeldern können Sie zu Kombination und Zweireiher ein Hemd mit angeknöpften Kragenspitzen (Button down) oder mit Steg-Kragen (Tab) (▸ auch »Kragen-Know-how«, Seite 44) tragen. Zum eleganten Einreiher passen diese Varianten nicht. Den korrektesten Anblick bietet eine Halspartie, wenn die Kragenschenkel unter dem Revers des Jacketts verschwinden.

45. Hemdenqualität: Woran erkenne ich ein gutes Hemd, muss es immer das teuerste sein?

Ein teures Hemd ist nicht unbedingt ein richtiges Hemd, darum zuerst die für viele Männer traurige Botschaft: Kurzarmhemden gehören nicht zum Business-Outfit! Sie haben in der Freizeit ihren Platz und werden niemals mit einer Krawatte kombiniert.

Die gute Nachricht: Ein gutes Langarmhemd bringt Sie auch im Sommer nicht ins Schwitzen. Denn es ist aus Baumwolle und atmungsaktiv. Es spannt nicht über der Brust – Vorsicht mit taillierten Hemden. Es wirft unter dem Jackett keine wärmenden Falten. Darüber hinaus rutscht es Ihnen, wenn Sie im Schritt Vorder- und Rückteil zusammenbringen können, nicht aus der Hose. Perlmuttknöpfe verschleißen nicht. Zwischen Ärmel und Manschette wirft der Stoff kleine Falten. Die Kragenstäbchen aus Plastik können Sie durch solche aus Fischbein oder Silber ersetzen.

Kragen-Know-how

Storchenhals oder Stiernacken bieten Anlass zu Gelächter. Bei anderen sieht man leichter, wenn ein Hemd nicht passt. Damit Ihnen nie der Kragen platzt, achten Sie beim Einkauf auf die **richtige Passform** und den **passenden Zuschnitt.** Sie können die Fachbegriffe lernen; eine Beschreibung dessen, was Sie brauchen, reicht auch. Und eine gute Fachverkäuferin berät Sie besonders gern, wenn Sie erkennt, dass Sie ihre Professionalität zu schätzen wissen.

Die gängigen Grundformen

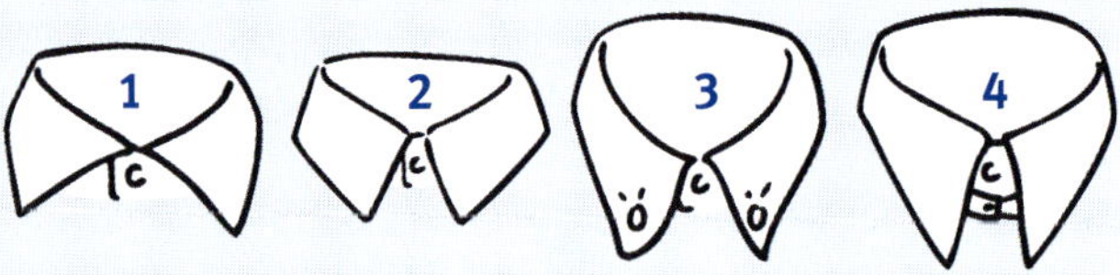

1: Haifischkragen/Spreizkragen: Die weit auseinander stehenden Spitzen bieten dem Krawattenknoten viel Platz.

2: Breiter Umlegekragen/Turndown/Kentkragen: Längere Spitzen, dichter zusammenliegend, strecken das Gesicht.

3: Button-down-Kragen: Spitzen auf der Brustseite aufgeknöpft; mit und ohne Krawatte zu tragen, immer zuknöpfen!

4: Tabkragen: Der Steg wird unter dem Krawattenknoten zugeknöpft. Nur mit Krawatte, nie mit Schleife und nie offen zu tragen. Eine in den USA gängige Variante ist der Pin-Kragen, bei dem der Steg durch eine Nadel ersetzt ist.

Ein Kragen sitzt nur dann korrekt, wenn er

- genügend Hals sichtbar werden lässt,
- Sie weder in Atemnot versetzt noch Ihr Hals einsam aus ihm herausragt,
- hinten aus dem Jackett herausschaut,
- eine genähte und keine geklebte Verstärkung hat,
- weich anliegt und durch Kragenstäbchen in Form bleibt.

46. Manschettenknöpfe: Ich finde Manschettenknöpfe schick, sehe sie aber in meinem Umfeld selten. Würde ich damit altmodisch wirken?

Mit kaum einem anderen Kleidungsstück oder Accessoire können Sie zur gleichen Zeit zwei so widersprüchliche Botschaften senden. Denn die Manschettenknöpfe sind gleichzeitig sehr traditionell und topmodisch. Gab es bis vor wenigen Jahren nur helle einfarbige Hemden mit Doppelmanschetten zu kaufen, können Sie diese heute sogar an gestreiften und karierten Hemden sehen – und damit auch die Manschettenknöpfe. Zu einfachen Manschetten und über Perlmuttknöpfen werden Manschettenknöpfe niemals getragen. Wenn Sie sehr mutig sind, kaufen Sie sich zu jedem modischen Hemd die farblich passenden Kugelknöpfe aus Seidengarn. Sind Sie es nicht, wählen Sie dezente Exemplare in Edelmetall, die in Farbe und Ausführung Uhr und Ringen keine Konkurrenz machen. Ein einheitliches Bild von Arm und Hand zeugt von Stilempfinden. Sind Sie nicht sehr geschickt und es geht Ihnen niemand zur Hand, führen Sie die Knöpfe in die Manschetten ein, bevor Sie Ihr Hemd anziehen.

47. Krawattenzwang: Ich bin ein sportlicher Typ und arbeite im Verkauf. Muss ich wirklich im Kundenkontakt Krawatte tragen?

Wenn es Ihre Unternehmensphilosophie erfordert, haben Sie keine andere Wahl, als sich an die Krawatte zu gewöhnen. Das fällt Ihnen am leichtesten mit einem Binder aus reiner Seide: So schwitzen Sie weniger als unter einem Kunststoffgemisch. Bedenken Sie dabei, dass ein Mitarbeiter nie besser gekleidet sein sollte als der Chef. Trägt er also eher die alten Binder der letzten Jahre auf, müssen Sie nicht mit der jüngsten italienischen Designermode daherkommen. Hier ist eher Zurückhaltung gefragt.

Bitte beachten: Tragen Sie Ihre Krawatte immer richtig. Der gelockerte Krawattenknoten über dem geöffneten Kragenknopf wirkt schlampig und zerstört die gewünschte Wirkung.

Knoten für alle Anlässe

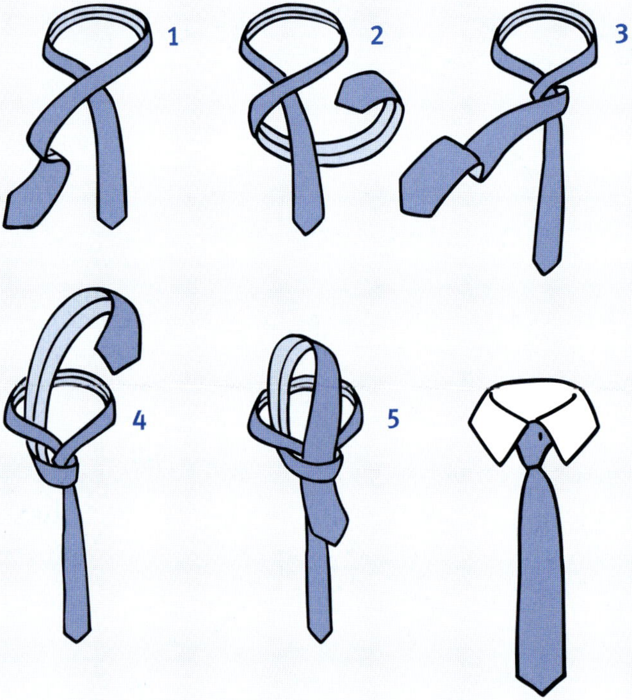

Four-in-hand: Auch einfacher oder altdeutscher Knoten genannt, gelingt auch Krawatten-Neulingen und passt zu schmalen und breiten Kragen. Er ist für alle Anlässe geeignet.

Bitte beachten: Verstauen Sie Ihre Krawatte nicht zusammengeknüllt in der Jackentasche. Entweder Sie lassen sie korrekt gebunden am Hals oder Sie legen sie – gut gelüftet – zusammengerollt in eine Schublade. Einen anderen Aufenthaltsort für Krawatten gibt es nicht.

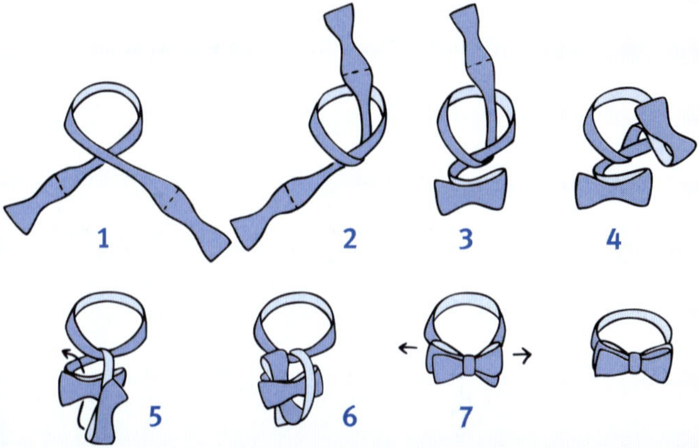

Elegante Schleife: Auch klassische Schleife genannt, ist die Alternative zur fertig gebundenen Schleife für besondere Anlässe. Sie passt sehr gut zum Smoking oder Frack.

Plastron: Auch Ascot genannt, ist der festlichen Garderobe vorbehalten und wird zum Cut getragen. Das ideale Hochzeitsgewand für den Mann, da Cut und Plastron zu Anlässen getragen werden, die vor 15 Uhr beginnen.

48. Krawatte privat: Gibt es Situationen, bei denen ich auch außerhalb des Geschäftslebens Krawatte tragen muss?

Sie binden eine Krawatte immer dann um, wenn Sie einem Gastgeber sowie Gästen und Besuchern die Ehre eines eleganten und korrekten Anblicks geben wollen. Das ist der Fall an einem Ehrentag wie der Abiturfeier Ihres Sohnes, der Promotionsfeier Ihrer Tochter, einer Hochzeit oder einer Einladung zu einem runden Geburtstag. Selbst in Familien, in denen eher ein lockerer Umgang gepflegt wird, ist es leichter, die Krawatte abzunehmen, wenn alle anderen ohne erschienen sind, als eine herbeizuzaubern. In einem Nobel-Restaurant werden Sie möglicherweise mit Jackett und Krawatte besser angesehen und somit bedient als in Hemd und Pullover. Manche Restaurants und viele Spielbanken haben Krawattenzwang. Bei einem Gottesdienst sind Sie mit Krawatte gut bedient und das gilt auch vor Gericht: Es sei denn, Sie wollen den Eindruck erwecken, Sie seien völlig verarmt.

49. Fleck auf Krawatte: Was tun, wenn ich mir beim Geschäftsessen die Krawatte bekleckert habe?

Krawatten mögen weder Wasser noch eine Reinigung, der Versuch, einen Fleck am Tisch mit Sprudelwasser zu entfernen, scheitert meist und wird in der Regel von den übrigen Gästen belächelt. Wer wirkt schon beim Hantieren an sich selbst souverän? Es gilt schnell zu entscheiden: Machen Sie auch mit Klecks noch eine gute Figur? Ist der Fleck zu groß, nehmen Sie die Krawatte lieber ab.

50. Krawattennadel: Ich fixiere meine Krawatte gern mit einer Nadel am Hemd. Welche Krawattennadeln sind derzeit noch modern?

Die Krawattennadel ist eine Nadel aus Edelmetall mit einem Schmuckkopf – wie etwa einer Perle – und Teil der konservativen Herrenausstattung. Sie passt, wenn Sie in noblem Zwirn auftreten, und wertet am ehesten einen farblosen Langbinder auf. Die quer zur Längsrichtung eines Langbinders getragenen Krawattenklammern gab und gibt es in edler Ausführung. Solche mit Motiven wie Skylines oder Nikoläusen, die eine witzige Botschaft transportieren, sind im gehobenen Business nie angekommen und das wird auch so bleiben. Ohnehin tragen Sie eine Krawattenklammer als Schmuckstück und so, dass sie auch bei geschlossenem Jackett im oberen Drittel der Krawatte sichtbar bleibt.

51. Kniestrümpfe: Wirken Strümpfe an Männern nicht ein wenig komisch?

Die Vorstellung, ein Mann hielte seine Kniestrümpfe mit Strumpfhaltern an ihrem Platz, erzeugt bisweilen Heiterkeit, dabei sind Strumpfhalter nicht unbedingt nötig, um einem Männerbein einen ästhetischen Anblick zu verleihen. Der Rat, Kniestrümpfe oder wenigstens überlange Socken zu tragen, dient dem Ziel, Ästhetik und Tragekomfort zu vereinen: Sie können eben mit kurzen Socken nicht ohne Not Ihre Beine überschlagen, ohne eine Partie Ihres – wahrscheinlich behaarten – Unterschenkels freizulegen. Mit längeren Socken gelingt Ihnen das. Ideal ist ein farblicher Übergang zwischen Hosenbein und Schuh, am einfachsten orientieren Sie sich am Schuh. Dass beim Begriff »Strumpf« immer auch an ein feines Material gedacht ist, bekräftigt diese Einsicht: Seide bietet nicht nur einen schönen Anblick für das Umfeld, sondern auch einen hohen Tragekomfort für den Träger: Sie schwitzen in Seide einfach nicht so leicht wie in Wolle!

52. Weiße Socken: Was ist eigentlich so schlimm an weißen Socken?

Gar nichts! Zum weißen Seidensmoking bieten Ihnen weiße Seidensocken den idealen Übergang von der Hose zum Schuh, bei Sportlern, Krankenpflegern und Ärzten schützt die Baumwollvariante den Fuß vor Schweiß und Blasen. Da stimmen Materialien, Farben und Anlässe. Zur dunklen Hose üben Sie besser Verzicht auf derart unfreiwillige Hingucker.

Ausdruck & Eindruck mit Farben, Formen und Stil

Wie Farben wirken

Wenn Sie beim Schaufensterbummel durch die Stadt oder bei einer Modenschau Ihren Blick auf die Farbgebung der präsentierten Stücke konzentrieren, können Sie wahrscheinlich die **Zuordnung von Farben und Nichtfarben zu bestimmten Gefühlen** nachvollziehen, die Probanden bei Farbtests äußern:

- **Weiß:** Vollkommenheit, Reinheit, Sterilität
- **Schwarz:** Negation, Auflehnung
- **Grau:** Neutralität
- **Braun:** Sinnlichkeit, Bequemlichkeit
- **Violett:** Selbstbezogenheit, Eitelkeit
- **Gelb:** Optimismus, Streben
- **Grün:** Durchsetzungsfähigkeit, Beharrlichkeit
- **Blau:** Harmonie, Zufriedenheit
- **Rot:** Aktivität, Dynamik, Leidenschaft

Über alle Nuancen und Kombinationsmöglichkeiten hinaus lässt sich daraus ableiten, warum manche Farben im Geschäftsleben allein aus wahrnehmungspsychologischen Gründen vorzuziehen, andere eher zu vermeiden sind.

Muster für Anzüge und Kostüme

Mit einem **unifarbenen Anzug oder Kostüm** in glatter oder ausgeprägter Webstruktur sind Sie immer richtig angezogen. Weiße **Nadelstreifen** strecken, farbige etwas weniger; Kreidestreifen – dicker und weiter voneinander entfernt als Nadelstreifen – tun das nicht. **Fischgrat und Streifen** kombiniert sind in Grau und Anthrazit tauglich für Bank und Börsenparkett. **Fischgrat allein** ist bei Tweedsakkos beliebt, in Kammgarn machen Sie auch im Geschäftsleben eine gute Figur damit. Ein **Gitterkaro** ist nur etwas für große, schlanke Personen, da es nicht gerade streckt! Das gilt auch für das **Glencheck-Karo:** mit Vorsicht tragen!

Hemden und Blusen

Ein glattes **weißes Hemd** oder eine feine **weiße Bluse** gehört in jeden Schrank. Das ermöglicht Kontraste und wirkt frisch. Blasse Personen greifen zum gebrochenen Weiß, Eierschale oder Champagner genannt. Vorsicht mit Wirkmustern, sie wirken leicht unruhig. Ein glattes **hellblaues Hemd** respektive Bluse passt für fast alle Gelegenheiten und zu jedem Teint. Mutige tragen uni Hemden auch in Hellgelb, Hellgrün oder blassem Rosa. Vorsicht bei der Begegnung mit Ausländern: in vielen Ländern gelten farbige Hemden als »schräg«. Ein weißes Hemd mit blauen oder grauen Streifen ist – außer abends – korrekt, in Kombination mit weißem Kragen derzeit nicht in Mode. Das gilt auch für Blusen. **Karos** sind bei Business-Hemden seit einigen Jahren in den unterschiedlichsten Varianten von Saison zu Saison auffälliger geworden. Für modische Männer sind sie selbst in Verbindung mit Streifen möglich, im konservativen Business nicht. Bei Blusen hat das Karo immer einen sportlichen Touch.

Krawatten

Ob Sie Ihre Krawatten lieber in Wolle oder Seide tragen, Sie können das Stück, das Sie suchen, wahrscheinlich einer der sechs gängigen Kategorien zuordnen:

- **uni:** einfarbig und nie verkehrt
- **gepunktet:** je kleiner der Punkt, desto dezenter
- **gestreift:** Vorsicht im Kontakt mit Briten, man könnte glauben, Sie wollten mit einer Clubzugehörigkeit protzen
- **kariert:** je größer das Karo, desto größer die Wirkung; kleine, stämmige Männer tragen nur kleinste Karos
- **Paisley:** wirbelnde Tränen aus dem Orient, häufig in Großbritannien zu sehen
- **allover:** mit Tieren, Pflanzen, geometrischen Figuren, die den Stoff gleichmäßig überziehen
- **Motivkrawatten:** Klaviertastatur, blubbernde Fische, Banknoten – sind meist dem Bereich Kitsch zuzuschreiben, daher ist große Vorsicht geboten. Besucht Ihre Schwiegermutter einen Kurs in Seidenmalerei, sagen Sie ihr rechtzeitig, dass Sie am liebsten einfarbige Krawatten tragen.

Passend gekleidet

Ein ausgewogenes Erscheinungsbild hängt weniger von den Pfunden ab, die Sie auf die Waage bringen, als von dem Bau und den **Proportionen Ihres Körpers**. Sind Sie eher kurvig oder eher eckig gebaut? Welche Körperstellen sind im Vergleich zur Normalverteilung zu lang oder zu kurz?

Und ist Ihr **Gesamtmaßstab** eher groß, durchschnittlich oder zierlich? Mithilfe Ihrer Kleidung können Sie Ihre Außenwirkung zu Ihrem Vorteil gestalten.

1

– +

2

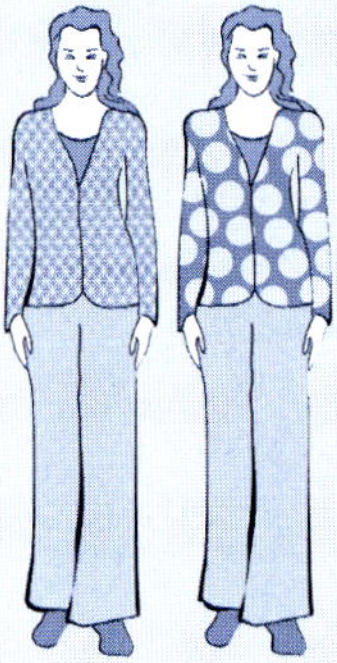

– +

3

+ +

4

– –

1: Zierliche Personen werden von großen Mustern und breiten Schulterstücken erdrückt.

2: Stattliche Figuren erscheinen mit zierlichen Schnitten und Mustern kindlich.

3: Eine **kurze Taille** wird mit einem langen Jackett überspielt, ein kurzes Jackett betont bei zu **langer Taille** die Körpermitte.

4: Ein **zu langes Jackett** macht kleine Personen kleiner, ein **zu kurzes Jackett** lässt eine große Person wie ein Schulkind dastehen.

5

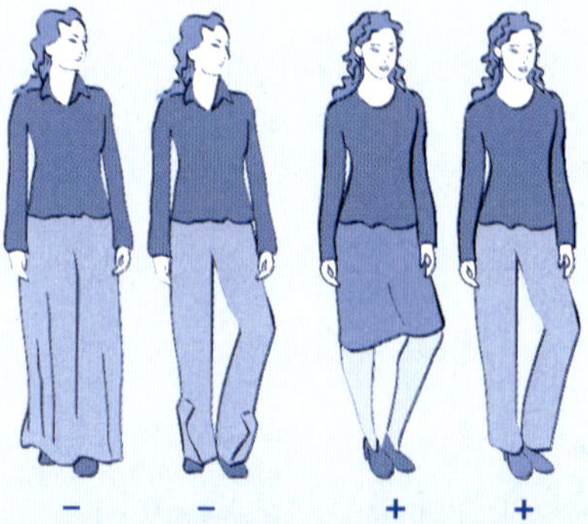

6

5: Lange und schwingende **Röcke** und in Akkordeonfalten endende **Hosen** machen klein; schmale, das Knie umspielende Röcke und auf den Schuh abgestimmte Hosen strecken. Vorsicht bei langen Beinen und gestreiften Hosen!

6: Querstreifen und **aufgesetzte Taschen** machen breit – Vorsicht bei üppiger Oberweite!

Ihr persönlicher Stil

Welches Körpermerkmal unterstreicht Ihren **Charakter?** Betonen Sie es durch Ihre Kleidung – auch in einem konservativen Geschäftsumfeld.

- Am leichtesten ist die Kleiderwahl für **klassische Typen.** Zählen Sie dazu? Dann ist das typische Business-Outfit Ihre zweite Haut: korrekt, schlicht, zeitlos in Schnitt und Farbgebung.
- Wer viel natürliche **Bewegungsfreiheit** braucht, fühlt sich in festen Stoffen und engen Schnitten nicht wohl. Entscheiden Sie sich für eine Grundausstattung in den dezenten Business-Farben, dabei aber weiche Schnitte. Ergänzen Sie sie durch dynamische Töne bei Hemd und Krawatte sowie Bluse und Schmuck.
- Sind Locken, Gelfrisur, eine avantgardistische Brille Ihr Ding? Halten Sie sich in der Farbgebung zurück, ein modischer Schnitt von Kostüm oder Anzug und Schuhwerk ist des **Ausgefallenen** genug.

Ladies only

Dass Frauen Jackett tragen dürfen, ist eine echte Errungenschaft: Noch bis ins 20. Jahrhundert hinein war Damen das Tragen dieses Kleidungsstücks verwehrt. Frauenkleidung galt vorwiegend dem Ziel, die Geschlechtsrolle der Frau zu betonen. Das ist zum Glück vorbei.

53. Hosenanzug oder Kostüm: Gelten Hosenanzug und Kostüm als gleichwertig?

In Deutschland sind beide fast gleichwertig, Hauptsache, Sie verzichten beim Anzug auf allzu maskuline Schnitte und tragen einen eleganten Schuh. Nur in sehr konservativen Geschäftsfeldern wie weltweit operierenden Großbanken und der großstädtischen Luxushotellerie mit internationaler Klientel wird der Rock der Hose vorgezogen, sogar im Alltag.

54. Kostüm-Schnitt: Wann sitzt ein Kostüm richtig?

Ein Jackett zum Rock wirkt immer eleganter als beispielsweise eine Strickjacke und es hebt den Status. Diesen Effekt unterstützen Sie so: Das Jackett

- passt sich Ihrem Oberkörper an, schließt, ohne über dem Busen zu spannen, und lässt Bewegungsspielraum,
- hat für einen stabilen Oberkörper ein längliches, bei wenig Busen ein kürzeres Revers,
- hat leichte Schulterpolster und Ärmel, die auf dem Puls Ihrer Hand enden.

Mit dem Schnitt des Rocks unterstreichen Sie weiter Ihre Stärken: Als kleine und auch als füllige Frau geben Sie einem schmalen Rock den Vorzug, Stofffülle und die A-Form machen kompakt! Große schlanke Frauen mit romantischem Touch können zum schlichten Sakko hingegen einen leicht schwingenden Rock gut tragen. Haben Sie eine kurze Taille, brauchen Sie einen Rock in V-Form, der Ihre Beine betont. Ein Hohlkreuz gleichen Sie mit einem nicht zu langen, schmalen Rock unter kurzem Sakko aus.

55. Rocklänge: Wie lang darf oder muss mein Rock im Geschäftsleben sein?

Die Definition, im Stehen solle »der Rocksaum Ihr Knie umspielen«, ist vage. Setzen Sie sich vor dem Kauf eines Rocks bequem auf einen Stuhl und prüfen Sie kritisch im Spiegel: Kann Ihr Gegenüber bei lockerer Beinhaltung mehr als ein Viertel Ihres Oberschenkels sehen? Dann ist der Rock zu kurz.

56. Strümpfe im Sommer: Muss ich im Sommer wirklich Strümpfe tragen?

Wenn Sie beruflich in einem internationalen Umfeld tätig sind, gehen Sie mit Strümpfen auf Nummer sicher – gleichgültig wie heiß es ist und ob Sie Rock oder Hose tragen. Auch in gehobenen konservativen Unternehmen in Deutschland – wie der Privatkundenabteilung einer Bank oder einem eleganten Restaurant – halten Sie sich am besten an die traditionellen Erwartungen: Niemand – weder Dame noch Herr – zeigt sein unbedecktes Bein. Allerdings werden in vielen Berufsfeldern sowie bei öffentlichen Veranstaltungen und privaten Festen im Hochsommer Ausnahmen von der strengen Regel gemacht. Da wird abgewogen: Was ist zielführender – das korrekt bestrumpfte Bein oder eine erträgliche Körpertemperatur? Ein Kunde oder Gastgeber wird an den heißesten Tagen des Jahres bereit sein, Ihnen kleine Abstriche an der Korrektheit Ihres Outfits zuzugestehen – weil er bemerkt, dass es sich hier um eine Ausnahmeregelung handelt. Ob Sie Strumpf tragen oder nicht – behaarte Damenbeine sind immer tabu.

57. Laufmasche: Was kann ich tun, wenn ich eine Laufmasche entdecke?

In weiser Voraussicht haben Sie grundsätzlich eine Ersatzstrumpfhose in Ihrem Schreibtisch oder in Ihrer Handtasche. Gehen Sie kurz zur Toilette und wechseln Sie die Strümpfe. Denn mit allen Abweichungen vom erwarteten Look ziehen Sie die Blicke unnötig auf sich.

58. Aussicht auf Reize: Bauchfrei ist modern, mein Dekolletee ist tadellos, doch mein Chef verlangt, dass ich mich konservativ kleide. Ist das nicht hoffnungslos altmodisch?

Ein Rock, der eine Handbreit über dem Knie endet, war noch vor zehn Jahren Streitpunkt zwischen Müttern und Töchtern, Vorgesetzten und Mitarbeiterinnen. Das ist er heute nicht mehr, weil Sie den Reiz der Kürze zumindest im Stehen – als Verkäuferin oder Empfangsdame – durch blickdichte Strümpfe und schlichte flache Schuhe kompensieren können. Der freie Blick auf Bauch und Busen und allein schon die Hoffnung darauf werden hingegen weiterhin als genauso ablenkend empfunden wie ein langer Gehschlitz im engen Rock. Daher hat Ihr Chef im Sinne der Firmenphilosophie das Recht, von Ihnen ein Erscheinungsbild zu verlangen, das die Konzentration von Kunden und Geschäftspartnern uneingeschränkt auf Ihre Kompetenz und Seriosität lenkt. Das heißt nicht, dass Sie in Sack und Asche gehen müssten, im Gegenteil: Ein attraktives Erscheinungsbild ist von Vorteil für Sie und für das Unternehmen, das Sie vertreten. Dass die Definition von Attraktivität eine sehr subjektive Angelegenheit ist, wussten schon die Römer: »Über Geschmack lässt sich nicht streiten.« Jenseits der Frage, was Ihnen oder Ihrem Chef gefällt, ist eines sicher: Auch wenn es nicht fair ist, wird sexy gekleideten Frauen immer noch – von Männern und von anderen Frauen – der Versuch unterstellt, durch die Aussicht auf ihre weiblichen Reize einen Mangel an Kompetenz kompensieren zu wollen. Halten Sie sich also im eigenen Interesse lieber etwas bedeckt.

59. Tattoos: Ich möchte dem Trend zum Körperschmuck folgen, dabei aber nichts falsch machen. Welche Tattoos sind denn allgemein akzeptiert?

Sie können bei Bedarf umziehen, die Bank wechseln, Ihren Freund vor die Tür setzen und sogar Ihre Familie verlassen. Ein Tattoo werden Sie nicht so leicht los. Da es ein Leben lang hält, wird in verantwortungsvollen Studios vor der Vollendung des 18. Lebensjahres nur mit einer Einverständniserklärung des Erziehungsberechtigten und unter 16 Jahren sogar nur in dessen Anwesenheit tätowiert. Die Entfernung eines unerwünschten Tattoos mit Laser ist schmerzhaft, langwierig, teuer und nicht vollständig garantiert. Überlegen Sie sich darum gut, ob Sie sich wirklich lebenslang in diese Partnerschaft begeben wollen. Denn in allen Berufsfeldern, in denen auf ein seriöses, kompetentes Erscheinungsbild Wert gelegt wird, ist sichtbarer Körperschmuck absolut tabu. Zum einen weil Körperbemalung in diesen Milieus nicht zum guten Stil gehört, zum andern weil das Motiv eines Tattoos eine Bedeutung in sich trägt. Wollen Sie nicht auf ein Schmuckmotiv auf Ihrer Haut verzichten und sich dennoch den Weg in dieses Umfeld nicht verbauen, helfen Aufkleber. Die sind natürlich keine Lösung, wenn Sie es mit dem Grundsatz »*no pain, no gain* – ohne Schmerz bringt alles nichts« – halten.

Piercings – eine ewige Verbindung

Für Piercings gilt im Prinzip das Gleiche wie für Tattoos. Die Spuren eines Piercings sind zwar etwas leichter, oft aber auch nicht vollständig zu entfernen. Problematisch kann es werden, wenn sich Piercings entzünden, da Narben zurückbleiben können. Daher ist es auch hier ratsam, sich sicherheitshalber auf Körperstellen zu beschränken, die selbst von sommerlicher Berufskleidung nicht freigelegt werden.

60. Achselhaare: Immer öfter sehe ich auch in Deutschland Frauen mit rasierten Achselhaaren. Ist das heute Pflicht?

Wenn Sie selbst im Hochsommer Ihr langärmliges Oberteil anbehalten – und Sie sollten ja Ihre Oberarme und Schultern streng genommen nicht freilegen – und man Ihre Behaarung nicht sieht, ist unter ästhetischem Aspekt nichts gegen eine

Achselbehaarung zu sagen. Ihr Deo wirkt allerdings besser, wenn es sich nicht gegen Schweißtropfen an den Achselhaaren durchsetzen muss.

61. Make-up bei Tisch: Ist es in Ordnung, wenn ich bei Tisch mein Make-up auffrische?

Sitzen Sie im Freundeskreis im Biergarten, wird kaum jemand etwas dagegen einwenden, wenn Sie nach dem Essen kurz und unspektakulär Ihren Lippenstift zücken und die Farbe auffrischen. Eleganter ist es aber überall, jegliche Restaurierungsmaßnahmen hinter den verschlossenen Türen der Damen-Toilette vorzunehmen.

62. Farbtyp: Meine Freundin hat mir eine Farb- und Stilberatung empfohlen, kann sie mir wirklich weiterhelfen?

Eine Image-Beraterin hat einmal den Begriff »Farbvitamine« geprägt. Damit ist gemeint, dass bestimmte Farben auf ein Gesicht vorteilhafter reflektieren, ihm einen gesünderen, lebendigeren Ausdruck verleihen können als andere. Ihre Freundin hat offensichtlich den Eindruck, dass Sie aus sich mehr herausholen könnten, als Sie das tun. Da wir alle kein objektives Bild von uns haben können, ist es nicht unklug, sich fachlichen Rat einzuholen.

Farben sind nach ihrem Unterton (kühl/warm) und ihrem Wert (hell/dunkel) definiert sowie nach ihrer Intensität (klar/gedämpft). In der Natur kommen in bestimmten Jahreszeiten bestimmte Paletten von Farben vor und andere nicht. Entsprechend werden Menschen in der klassischen Farbanalyse nach ihrer Augenfarbe und der Pigmentierung von Haut und Haar dem Frühling, Sommer, Herbst oder Winter zugeordnet und diese Zuordnung ihrer Intensität entsprechend verfeinert. Die Jahreszeiten bieten also eine erste Orientierungshilfe. Die wichtigsten Farbmerkmale entsprechen immer einem bestimmten Typ:

- kräftig und satt: dunkler Herbst- oder Wintertyp

- warm und golden: warmer Frühlings- oder Herbsttyp
- weich und gedämpft: gedeckter Sommer- oder Herbsttyp
- klar und leuchtend: klarer Frühlings- oder Wintertyp
- kühl und rosig: kühler Winter- oder Sommertyp
- zart und hell: heller Frühlings- oder Sommertyp

Um nun genauer festzustellen, welche Farben Sie im Detail bleich oder lebendig wirken lassen, hält die Beraterin Ihnen Tücher in klar voneinander unterschiedenen Nuancen unter das Gesicht. Im Lauf der Analyse schärft sich Ihr Blick. Am Ende steht Ihre individuelle Farbpalette.

63. Stofftaschentuch: Ist das Stofftaschentuch heute noch »in«?

Großmutter wusste: Eine Dame und ein Herr gehen niemals ohne ein Stofftaschentuch aus dem Haus. Während der Herr es in seiner inneren Jacketttasche deponiert, hat die Dame in der Handtasche genügend Platz dafür. Es kann Ihnen ein guter Begleiter sein: sich die Nase oder im Sommer die Oberlippe abtupfen, sich kurz sogar bei Tisch schnäuzen, ein blütenreines Tuch einer Person überlassen, die es gerade brauchen könnte – das alles ist so möglich. Dass Sie ein gebrauchtes Taschentuch täglich durch ein frisch gewaschenes und glatt gebügeltes austauschen, sollte selbstverständlich sein. Bei Erkältungen jedoch sind Papiertaschentücher erheblich praktikabler. Bitte nur einmal verwenden, in der Handtasche verstauen und aus Gründen der Hygiene niemals in einen öffentlichen Papierkorb werfen!

64. Handtasche: Wohin mit der Handtasche, wenn ich bei einem Empfang ein Glas in der Hand halte?

Bei Empfängen hilft nur Prävention: 1. Wählen Sie eine Tasche, die Sie entweder über die linke Schulter hängen, oder ein Etui, das Sie unter den linken Arm klemmen können. 2. Suchen Sie sich, um sich ergonomisch Erleichterung zu verschaffen, zwischendurch einen Platz an einem Fensterbrett, auf dem Sie Ihre Tasche kurzzeitig deponieren.

Ein tragender Eindruck

Welche Tasche passt?

Ein Mann mit Handtasche gilt heute – früher war das anders – als unmöglich, eine Frau ohne Handtasche ebenso, und auch das war früher anders. Heute lautet die Faustregel für die Wahl der Damenhandtasche:

1. Je größer die Frau, desto größer die Tasche.
2. Je später der Abend, desto kleiner die Tasche.

Im Gegensatz zu einer Aktentasche, die nur als Gebrauchsgegenstand zählt und deshalb nach Funktionalität und Qualität zu wählen ist, sollte eine Handtasche zum Anlass, zum Outfit und zu Statur und Persönlichkeit der Trägerin passen.

Business-Taschen

Im Alltag können Sie **Hand- und Aktentasche vereinen** und in Ihrer Aktentasche Ihre persönlichen Utensilien unterbringen. Oder Sie legen sich eine attraktive große Einkaufstasche mit Schulterriemen zu und bringen Arbeitsunterlagen dort unter. Vorsicht: Salopp dürfen Sie dabei dennoch nicht aussehen. **Trennen Sie Arbeitskoffer und Handtasche,** passt eine Handtasche in Schwarz oder Bordeaux zu den meisten Outfits; im Sommer kommen Blau oder Camel hinzu. Die Tasche muss zwar auf Ihre Proportionen und den Grundton Ihrer Kleidung abgestimmt sein, sie muss jedoch nicht die gleiche Farbe haben wie Ihre Schuhe. Im Gegenteil: ein harmonischer Unterschied kann sehr reizvoll sein!

Modische Taschen

Für einen kleinen Gag zwischendurch sind Plastik-, Blümchen- oder Stricktaschen ganz nett, aber bitte nur im Privatleben. Kaufen Sie sich für den **Berufsalltag** lieber eine bis zwei hochwertige **zeitlose Taschen** als zehn modische. Man darf ihnen schon ansehen, dass sie auch Gebrauchsgegenstände sind! Zu einem Abendessen nehmen Sie diese Tasche ohne weiteres mit. Als Begleiterin des **Abendkleids** sollte aber schon ein kleines **Etui oder Schmucktäschchen** her!

Schon schick gemacht?

Manche Gastgeber machen es ihren Gästen leicht. So weiß, wer zu den Wagner-Festspielen in Bayreuth Einlass finden will: Ohne Smoking geht hier nichts. Doch nicht immer sind die Spielregeln eindeutig formuliert, und selbst wenn sie es sind, stellt sich häufig genug noch die Frage nach den richtigen Kombinationen und Accessoires.

65. Farbige Schleife: Kann ich zum dunklen Anzug eine farbige Schleife tragen?

Wenn Sie ein schlankes Gesicht haben und eine kreative Person sind, die gern das Signal sendet: Ich halte mich im Großen und Ganzen an die geltenden Spielregeln, genehmige mir aber persönliche Interpretation – warum nicht? Ist jedoch auf einer Einladungskarte »dunkler Anzug« vermerkt, ist die farbige Schleife tabu. Übrigens: »Schleife« bedeutet, dass Sie den Querbinder selbst binden. Fertig gekaufte Exemplare heißen »Fliege«.

66. Abendkleidung: Inzwischen gibt es doch keine festgelegte »Abendkleidung« mehr, oder?

Wenn Sie sich bei einem Restaurant- oder Theaterbesuch umschauen, bekommen Sie leicht den Eindruck, dass es keine Kleiderregelung mehr gibt: Meist ist da vom Samtkleid bis zum verfilzten Alpaca-Pullunder alles zu sehen, was Menschen so in ihren Kleiderschränken aufbewahren. Bei genauerer Betrachtung treten dann aber Unterschiede zu Tage. Je studentischer das Publikum, desto eher sehen Sie Jeans und Pullover. Je mehr Geschäftsleute zugegen sind, desto eher sind Anzug und Kostüm vertreten.

Prinzipiell fühlen sich die Jeans-Träger bei geselligen Anlässen von den Anzugträgern weniger gestört als umgekehrt. Interpretiert doch, wer sich für einen Anlass elegant an- und darum meist auch umzieht, dies als Wertschätzung den handelnden Personen gegenüber, ob dies nun die Interpreten eines Musik-

stücks, die übrigen Gäste eines Restaurants oder Gäste und Gastgeber eines Festes sind. »Ich mache es mir so bequem, wie es mir passt« oder »Sie sind es mir Wert, dass ich mich für Sie ins Zeug lege« – welches Signal möchten Sie senden? Bei öffentlichen Veranstaltungen haben Sie meist die Wahl!
Sie haben jedoch keine Wahl, wenn Sie auf einer Ausschreibung oder Einladung einen Kleidervermerk vorfinden. Wollen Sie sich darüber hinwegsetzen? In einem Restaurant könnte man Ihnen vielleicht Jackett und Krawatte ausleihen. In einem Casino würde man Ihnen als Jeansträger möglicherweise den Eintritt verwehren. Bei einer privaten Einladung würden die Gastgeber Ihnen wahrscheinlich beides ersparen. Sie hatten jedoch ein bestimmtes Bild von ihrem Fest im Kopf und würden eine Abweichung als Ohrfeige empfinden. Wollen Sie das riskieren? Oder holen Sie nicht doch lieber Kleid und Anzug aus dem Schrank?

67. Kleiderordnung unklar: Was ziehe ich beim Kleidervermerk »festlich-elegant« an?

Herren gehen im dunklen Anzug auf Nummer sicher. Damen tragen ein Cocktailkleid: knielang, ganz oder in Teilen aus Samt, Brokat oder Seide und von einem Jäckchen ergänzt, oder das schnörkellose kleine Schwarze. Ein sehr eleganter Hosenanzug ist möglich, außer zu Tanzveranstaltungen. Beide können in Bayern gut auch die elegante Version ihrer Tracht tragen.

68. Cut: Wann trägt ein Herr einen Cut?

»Cut« ist die Kurzform von »cutaway«: ein Gehrock mit schräg angeschnittenen Schößen. Es gibt ihn in Schwarz oder Grau; dazu tragen Sie eine gestreifte Hose. Das Synonym für »cut« lautet »morning coat«. Er wird also bei festlichen Anlässen tagsüber getragen. In Deutschland sehen Sie zu etwas weniger festlichen Anlässen am Tag auch den Stresemann: ein einreihiges schwarzes Sakko mit gestreifter Hose und silberner oder schwarz-weißer Krawatte.

Der Smoking und seine Accessoires

Was Sie vielleicht im Schrank haben	richtig zum Smoking	falsch zum Smoking
normales weißes Hemd		passt zum dunklen Anzug
Hemd mit abgeknicktem Stehkragen, Schmuckknöpfen und einfachen Manschetten		gehört zum Frack
weißes Hemd mit Umschlagkragen, verdeckter Knopfleiste und Doppelmanschetten	das ist das klassische Smokinghemd	
weiße Schleife oder Fliege		gehört zum Frack und zum Oberkellner im Smoking
bunte Schleife oder Fliege		zu wenig elegant
schwarze Schleife oder Fliege	gehört zum Smoking	
schwarze Weste	gehört zum Smoking	
schwarzer Gürtel		überflüssig
Kamarband (schwarze Schärpe)	gehört zum Smoking	
normale Wollsocken		niemals!
Seidenstrümpfe	die beste Wahl!	
feine lange Wollsocken	passen auch	
schwarze Budapester		passen nicht
elegante schwarze Loafers aus Glattleder		passen nicht
schwarze Lackschuhe	passen am besten	
schwarze Oxfords	passen auch	

69. Smoking: Ich bin zu einer Trauung eingeladen und soll Smoking tragen. Nach meiner Kenntnis ist das nicht korrekt. Was soll ich tun?

In Großbritannien, dem Mutterland des Smokings, heißt das Kleidungsstück »dinner jackett«, damit ist klar: Es ist für einen gesellschaftlichen Anlass am Abend gedacht und hat am Tage keinen Platz. Korrekt wären zur Trauung der Cut und am Abend der Smoking. Ob Sie nun der Einladung entsprechen oder sich an die traditionelle Regel halten – falsch angezogen sind Sie auf jeden Fall. Den meisten Gästen wird aber der Wunsch des Gastgebers Befehl sein.

70. Gesellschaftskleidung Damen: Was trage ich, wenn mein Begleiter Cut oder Smoking trägt?

Traditionell tragen Damen die große Abendrobe – langes dekolletiertes edles Kleid – nur, wenn die Herren im Frack erscheinen. Da die Anlässe zum Frack-Tragen immer seltener werden, Damen aber doch ihre Roben zeigen möchten, begegnen Ihnen bei Smoking-Anlässen meist sowohl lange als auch kurze Kleider. Bei einem öffentlichen eleganten Diner sehen Sie eher die Knie umspielenden Abendkleider, beim Silvester- oder Opernball eher die lange Variante. Immer bedecken Sie während des Essens Ihre Schultern, z. B. mit einer eleganten Stola. In dieser Zeit soll die Aufmerksamkeit aller auf den Speisen liegen. Ihre Uhr lassen Sie zu Hause: Der Feiernden schlägt keine Stunde. Trägt Ihr Begleiter einen Cut, sind Sie in einem Cocktailkleid gut gekleidet, natürlich tragen Sie Strümpfe und Pumps und bestenfalls Hut und Handschuhe.

71. Schwarz und Weiß bei Hochzeiten: Warum sollen weibliche Gäste bei einer Hochzeit weder Schwarz noch Weiß tragen?

Weiß, die (Nicht-)Farbe der Unschuld, ist der Braut vorbehalten. Selbst wenn sie nicht Weiß trägt, springen Sie als Gast nicht in die Bresche. In Schwarz gehen die Herren. Täten die Damen das auch, gäbe dies dem Fest einen Hauch von Tristesse.

72. Kleidung Hochzeitsgäste: Welche anderen Kleiderregeln gelten für mich als Gast einer Hochzeit?

Eine unerschütterliche Regel verlangt, dass die Gäste »niemals schöner als Braut und Bräutigam« zu erscheinen haben. Gibt es keine offizielle Kleiderregel, erkundigen Sie sich bitte bei den Brauteltern – nach traditioneller Sitte sprechen sie die Einladung aus! – oder dem Brautpaar, welches Gesamtbild diese sich vorstellen. Damit sich Gäste und Gastgeber gleichermaßen wohl fühlen, müssen Sie schon wissen, ob Sie eher im Gesellschaftsanzug, in Rock und Bluse oder gar in regionaler Tracht in den geplanten Rahmen passen. Kommt die Braut im kurzen Kleid oder im Hosenanzug, wären weibliche Gäste im langen Kleid deplatziert. Kommt der Bräutigam im hellen Anzug, wären Herren im Cut völlig »overdressed«. Sie müssen darüber hinaus wissen, ob Sie zwischen Trauung und abendlicher Feier Zeit zum Umziehen haben oder nicht.

73. Kinderkleidung zur Hochzeit: Was tragen Kinder zu einer Hochzeit?

Der Anlass verlangt nach einem höheren Maß an Eleganz und Qualität der Kinderkleidung als der Besuch eines Geburtstags im Familienkreis, und Sie wollen später doch gern mit Stolz die Fotos von diesem Fest anschauen. Gleichzeitig wachsen Kinder schnell aus ihren Sachen heraus. Ihre Kinder sollen sich gern an das Fest erinnern können und Sie wollen doch nicht immer nur aufpassen und schlimmstenfalls tadeln und Flecken entfernen müssen! Darum gibt es diverse Aspekte zu bedenken: Wenn das Outfit mehrfach verwendet werden kann oder Sie nicht aufs Geld achten müssen, kaufen Sie für Mädchen ein Kleid, für Jungen Hose oder Anzug neu. Wollen Sie auf den Euro schauen, können Sie entweder etwas second hand erwerben oder bei Freunden ausleihen. Fallen Heirat der Eltern und Taufe des Kindes zusammen, sollen Ihre Kinder im Hochzeitszug Blumen streuen oder beim Fest ein Stück aufführen? Dann passt am besten elegante, auf die der Eltern abgestimmte Kleidung z. B. aus Samt und Spitzen, in Bayern auch Tracht. Sind die Kinder nur passive Gäste, eignet sich einfachere Grundgarderobe wie Hose oder Rock, dazu hübsches Hemd oder Bluse und in jedem Fall gepflegte Schuhe. Besonders wenn es sich eher um kleine Lauser handelt, wählen Sie am besten neuwertige und gepflegte, aber gemusterte und waschbare Sachen, z. B. aus Baumwolle (keine Jeansstoffe!). Kleidung zum Wechseln nicht vergessen. Empfindliche Kleidung ist nur dann möglich, wenn die Kinder bereits älter oder durchgängig beaufsichtigt sind.

74. »Casual«: Was bedeutet »casual« auf einer Einladung?

»Casual« benennt eine elegante Freizeitkleidung; somit ist hier keinesfalls an Blue Jeans, Shorts, T-Shirts, Leggings und Stoffsandalen gedacht. Streng genommen tragen Sie in Deutschland wie in Frankreich, Großbritannien oder den USA Rock bzw. Hose mit einem Jackett, etwa in weichem Tweed. Ein Polo-Shirt oder leichter Rollkragen runden das legere, doch nicht nachlässige Bild ab. In italienisch geprägten Kreisen geht der über die Schulter geschlungene Pullover über Bluse bzw. Hemd statt eines Jacketts durch. Nirgendwo tragen Herren zum »casual wear« eine Krawatte. Vermeiden Sie die typischen Business-Farben Anthrazit und Dunkelblau. Die schwarzen Schnürschuhe aus Glattleder und die eleganten Pumps bleiben im Schrank. Gut passen für Damen und Herren braune Loafers oder Wildlederschuhe.

smart casual

Ist »smart casual« angesagt, erscheinen Sie in einem gelockerten Business-Outfit. Das kann eine Kombination wie blauer Blazer plus grauer Hose, nun mit Krawatte, sein. Das kann auch der Anzug vom Tage mit Hemd sein, ruhig mit Button-down-Kragen, aber ohne Krawatte. Als Dame tragen Sie zum Kostüm oder Hosenanzug ein Shirt statt einer Bluse.

75. Kleidung im Restaurant: Was trage ich, wenn ich einen Kunden ins Restaurant einlade?

Generell gilt: Solange keine Kleidungsangabe gemacht wird, werden die Gäste im Business-Outfit erwartet. Entsprechend wird Ihr Kunde sich verhalten. Dennoch sollten Sie ihm Sicherheit bieten. Geben Sie ihm bekannt, welches Lokal Sie aufsuchen wollen, denn von der Einladung an einen Biertisch kann er schließen, dass er im Pullover kommen darf. Doch er muss mehr wissen, denn nicht einmal für Gourmet-Restaurants gibt es allgemein gültige Vorschriften. Was ist der Grund dieser Einladung? Feiern Sie einen Vertragsabschluss oder wollen Sie ihn außerhalb des Geschäftsumfelds kennen lernen? Vielleicht ist dann gerade richtig, ihm mitzuteilen: »Wir kennen uns bisher nur im Anzug. Was halten Sie davon, wenn wir uns in einem lockeren Ambiente zusammensetzen und die Krawatte zu Hause lassen?«

76. Falsch gekleidet: Ich stelle beim Blick auf die anderen Gäste fest, dass ich falsch angezogen bin – was soll ich tun?

Sorgen Sie dafür, dass Sie aus der Peinlichkeitsfalle sehr schnell heraus- oder besser noch gar nicht erst in sie hineingelangen. Ideal wäre es, Sie würden einen Rückzieher machen und sich umziehen. Ist das nicht möglich, gehen Sie schnurstracks auf den Gastgeber zu, teilen Sie ihm Ihr Bedauern über das Missverständnis mit, und lassen Sie ihn entscheiden: Sollen Sie – vorübergehend oder definitiv – gehen oder dürfen Sie bleiben? Mit größter Wahrscheinlichkeit entschuldigt er Ihren Fauxpas, da Sie den Fehlgriff thematisiert und ihn in Ihre Entscheidung eingebunden haben. Haben Sie von ihm die Absolution erhalten, konzentrieren Sie sich auf das Fest und ignorieren Sie etwaige kritische Blicke. Verzichten Sie darauf, sich bei anderen Gästen für Ihre falsch gewählte Kleidung zu rechtfertigen oder sich gar dafür zu entschuldigen. Dies würde die Aufmerksamkeit nur über Gebühr auf Sie ziehen. Ein Fauxpas reicht aus!

Ziehen Sie sich warm an: Mäntel und Jacken

Für Damen und Herren

Lederjacken gelten als Symbol von Luxus. Je nach Form und Verarbeitung haftet ihnen aber auch ein Geruch von Freizügigkeit und Abenteuer an, darum ist in konservativen Geschäftsbereichen Vorsicht geboten. Bei Lammfelljacken im tiefen Winter gilt diese Assoziation nicht, da ist eher die Frage »Was denken die Tierschützer?« angebracht.

Blousons und Anoraks sind tabu, das Bündchen an der Hüfte würde ohnehin jedem Jackett den Garaus machen. Müssen Sie häufig vom Auto auf die Straße und zurück springen, sind Sie mit einer gerade geschnittenen Langjacke besser bedient. Hier wird das Jackett geschont und verdeckt.

Barbour-Jacken, gewachst oder ungewachst, sind in dieser Hinsicht ein Klassiker, sie passen zu Jeans und Stoffhose gleichermaßen und brechen die Strenge eines (Hosen-) Anzugs. Überlegen Sie sich, ob Sie das wollen. Das Gleiche gilt für die Husky, die Nylon-Steppjacke für kältere Tage.

Mäntel gehören zum eleganten Kostüm, Kleid oder Anzug dazu. Ob Sie lieber mit einem zweireihigen Trenchcoat aus Gabardine durch den Regen kommen oder mit einem Stück aus innovativem Kunstmaterial – Sie entscheiden!

Speziell für Herren

Die Auswahl an **Mantelschnitten** ist für Herren sogar in gut sortierten Geschäften überschaubar, die Farben bewegen sich im engen Spektrum von Blau, Grau, Schwarz und Braun. Als klassischer englischer Stadtmantel gilt der gerade, einreihig geschnittene, dunkelblaue **»Crombie Coat«**. Aus dem Militärbereich kommt der **»British Warm«**, zweireihig und mit Schulterstücken, fast so etwas wie eine warme Version des Trenchcoats. Schmaler geschnitten und darum nur für sehr elegante Herren geeignet sind der – meist einreihige –

»Chesterfield« und der – immer einreihige – **»Covert Coat«**, beide mit verdeckter Knopfleiste. Unempfindlich und längst nicht mehr auf die Alpenregion beschränkt ist der grüne Lodenmantel. Der **Dufflecoat** mit seiner Kapuze, den aufgesetzten Taschen und den typischen Knebelverschlüssen aus Büffelhorn ist dagegen mit eleganter Kleidung schwer zu kombinieren.

Verzichten Sie in jedem Fall auf Experimente. Nehmen Sie lieber einen **hochwertigen Klassiker,** der Sie durch die Jahre begleitet. Tragen Sie dazu wechselnde (hochwertige Kaschmir- oder Seiden-)Schals, Lederhandschuhe und als Herr, der auf sich hält, einen Hut.

Speziell für Damen

Ein Wintermantel, ein Übergangsmantel, ein Sommermantel, ein Regenmantel sowie ein Abendmantel – mindestens das gehörte zu Großmutters Zeiten noch in den Schrank einer Dame. Heute sind Sie mit **zwei bis drei Mänteln** gut bedient: einem warmen, einem leichten, der ein paar Regentropfen standhält, und vielleicht noch einem legeren.

Variierende Rocklängen machen den Mantelkauf schwer, Hosenträgerinnen haben logischerweise freie Bahn. Wählen Sie sicherheitshalber **einen Mantel, der Ihren längsten Rock locker bedeckt.** Nur ein in Schnitt und Stoff erkennbar auf Rock oder Kleid abgestimmter Kurzmantel ist akzeptabel.

Damit Sie getrost den Mantel auch unter kritischen Blicken ablegen können, wählen Sie einen möglichst **neutralen Ton** und mittlere bis dunkle Farben und wenn überhaupt, dann **klassische Muster** – so können Sie bedenkenlos kombinieren. Ob Sie dann die A-Linie nehmen, die große Schritte elegant umspielt, oder einen Blazermantel, der zierlich macht und den klassischen Look unterstreicht, ist Ihrem Körperbau und Ihrem persönlichen Stil überlassen. Ziehen Sie bei der Anprobe immer eine Kostümjacke an, damit Sie im Business-Look Armfreiheit haben. Einen noch tragbaren, aber langweilig gewordenen Mantel polieren Sie mit modischen Knöpfen und Gürtel, variierenden Schals und Handschuhen oder einem flotten Hut auf.

Ihr Auftritt – privat und öffentlich

Dem anderen zu Größe verhelfen, ohne sich selbst dabei klein zu machen: Wer dieses Kunststück vollbringt, ist ein gern gesehener Begleiter. Wo immer Sie wahrgenommen werden, hinterlassen Sie eine Wirkung. Natürlich ist es wichtig zu wissen: Wer bin ich, wo bin ich und was will ich? Doch genauso wichtig ist es zu wissen: Wer ist mein Gegenüber und welche Spielregeln gelten für diese Person?

Etikette – früher und heute

In vielen Fragen der Etikette denken wir an den Kavalier der alten Schule und dies mit sentimentalem Respekt, halten ihn aber zugleich für eine unzeitgemäße Erscheinung. Doch sind viele Regeln aus seiner Zeit nicht veraltet, sondern aktueller denn je.

77. Distanzzonen: Manchmal bin ich mir nicht sicher: Ist Distanz nun höflich oder nicht?

Höflichkeit bedeutet Sensibilität für die in einer Situation angemessenen Spielregeln und hilft Ihnen, ein ausgewogenes Maß an Nähe und Distanz zu praktizieren, das jedem den nötigen Spielraum lässt. Generell werden aus praktischen und psychologischen Erwägungen heraus vier Distanzzonen unterschieden: **1.** Aus der öffentlichen Distanz sind Sie von einer größeren Personengruppe aus gut zu sehen. **2.** In der gesellschaftlichen Distanz befinden sich Menschen, die einander wenig vertraut sind und darum ein bis drei Meter Abstand voneinander halten: bei Partys, auf Bahnsteigen, bei Messen oder in Wartebereichen. **3.** Diese Distanz wird beim Handschlag und unter Freunden verringert: Begrüßung und vertrauter Austausch finden im Rahmen der persönlichen Distanzzone von einem halben bis einem Meter statt. **4.** Nur für private Begegnungen ist die unterhalb eines halben Meters definierte intime Zone gedacht. Im gesellschaftlichen Miteinander ist sie absolut tabu.

78. Aus dem Mantel helfen: Ist es zeitgemäß, wenn ich heute noch Besuchern aus dem Mantel helfe?

Das Angebot, einem Gast den Mantel abzunehmen, ist eine Geste, die höflich, zuvorkommend und hilfsbereit gemeint ist. Vermeiden Sie den Begriff »helfen«. Fragen Sie allgemein: »Darf ich Ihnen den Mantel abnehmen?« Nun kann Ihr Gast entscheiden: Interpretiert er das als Angebot, den Mantel, den er Ihnen reicht, anzunehmen? Oder empfindet er es als selbstverständlich, dass Sie beim Ausziehen behilflich sind? Seine Entscheidung sehen Sie an seiner Körperhaltung: Wer will, dass Sie tatkräftig helfen, dreht Ihnen eine Schulter zu. Wer Ihnen den Mantel nur reichen will, bleibt mit dem Gesicht zu Ihnen stehen.

Wer hilft wem in den Mantel?

Wer …	**… macht was?**
Dame – Herr	Der Herr hilft der Dame.
älter – jünger	Der Jüngere hilft dem Älteren.
zwei Damen – ein Herr	Der Herr hilft der ranghöheren Dame zuerst.
Herr – Ehefrau – andere Dame	Die fremde Person gilt als ranghöher und bekommt die Hilfe zuerst. Es sei denn, die andere Dame ist erheblich jünger als die eigene Frau.
mehrere Paare	Ein Herr hilft niemals der Frau eines anwesenden Herrn. Er darf nicht dessen Pflichten übernehmen und ihn dadurch öffentlich dafür tadeln, dass er seine Aufgabe nicht wahrnimmt. Ausnahme: Die Dame wendet sich direkt an ihn.
Kellner und Gäste im Restaurant	Ein Kellner darf die Rolle des Ehemannes übernehmen, wenn der nicht schnell genug handelt; er gilt sozusagen als neutrale Person.

Bitte beachten:
Die helfende Person behält an einer Garderobe vorerst den Mantel an, um die Hände frei zu haben, und nimmt dem Gast auf Wunsch einen Schirm oder eine Aktentasche ab, Schal und Hut werden wie die Handtasche nur vom Besitzer berührt.

79. In den Mantel helfen: Wie helfe ich korrekt einem Gast in den Mantel hinein?

Greifen Sie auf eine Wortwahl zurück, die eine Interpretation offen lässt: »Darf ich Ihnen Ihren Mantel reichen?« Nimmt die Person Ihnen den Mantel vom Arm, unterlassen Sie die Hilfe. Dreht sie Ihnen den Rücken zu, halten Sie die Ärmellöcher so tief, dass die Person hineinschlüpfen kann, ohne sich zu verbiegen. Beachten Sie hier auch die Regeln, die beim Mantelausziehen gelten (▸ Seite 71).

80. Hilfe unerwünscht: Wie verhalte ich mich am besten, wenn eine Frau mein gut gemeintes Hilfsangebot ablehnt?

Idealerweise nehmen Sie die Ablehnung nicht persönlich. Diese Frau hat ihre eigenen Spielregeln, sie stimmen in diesem Punkt nicht mit den Ihren überein. Vielleicht hat sie schlechte Erfahrungen gemacht. Vielleicht verfügt sie nicht über die rhetorischen Mittel, eine Ablehnung gleichzeitig klar und freundlich mit einem gelächelten »Danke« über die Lippen zu bringen. Sie werden das in diesem kurzen Moment nicht eruieren und nicht korrigieren. Deshalb sagen Sie im Idealfall nichts: Lächeln, das war's. Auf jeden Fall merken Sie sich, welche Hilfestellung die Person wünscht, für die Verabschiedung und für das nächste Mal. Verallgemeinern Sie aber nicht: Andere Frauen verhalten sich möglicherweise anders als die Personen, mit denen Sie es bisher zu tun hatten, und nehmen Ihr Hilfsangebot dankend an.
Handelt es sich bei der Frau um eine Kollegin, Freundin oder Verwandte, können Sie Ihre Befindlichkeit thematisieren. Halten Sie sich aber bitte mit Vorwürfen wie »Was unterstellst du mir schon wieder?« oder mit vermeintlichen Weisheiten »Du hast wohl die Frauenbewegung missverstanden« zurück. Was würde Ihnen eine Eskalation nutzen? Besprechen Sie möglichst sachlich, wie Sie in Zukunft miteinander verfahren wollen. Sagen Sie, dass Sie es sehr schade finden, ihr nicht helfen zu dürfen.

Darf ich bitten – Aufforderung zum Tanz

Regeln und Pflichten

Emanzipation und geschlechtsneutrales Verhalten – das ist beim Tanzen kein Thema, hier wird das **harmonische Zusammenspiel der Geschlechter** zelebriert. Die Frau ist Dame und wird gewürdigt und gelenkt, der Mann ist Herr, der auf sensible Weise führt.

»Ein Tänzer ist besser als eine Statue«, sagen die Psychologen. Sie meinen damit, dass ein flexibles und mobiles Verhalten auf Anwesende besser wirkt als steife Zurückhaltung. Wie sehr gilt dies beim echten Tanz! Dort geht es zwar traditioneller zu als im Geschäftsleben, dennoch sind **manche Regeln der strengen gesellschaftlichen Etikette aufgehoben.** Dazu gehört der Pflichttanz. Galt früher, dass jeder Herr jede an seinem Tisch platzierte Dame zur Tanzfläche zu führen hatte, ist das heute nur noch auf privaten Bällen nötig. Das entledigt einen Herrn jedoch nicht der Pflicht, erstens den ersten Tanz mit seiner Partnerin zu absolvieren und zweitens die Dame des Herrn aufzufordern, der gerade mit seiner Partnerin tanzt.

Tipps für Tänzer

Natürlich ist auch die Sitte passé, dass ein Herr zuerst den Partner bzw. den **Tischherrn der Dame,** die er aufzufordern gedenkt, **um Erlaubnis fragt.** Heutzutage gehen Sie so vor:

- Sie schließen Ihr Jackett und gehen auf Ihre Wunschpartnerin für die nächste Tanzsequenz zu, lächeln Sie an und fragen: »Möchten Sie mit mir tanzen?« Eine kleine Verbeugung ist nett, die Floskel »Gestatten?« altmodisch.
- Sie begleiten die Dame zur Tanzfläche und gehen dabei bei genügend Platz links neben ihr; ist wenig Platz, bahnen Sie ihr eine Schneise.
- Sie nehmen die korrekte Tanzhaltung ein und verzichten auf eine beim Blues übliche Umschlingung.

- Sie passen Ihre Schrittgröße und -geschwindigkeit der Kleidung der Dame an.
- Sie begleiten die Dame nach einem oder mehreren Tänzen an ihren Platz zurück, helfen ihr – bei langer Robe besonders umsichtig – beim Platznehmen und danken ihr für den Tanz.
- Sie bieten den anderen Tischnachbarn Blickkontakt an.
- Sind alle übrigen Tischnachbarn beim Tanzen, lassen Sie eine Dame nicht allein an ihrem Tisch sitzen, sondern leisten ihr Gesellschaft.
- Sie dürfen eine Dame auffordern, so oft und so lange es ihr, Ihnen und der Tischgesellschaft Spaß macht.
- Vergessen Sie die Gastgeberin nicht; sie erwartet eventuell, von jedem Herrn einmal aufgefordert zu werden.

Tipps für Tänzerinnen

Nach klassischen Regeln ist – außer bei Damenwahl – das Auffordern die Aufgabe des Mannes. **Heute dürfen Sie als Frau auch bei einer Gala die passive Rolle verlassen.** Sie können beispielsweise einen Tischnachbarn im Sitzen fragen, ob er mit Ihnen tanzen möchte. In Clubs, Diskos, auf lockeren Partys jedoch kann jede/jeder auf jeden/jede zugehen. Da erübrigt es sich auch, dass der Mann die Frau an ihren Platz zurückbringt. Oft genug muss sie sogar auf einen Dank am Rand der Tanzfläche verzichten. Der sollte nun aber das Minimum an Anerkennung sein – und das gegenseitig!

Haben Sie bei der Damenwahl schon einmal einen **Korb bekommen?** Dann haben Sie am eigenen Leib erfahren, wie angenehm bzw. unangenehm eine Abfuhr formuliert sein kann. **Ein »Nein« darf sein.** Sie müssen nicht mit jeder Person tanzen! Helfen Sie dem Tänzer aber, sein Gesicht zu wahren. Packen Sie Ihr »Nein« freundlich ein: »Herzlichen Dank. Im Moment möchte ich allerdings nicht tanzen.« Wenn Sie eine schlüssige, kurze Begründung – Hunger, Durst, Erschöpfung – haben, nennen Sie sie. Keine langatmigen Ausflüchte, wenn der Tänzer Ihnen einfach unsympathisch ist! Nur wenn Sie vorher schon den nächsten Tanz versprochen haben, dürfen Sie dann die Tanzfläche betreten. Ansonsten gilt: sitzen bleiben!

81. Rechts und links gehen: Wo muss ich als Mann neben der Frau an meiner Seite gehen – links von ihr oder an der Straßenseite?

Gemeinhin gilt die rechte Hand einer Person als ihre stärkere Hand. Deshalb führt eine Reiterin ihr Pferd bei freier Bahn an ihrer rechten Seite. Deshalb führen Tänzer ihre Damen rechts von sich. Deshalb hing der Säbel eines Husaren an seiner linken Hüfte: Nur so konnte er ihn mit rechts schnell ziehen.

»Rechts ist stärker« – auf dieser biologischen Grundvoraussetzung basiert der protokollarische Grundsatz »Rechts ist besser«: Der rechte Platz in einer Zweierkonstellation ist für die Person gedacht, die der Ehrung, der Lenkung, des Schutzes würdig ist – gleich welchen Geschlechts Beschützer und Schützling sind. Darum geht, sitzt und steht ein Gast rechts vom Gastgeber, ein Kunde rechts vom Anbieter, eine Dame rechts vom Herrn. Das gilt allerdings nur, solange auf der rechten Seite der zu ehrenden Person keine Gefahr lauert. Verläuft rechts von ihr der Straßenverkehr, wird die Aufstellung sinngemäß gedreht: Der Gastgeber/Anbieter/Herr schützt von rechts gegen möglichen Schaden. Die Form soll schließlich dem Sinn dienen und nicht Selbstzweck sein. Mütter machen das mit ihren kleinen Kindern schon immer so.

Linkshänder werden erst seit den 70er Jahren akzeptiert. Derzeit gelten circa zehn Prozent der Bevölkerung als linkshändig. Das reicht nicht für die Neuregelung dieser traditionellen Rechts-links-Konstellation. Im vertrauten Umfeld können Linkshänder aber über eine Platzverteilung verhandeln.

82. Links und rechts am Altar: Muss ich als Braut rechts vor dem Altar knien oder links?

Traditionell sitzen und knien Sie als Braut bei der Trauung links vor dem Altar. Sie werden vom Brautvater an dessen rechter Seite dorthin begleitet, der Bräutigam schließt rechts auf. Beim Hinausgehen sind Sie dann automatisch so aufgestellt, dass Ihr frisch angetrauter Mann an Ihrer linken Seite die Kirche verlässt.

83. Treppe hinunter: Gehe ich als Mann auch heutzutage die Treppe zuerst hinunter?

Etikette-Regeln setzen selbst im Wandel der Zeiten die Schwerkraft nicht außer Kraft. Daher gilt weiterhin: Beschützer gehen vor. In Zeiten der Gleichberechtigung muss ein Beschützer jedoch nicht ein Mann sein. Heute gilt: Die Gastgeberin bzw. der Gastgeber geht die Treppe zuerst hinunter.

84. Treppe hinauf: Wer geht denn nun die Treppe zuerst hinauf, die Dame oder der Herr?

»Ein Herr darf die Fesseln einer Dame nicht sehen« – diese Zeiten sind vorbei und mit ihnen die Anweisung, dass ein Herr einer Dame die Treppe hinauf nicht folgen dürfe. Die zu beschützende Person geht voran, damit die beschützende sie theoretisch auffangen könnte. Da die Pflicht zu schützen und die Ehre, beschützt zu werden, heute nicht mehr geschlechtsspezifisch gelebt werden, gilt die geschlechtsneutrale Regel: Der weibliche oder männliche Gast geht vor dem Gastgeber/der Gastgeberin die Treppe hinauf. Kavaliere der alten Schule werden sich daran schlecht gewöhnen können. Darum beobachten Sie als emanzipierte Frau einen Gastgeber gut und entscheiden am Fuß der Treppe: Will er »als Herr« vorangehen? Dann soll er nur!

85. Fahrstuhl betreten: Ich betrete mit Vorgesetzten und Kollegen einen Lift. Wer geht zuerst hinein?

Es ist eine Ehre, auf sicherem Terrain den Vortritt zu haben. Entsprechend fördern Sie das Wohlbefinden Ihrer Mitmenschen, indem Sie selbst einen Schritt zurücktreten, um ihnen den Vortritt zu lassen. Korrekterweise geht daher der Vorgesetzte zuerst in den Lift, dann folgen die älteren bzw. dienstälteren Mitarbeiterinnen und Mitarbeiter, dann die jüngeren Kolleginnen, zuletzt die jungen Kollegen. Denn der Rang von Personen rangiert gemäß ihrem Status vor dem Alter, und das Alter wiederum vor dem Geschlecht. »Ladies first« hat ausgedient! Entsprechend lassen Sie z. B. als Kundenberaterin einen oder mehrere Kunden, den oder die Sie in den Aufzug begleiten, zuerst einsteigen. Dies hat wiederum den praktischen Vorteil, dass Sie einerseits die Lichtschranke blockieren können, bis alle Ihre Schutzbefohlenen sicher im Aufzug sind, und andererseits bei den meisten Aufzügen schnellen Zugriff auf die Bedienungstafel haben. Besteht ein Besucher darauf, wiederum Ihnen als Frau den Vortritt zu lassen, nehmen Sie das Angebot dankend an.

Smalltalk erwünscht

Betrachten Sie eine Liftfahrt als Chance zum Austausch, bleibt die Peinlichkeit automatisch auf der Strecke: Grüßen Sie, dann fällt es Ihnen weniger schwer, in Kontakt zu kommen. Es muss kein tiefgründiges Gespräch daraus werden, ein Kommentar über das Wetter, die zu erwartenden Speisen in der Kantine oder eine aktuelle Begebenheit reichen für einen kurzen Smalltalk aus.

86. Fahrstuhl verlassen: Verlasse ich als Mitarbeiter grundsätzlich den Fahrstuhl zuletzt?

Praktischerweise steigt zuerst diejenige Person aus dem Aufzug aus, die der Tür am nächsten steht. Es wäre unklug, aus protokollarischen Erwägungen den Ausgang zu blockieren. Bei einem schwach besetzten geräumigen Aufzug können Sie je nach Rang, Alter und Geschlecht entscheiden und ranghöheren Personen den Vortritt lassen bzw. als Vorgesetzter zuerst aussteigen.

87. Drehtür betreten: In unserer Firma gibt es eine Drehtür. Wer geht zuerst hinein?

Bei einer automatischen Drehtür lassen Sie ranghöheren Personen bzw. Gästen den Vortritt. Gehen Sie bei manueller Bedienung hinterher, passen Sie die Drehung der Tür dem Schritttempo Ihrer Begleitung an. Praktischer ist es, wenn der Begleitschutz gemäßigten Schrittes vorangeht.

88. Tür aufhalten: Wer hält wem die Tür auf?

Protokollarisch korrekt halten Mitarbeiter ihrem Vorgesetzten, Gastgeber den Gästen, eine jüngere Person einer älteren und ein Herr einer Dame die Tür auf. Im öffentlichen Umgang wie bei Kaufhaus- oder Bürotüren sollte jeder für eine folgende Person die Tür fest- und damit aufhalten, anstatt sie ihr vor der Nase zufallen zu lassen.

89. Anklopfen: Muss ich an eine offen stehende Tür anklopfen?

Ein Raum hinter einer nicht geschlossenen Tür gilt als öffentlich, ob sie weit aufsteht oder nicht. Das Anklopfen ist somit überflüssig. Es gibt jedoch Räume, in denen hinter einer nur angelehnten Tür Dinge geschehen, die mit Diskretion zu behandeln sind, da die Beteiligten vergessen haben, die Tür zu schließen. Daher ist es sicherer, Sie klopfen auch bei offenen Türen an, bevor Sie den Raum betreten. Das gilt für ein Sekretariat, ein Büro, ein Amtszimmer, einen Besprechungsraum. Ihr Vorgesetzter hat Sie gerufen, Sie hören ihn aber hinter der leicht geöffneten Tür sprechen? Vielleicht telefoniert er, vielleicht hat er Besuch, vielleicht erwartet er Sie, vielleicht stören Sie. Klopfen Sie an, treten Sie in den Raum, bitten Sie durch eine fragende Geste, er möge Ihnen bedeuten: rein oder raus. Bei Räumen, die nicht für privat-diskrete Angelegenheiten genutzt werden wie Großraumbüros, Wartezimmer, Schalterräume, öffnen Sie sogar geschlossene Türen, ohne zu klopfen.

90. Besprechungszimmer betreten: Wer betritt das Besprechungszimmer zuerst – der Kunde oder ich?

Sie sind Gastgeberin oder Gastgeber, jeder Gast soll in den Genuss Ihrer Sorgfalt kommen. Es ist hoffentlich davon auszugehen, dass Ihre Besprechungsräume frei, sicher, sauber und für den Besuch vorbereitet sind, wenn Sie Kunden dorthin bitten. Daher öffnen Sie – ob Sie Frau sind oder Mann – Ihren Besuchern die Tür, lassen ihnen den Vortritt in den Raum hinein und schließen die Tür hinter ihnen.

91. Verspätung: Ich komme zu spät in eine Besprechung, mein Zug ist ausgefallen! Wie verhalte ich mich, wenn ich eintreffe?

Eines vorweg: In jedem Fall kündigen Sie, sobald Sie eine Verspätung absehen können, diese telefonisch bei den Beteiligten an. Dies kann entweder die leitende Person der Besprechung sein, Ihr Vorgesetzter oder eine Kollegin, sofern diese auch daran teilnehmen. Sie können auch eine Dame vom Empfang bitten, Sie bei Beginn der Veranstaltung zu entschuldigen. Welches Verhalten beim Eintreffen angemessen ist, hängt von Ihrer Rolle in dieser Zusammenkunft ab. Sind Sie z. B. als Moderator oder Präsentator unentbehrlich, kann die Besprechung also nicht ohne Sie beginnen? Dann bitten Sie bei Ihrer Ankunft öffentlich um Verzeihung, schütteln den Wartenden die Hände – wenn es nicht zu viele sind – und erläutern das Missgeschick. Danken Sie nicht für das Verständnis der Beteiligten, Sie können Großherzigkeit nicht unbedingt voraussetzen. Kann die Veranstaltung ohne Sie beginnen, reduzieren Sie die Störung beim Betreten des Sitzungszimmers auf ein Minimum, grüßen leise in den Raum hinein, bieten mit einem verhaltenen »Ich bitte um Entschuldigung« allen den Augenkontakt an, die gerade herschauen, setzen sich auf Ihren Platz und fädeln sich in das Geschehen ein. Bitte kein Scharren mit dem Stuhl, keine Frage an die Nachbarn »Was wurde schon besprochen?«, kein Stöhnen über die Verkehrssituation und Ihre Erschöpfung.

Findet die Besprechung im Rahmen eines Business-Lunches statt, sieht es anders aus. Aus hygienischen Gründen ist es verpönt, sich nach dem Beginn eines Essens die Hände zu reichen. Darum gehen Sie an den Tisch, grüßen in die Runde und nehmen den verbliebenen freien Platz ein. Ein Gastgeber kann einem verspäteten Gast hier helfen: Er steht bei dessen Ankunft vom Tisch auf, geht ihm entgegen, begleitet ihn an den Tisch, kündigt ihn dort an und weist ihm seinen Platz zu. Unter dieser sanften Regieführung muss sich niemand fragen, welches Verhalten denn hier angebracht wäre.

Großer oder kleiner Auftritt?

Die Rolle, die eine Assistentin während einer laufenden Besprechung spielt, bedarf der vorherigen Absprache mit dem Sitzungsleiter. Soll sie als Person nicht in Erscheinung treten? Dann muss sie alles tun, um einen störungsfreien Ablauf der Sitzung zu garantieren, und diskret lautlos eintreten und den Raum verlassen. Soll ihr Auftritt jedoch als freundliche Dienstleistung interpretiert werden, klopft sie an und grüßt in den Raum hinein.

92. Wo Platz nehmen: Darf ich das Angebot »Nehmen Sie Platz, wo Sie möchten« ohne weiteres annehmen?

Sie dürfen das Angebot annehmen; es wäre jedoch klüger, die Plätze zum Vorteil eines jeden Anwesenden gemeinsam zu verteilen. Vor dieser Aufgabe sollten sich Ihre Gastgeber nicht drücken. Bleiben Sie stehen, wenn Sie von einer Assistentin in ein Besprechungszimmer oder von einem Kind in einem Privathaushalt aufgefordert werden, sich »doch schon einmal zu setzen«, Berater/Vater/Mutter kämen gleich. Genießen Sie die Aussicht aus dem Fenster, schauen Sie sich die Literatur im Regal an, nutzen Sie Ihre Wahrnehmungen für den Smalltalk. Müssen Sie lange warten, setzen Sie sich auf einen Platz, der Ihnen behagt, ohne Ihre Utensilien als Platzhalter dort zu deponieren. Räumen Sie ihn beim Eintreffen Ihrer Gastgeber.

93. Restaurant betreten: Gilt immer noch, dass ich als Frau ein Restaurant nur hinter einem Mann betrete?

Wer einlädt, betritt zwecks Schutz und Regieführung das Restaurant zuerst. Früher hatten nur Männer das Recht bzw. die Pflicht dazu. Laden Sie heute jedoch z. B. als Geschäftsfrau ein, betreten Sie als Regieführende zuerst das Lokal. Werden Sie auf dem Weg zum Tisch vom Kellner geleitet, lassen Sie Ihren Gästen den Vortritt.

Gute Plätze, schlechte Plätze

Beobachten Sie einmal, auf welchen Plätzen in fremden Räumen Sie sich wohl fühlen und auf welchen weniger. Sie entdecken wahrscheinlich bei sich selbst grundsätzliche Befindlichkeiten, die den generellen Anregungen zur Platzierung von Personen entsprechen.

1. »Links schützt rechts« – diese bekannte protokollarische Regel ist gut, hilft aber allein bei der Platzierung von Besuchern nicht.

2. An mittelgroßen runden Tischen ist leichter Konsens herzustellen als das bei zu enger Bestuhlung an kleinen eckigen oder sehr distanzierter Bestuhlung an ausladenden Konferenztischen möglich ist.

3. Eine frontale Sitzposition fördert die Konfrontation, eine Platzierung im 90-Grad-Winkel fördert die Kooperation – ob das an einem runden Tisch ist oder über die Ecke eines Tisches hinweg.

4. Mit dem Rücken zur Tür/zu einer Kundenhalle/zum Hauptteil des Restaurants zu sitzen, fördert die Ungewissheit »Was passiert hinter meinem Rücken?« Bieten Sie wichtigen Personen den Blick in den Raum.

5. Ein erhöhter Sitz erhöht den Status, ein niedriger senkt ihn: Bieten Sie allen Beteiligten gleich hohe und gleich feste Stühle an.

6. »Nah ist besser als fern« – diese Regel beinhaltet, dass Gäste, die nah beim Gastgeber sitzen, mehr Würdigung genießen als solche, die am Ende der Tafel oder bei einem Bankett an einem anderen Tisch platziert sind. In einer Besprechung führt Nähe zu Allianzen. Nutzen Sie das!

7. Das Auge ist träge. Beim wechselnden Blick in den Raum und gegen das Licht müsste sich eine Pupille ständig verändern; um das zu verhindern, lenkt das Gehirn den Blick häufiger in die komfortablere Richtung: Setzen Sie alle Beteiligten so, dass die Lichtverhältnisse gleichmäßig sind.

94. Restaurant verlassen: Wer verlässt bei einer Einladung das Restaurant zuerst?

Auf dem Weg hinaus wird vorausgesetzt, dass Ihre Gäste mit dem Terrain bereits einigermaßen vertraut sind. Daher gehen die Gäste zuerst und die Gastgeberin/der Gastgeber zuletzt. Beim Verlassen des Gebäudes halten Sie den Gästen die Tür auf, um ihnen den Vortritt zu gewähren. Sehr fürsorglich ist es, wenn ein Vertreter des Gastgebers zuerst aus dem Restaurant auf den Bürgersteig tritt.

95. Durch eine Reihe gehen: Ich habe vor langer Zeit gelernt, dass ich im Theater nicht mit dem Po zu den Anwesenden durch die Reihe gehen soll, sehe das aber ständig anders. Wie ist es richtig?

Sie haben es richtig gelernt: Ob im Theater, in der Oper oder im Kino gehen Sie durch eine Reihe stets mit Blick auf die bereits sitzenden Personen. Ein schöner Rücken kann vielleicht entzücken, der ungeschützte Blick auf ein fremdes Hinterteil tut das garantiert nicht. Wenn Sie von Angesicht zu Angesicht an die ersten Personen einer Reihe herantreten und sie mit einem Lächeln grüßen, würdigen diese mit höchster Wahrscheinlichkeit Ihre Bemühung und stehen für Sie auf; die weiteren werden folgen. Sagen Sie zu jeder Person »danke«. Eine Ausnahme bildet das Vorgehen in einer Kirche. Dort sind Sie gehalten, mit dem Blick zum Altar durch die Reihe zu gehen, da es hier Prioritäten zwischen »dem da oben« und »denen da hinten« gibt.

96. Komplimente machen: Als Kavalier der alten Schule darf ich doch gegenüber Damen Komplimente machen, oder?

Da bewegen Sie sich auf glattem Parkett! Vielen Menschen fällt es schwer, Komplimente anzunehmen, schließlich werden wir von Kindesbeinen an eher mit Tadel als mit Lob erzogen. Außerdem kann ein Lob leicht als Anmaßung empfunden werden: Gelobt wird von oben herab. Dazu kommt, dass viele Frauen erleben müssen, dass Komplimente nicht selbstlos als Zeichen von Respekt und Freude geäußert, sondern als Mittel der Verführung eingesetzt werden. Hinterfragen Sie also kritisch: Passt es zu Ihnen, Komplimente zu verteilen? Das ist dann der Fall, wenn Sie es immer wieder einmal machen. Und prüfen Sie unbedingt im Vorfeld: Spielt Ihre Zielperson gern das Spiel von »Dame und Herr«? Das trifft zu, wenn sie es gern zulässt, dass Sie sie umsorgen und würdigen. Antworten Sie zweimal »ja«? Dann machen Sie guten Gewissens Ihr Kompliment!

97. Feuer geben: Als Nichtraucher weiß ich nicht so genau: Wem muss ich Feuer reichen und wie mache ich es richtig?

Die Frage lässt sich in drei Aspekte gliedern: 1. Womit wird Feuer gereicht? Wenn Sie dazu eine Kerze zur Hand nehmen, müssen Sie mit einem Aufschrei rechnen, denn in diesem Fall »stirbt ein Seemann«. Dem Sprichwort zufolge besserten die Seeleute früher ihren kargen Lebensunterhalt mit dem Schnitzen von Zündhölzern auf. Ein Feuerzeug gilt als unfein, wohl des ursprünglich schlechten (Gas-)Geruchs wegen. Der Kavalier nimmt also ausschließlich ein Streichholz zur Hand. 2. Wie wird Feuer gereicht? Niemals sollten Sie beim Anzünden von Zigarren oder Zigarillos behilflich sein; tun Sie das nur bei Zigaretten. Bei Tabakwaren größeren Umfangs hat der Raucher seine individuellen Utensilien dabei bzw. sie werden ihm vom Kellner zur Verfügung gestellt. Ein neutraler Dienstleister darf dann auch helfen – Sie als Gast oder Gastgeber nicht. Niemals greifen Sie bei Ihrem Hilfsangebot über den Tisch oder über eine andere Person hinüber; beschränken Sie sich auf Ihre direkte Nachbarschaft. 3. Wer reicht wem Feuer? Ursprünglich konnten nur Damen mit dem Hilfsangebot seitens eines Herrn rechnen und ein Herr hatte für diesen Fall stets eine Packung Streichhölzer in der Tasche, ob er nun selbst Raucher oder Nichtraucher war. Diese Zeiten sind vorbei. Frauen haben gelernt, für sich zu sorgen, und bei Bedarf ihre Anzünder selbst dabei. Natürlich dürfen Sie auch dann Ihre Unterstützung anbieten. »Ist es Ihnen recht, wenn ich Ihnen behilflich bin?« Wer seine Zigaretten selbst dreht, wird sogar diese Frage als übertrieben belächeln: Die Frau zündet auch selbst an! Als Mann, ohne zu fragen, Feuerzeug oder Streichhölzer der Dame an sich zu nehmen, um ihr Feuer zu reichen – das dürfen Sie nicht.

98. Niesen und »Gesundheit«: Wie verhalte ich mich denn nun richtig, wenn jemand niest? »Gesundheit« sagen oder darüber hinwegsehen?

Unsere Urväter glaubten, das Niesen sei – im Gegensatz zum Husten oder Aufstoßen – Ausdruck einer lebensbedrohlichen Krankheit und machten darum den Unterschied: Dem vermeintlich Schwerstkranken wurde eine gute »Gesundheit« gewünscht, andere unfreiwillige Entweichungen von Luft wurden schicklich überhört. Heute wissen wir mehr über Krankheiten und ihre Symptome. Deshalb sollten Sie im Interesse eines reibungslosen Miteinanders kleine Störungen ignorieren, anstatt sie mit einem Wunsch zu betonen. Sind Sie mit sehr konservativen Personen zusammen, die die alten Regeln nicht hinterfragen, ist es aber wohl geschickter, deren Spielregeln zu achten und den guten Wunsch zu äußern. Müssen Sie selbst mitten in einem Gespräch niesen, husten o. Ä., ist es angemessen, um Verzeihung für die Störung zu bitten. Selbst das unterlassen Sie in größerer Runde: Nicht noch weiter stören!

99. Niesen, husten: Wie niese, huste und schnäuze ich mich am Tisch richtig?

Reduzieren Sie die Störung auf ein Minimum. Beim spontanen Niesen und Husten halten Sie aus Gründen der Hygiene und Diskretion den linken Handrücken vor den Mund. Verwenden Sie ein Taschentuch ebenfalls dezent vor dem eigenen Oberkörper; demonstratives Umdrehen würde die Störung vergrößern. Verlassen Sie für größere Aktionen den Tisch.

Rücksicht oder Nachsehen

Was als Basisregel im Straßenverkehr gilt, kann auch bei der Begegnung mit anderen Personen von Nutzen sein: Erstens Vorsicht, zweitens Rücksicht und drittens immer mit allem rechnen! Formvollendetes Verhalten sollte keine Attitüde sein, vielmehr muss die äußere Haltung der inneren Haltung entsprechen.

100. Ehrliche Freundlichkeit: Manchmal habe ich den Eindruck, eine freundliche Bemerkung sei einfach nur so dahingeredet. Wie ehrlich sollte sie denn sein?

»Gegen einen Tadel kann ein Mensch sich wehren, nicht aber gegen ein Lob«, sagte Sigmund Freud und er hatte Recht. Wertschätzung öffnet Türen, sie muss nur von Herzen kommen und nicht an einen Zweck gebunden sein. Die meisten Menschen haben ein feines Gespür für Schmeicheleien, daher sollten wir Nettigkeiten nur auszutauschen, wenn wir hinter ihnen stehen. Sie können ohnehin wahrscheinlich nicht auf authentische Weise eine Frisur loben, die Sie abscheulich finden. Es ist andererseits aber auch nicht nötig, dass Sie die Trägerin ungefragt kritisieren. Ein goldener Mittelweg kann ein Wort wie »interessant« oder »spannend« sein – die Adressatin wird es als das zu interpretieren wissen, was es ist: der Versuch, ihr ein Negativurteil zu ersparen.

101. Geschickt kontern: Wie kontere ich dumme Kommentare über mein Äußeres, z. B. eine schlecht sitzende Frisur?

Wie die Äußerung auch gemeint ist, Sie brauchen eine schnelle Reaktion, die verhindert, dass Sie in die Opferrolle geraten. Stehen Sie prinzipiell positiv zu Ihrem Gegenüber? Sagen Sie »Danke für den Tipp« oder »Gut, dass du es so ehrlich sagst«. Die Sache ist vorbei. Oder haben Sie Lust auf Opposition? Dann gehen Sie in die Offensive: »Schau doch mal selbst in den Spiegel« oder »Gucken Sie einfach weg«. Wundern Sie sich nicht, wenn nun ein Schlagabtausch anfängt. Wollen Sie hingegen eine Eskalation vermeiden, aber dennoch nicht zur Tagesordnung übergehen? Bitten Sie mit einer Sachfrage den Kritiker um Präzision: »Was genau gefällt Ihnen daran nicht?« Oder sprechen Sie offen die zwischenmenschliche Ebene an: »Finden Sie es passend, mich in aller Öffentlichkeit der Lächerlichkeit preiszugeben?«

102. Peinlicher Versprecher: Leider verspreche ich mich immer wieder in größeren Gesprächsrunden. Wie merze ich einen peinlichen Versprecher aus?

Wie Menschen mit Unannehmlichkeiten umgehen – ob sie durch andere oder durch sie selbst erzeugt werden –, hängt von mehreren Faktoren ab:

- von ihrem Charakter,
- von dem Umfeld und ihrer Rolle dort,
- von ihrer Tagesform und
- von der Schwere des Verstoßes.

Sie haben im akuten Fall nicht die Zeit, diese Faktoren zu koordinieren. Sie haben wahrscheinlich auch nicht die Geistesgegenwart, aus tausend guten Sätzen den besten herauszufiltern. Darum sollten Sie sich drei Aussagen fest einprägen, die in den meisten Situationen zu Ihnen und einer erzeugten Peinlichkeit passen. Zu denen zählen »Entschuldigung«, »Es tut mir Leid« und »Das habe ich nicht gewollt«.

Nun ist Ihr Umfeld am Ball und muss die Entscheidung fällen: Entweder wird der Vorfall ignoriert, dann geht das Gespräch ungehindert weiter. Häufig wird eine Peinlichkeit sogar generalisiert und die anderen tragen nach dem Muster »Wenn Sie wüssten, was mir da passiert ist« ihre Erfahrungen bei. Gut für Sie, denn Sie sind aus dem Zentrum des Geschehens heraus! Und hin und wieder wird einfach herzhaft gelacht, weil die Betreffenden wissen, dass Humor die beste Not-Lösung ist. Wichtig für Sie: Lachen Sie mit! Wer über sich selbst lachen kann, gewinnt alle Sympathien für sich.

103. Malheur verursacht: Manchmal bin ich etwas ungeschickt, lasse einen Stift fallen oder werfe ein Glas um. Wie verhalte ich mich danach richtig?

Vermeiden Sie es, durch auffälliges Verhalten den Zwischenfall zu verschlimmern. **1.** Passiert Ihnen während einer Besprechung ein Missgeschick? Beheben Sie es, ohne es zu kommentieren. **2.** Lassen Sie in einem eleganten Restaurant eine Gabel fallen? Tun Sie nichts, hier ist ein Helfer zur Stelle. **3.** Geschieht dasselbe in einem Biergarten? Schreiten Sie zur Tat und holen Sie sich aus hygienischen Gründen eine neue. **4.** Fällt Ihnen als Gastgeber bei sich daheim z. B. Asche auf Ihren Teppich? Wenden Sie ein kurzes Erste-Hilfe-Programm an; kümmern Sie sich um die Generalreparatur, wenn die Gäste gegangen sind. **5.** Verursachen Sie als Besucher einen Schaden, melden Sie dies Ihrer Haftpflichtversicherung. **6.** Dasselbe gilt, wenn von Ihrem Missgeschick eine andere Person betroffen ist – z. B. wenn Sie in einem Theaterfoyer einer Besucherin Ihren Sekt auf den Rock gießen. Zusätzlich schicken Sie der Dame am folgenden Tag einen Strauß Blumen mit der Bitte um Verzeihung.

Handelt es sich bei dem von Ihnen verursachten Zwischenfall jedoch weniger um eine Beschädigung als um eine unbeabsichtigte Äußerung Ihres Körpers – Sie stoßen auf, haben einen Schluckauf, Ihr Magen knurrt oder Ähnliches –, hilft das Wort »Entschuldigung«. Damit ist die Sache erledigt. Nur wenn Sie sehr oft in Fettnäpfchen treten und dadurch ausreichend Trainingsmöglichkeiten haben, erwerben Sie die Geistesgegenwart, einen Fauxpas geistreich zu kommentieren. Humor versetzt Berge; und die Fähigkeit, über seine eigenen Unzulänglichkeiten zu lachen, imponiert.

104. Zeuge eines Malheurs: Ich bin Zeuge, wenn anderen ein Malheur passiert. Wie verhalte ich mich?

Es ist schon schlimm genug, in einen Fettnapf zu treten; dabei im Mittelpunkt des Geschehens die Aufmerksamkeit aller auf sich zu ziehen, verschlimmert das Befinden nur. Zerren Sie die

Person nicht noch weiter ins Zentrum hinein! »Das wächst sich heraus«, »In Ihrem Alter ist das noch verzeihlich« oder »Sie müssen wohl noch üben« – auf solche und andere möglicherweise sogar wohl gemeinte Kommentare kann ein Verursacher nämlich gut verzichten, auf Späße auf seine Kosten erst recht. Sie würden damit übrigens vielleicht einen kurzfristigen Lacher ernten, aber Ihrem Ruf eher Schaden zufügen. Bieten Sie, wenn nötig, Hilfe an, gehen Sie sonst schnellstmöglich zur Tagesordnung über. Halten Sie es für sinnvoll, geben Sie später unter vier Augen einen konstruktiven Tipp für das nächste Mal: »Mir ist das auch schon passiert; mir hat damals dieser Trick geholfen.«

105. Hosenladen offen: Soll ich einen Kollegen auf einen offen stehenden Hosenladen hinweisen oder wäre das nicht einfach viel zu peinlich?

Wenn Sie sich insgeheim ob des Malheurs vor Lachen biegen oder wenn Sie schadenfroh denken, es geschähe ihm recht, sagen Sie lieber nichts. Denn vor diesem Hintergrund würde Ihre Intervention von dem Kollegen vorwiegend als Abwertung oder sogar als Demütigung interpretiert. Wollen Sie jedoch den Kollegen vor den Folgen seiner Nachlässigkeit schützen, sagen Sie etwas! Von Mann zu Mann auf gleicher Hierarchieebene ist das am leichtesten zu lösen. Sie brauchen nur vorzugeben, Ihren eigenen Hosenladen zu schließen, und ihm dabei sagen: »Herr Krämer, machen Sie mal so!«. Doch wer sagt's dem Chef? Je näher Sie ihm stehen, desto eher sind Sie aufgerufen, ihm Schützenhilfe zu leisten. Ob Sie seine Assistentin oder sein persönlicher Referent sind: Geben Sie ihm ohne Umschweife mit der unter Kollegen sinnvollen Variante den Hinweis auf das, was zu tun ist. Kommt der Fauxpas wiederholt vor, verabreden Sie mit ihm ein diskretes Zeichensystem: Immer wenn Sie einen bestimmten Stift hoch halten oder sich an einer gewissen Stelle ans Revers fassen, muss er sein Outfit kontrollieren. Das funktioniert auch gut bei anderen Malheurs wie Schuppen auf dem dunklen Anzug!

106. Danke: Ich muss mich doch nicht für jede Selbstverständlichkeit bedanken, oder?

Ein Dank ist die kostenlose Gegengabe für eine nette Geste. Ob ein anderer Kunde Ihnen eine Kaufhaustür aufhält oder ein Kellner Ihnen ein Glas reicht, ob ein Spaziergänger Ihrem Kinderwagen Platz macht oder ein Ortskundiger Ihnen eine Auskunft gibt, ob ein Kind für Sie etwas aufhebt oder Ihr guter Freund Ihnen einen schönen Abend wünscht – sagen Sie das Zauberwort.

107. Betrunkenem helfen: Mich plagt mein Gewissen: Muss ich auf der Straße einer sichtlich alkoholisierten mir unbekannten Person Hilfe anbieten?

Bei einer Hilfeleistung sollte es nicht auf den Grund, sondern den Grad der Hilfsbedürftigkeit ankommen. Leider ist heutzutage Misstrauen angebracht. Braucht die Person wirklich Hilfe oder laufen Sie Gefahr, in eine Falle gelockt zu werden? Daher sind neben Ihrer Kraft und der Bereitschaft der Person, sich helfen zu lassen, die äußeren Umstände wie Belebtheit des Orts und Helligkeit zu berücksichtigen. Als Frau sind Sie immer gut beraten, per Handy oder notfalls zu Fuß Hilfe zu holen. Als Mann und vor allem zu mehreren können Sie die Person zu einem Arzt begleiten oder, wenn sie transportfähig ist, zur Haltestelle eines öffentlichen Verkehrsmittels bringen bzw. auf Wunsch ein Taxi bestellen. Niemand kann von Ihnen erwarten, dass Sie den Fahrpreis bezahlen oder eine fremde Person in Ihr Auto bitten.

108. Hilfe für Behinderte: Soll ich einer mir unbekannten behinderten Person Hilfe anbieten?

In Anlehnung an eine Aussage der amerikanischen Außenministerin Condoleezza Rice sollten Geschlecht, Familie und Behinderung »keine Kriterien« sein. Sie sind es natürlich doch, aber sie sollten im Umgang mit Menschen nicht im Vordergrund stehen. Jeder hat Ihren Respekt verdient, solange er nicht alles daransetzt, ihn zu verlieren.

Checkliste: Ist Ihre Hilfe willkommen?

- ☐ Beruht Ihre Einschätzung, dass die behinderte Person sich nicht allein helfen kann, auf einer Beobachtung und nicht auf Vermutungen?
- ☐ Ist die Person, der Sie helfen möchten, ohne Begleitung unterwegs?
- ☐ Können Sie die Unterstützung ohne besondere Anstrengung leisten?
- ☐ Können Sie die Unterstützung leisten, ohne die Aufmerksamkeit anderer Personen auf Ihr Handeln zu lenken?
- ☐ Haben Sie genügend Zeit, die Unterstützung so lange zu leisten wie nötig?
- ☐ Haben Sie die Zeit, der betroffenen Person Ihre Absicht anzukündigen?
- ☐ Sind Sie bereit zu fragen, ob Ihre Hilfe überhaupt gewünscht wird?
- ☐ Können Sie mit einer freundlichen – und eventuell auch einer barschen Ablehnung gelassen umgehen, ohne sich vor den Kopf gestoßen zu fühlen?
- ☐ Können Sie gut damit leben, wenn Sie vielleicht auf einen Dank verzichten müssen, den Sie selbst für angemessen halten?
- ☐ Helfen Sie also umsichtig und völlig selbstlos?

Dann bieten Sie Ihre Hilfe an!

109. Umgang mit geistig Behinderten: Wie verhalte ich mich, wenn ich mich von einer geistig behinderten Person durch Lachen, Kommentare usw. gestört fühle?

Sie wissen, dass die Person die Wirkung ihres Verhaltens weder beabsichtigt noch adäquat einschätzen kann. Daher ignorieren Sie im Idealfall ein unangemessenes Verhalten. Nimmt es kein Ende und Sie beginnen, sich zu ärgern, räumen Sie das Feld – was in der Straßenbahn sicher leichter geht als auf reservierten Plätzen in einem voll besetzten Zug. Ist ein Betreuer der Person anwesend, können Sie ihn – freundlich! – bitten einzuschreiten. Verzichten Sie auf Diskussionen. Vermeiden Sie es, gemeinsam mit der geistig behinderten Person in den Mittelpunkt der Aufmerksamkeit der umstehenden Anwesenden zu rücken. Atmen Sie tief durch und behalten Sie einen kühlen Kopf.

110. Körperbehinderung: Ich sitze im Rollstuhl. Auf wie viel Nachsicht kann ich in Sachen Etikette bei meiner Umwelt zählen?

Da die Behinderung nicht Ihre Person ausmacht, Sie vielmehr für Ihre Umgebung in erster Linie als Kunde, Fahrgast usw. zu gelten haben, dürfen Sie den gleichen Grad der Höflichkeit für sich beanspruchen wie jeder andere auch. Gleichzeitig sind Sie in Ihrer Bewegungsfreiheit eingeschränkt und können bestimmte Gesten der Höflichkeit nicht anbieten. Das sieht jeder und jeder sieht es ein. Jeder sieht aber auch, wenn Sie einer anderen Person den Vortritt lassen und ihr nicht einfach die Vorfahrt nehmen. Jeder sieht, wenn Sie sich z. B. beim Essen Mühe geben. Sind Sie in der Handhabung von Besteck und Geschirr eingeschränkt, ist nichts dagegen einzuwenden, wenn Sie sich Ihre Speisen zerkleinern lassen, wenn Sie Suppen aus der Tasse trinken, wenn Sie sich Rotwein in ein Glas ohne Stiel einschenken lassen, das Sie besser fassen können, und Ihr Jackett mit einer Serviette schützen. Ignorieren Sie irritierte Blicke. Sie werden das Problem, das Nichtbehinderte mit ihrer Angst vor eigenen Einschränkungen haben, nicht lösen!

111. Autogrammbitte: Ich sammle Autogrammkarten. Darf ich einen Star auf offener Straße um ein Autogramm bitten?

Ein Star verdankt seinen Ruhm und Reichtum der Öffentlichkeit, also unter anderem Ihnen, und muss beides mit einer eingeschränkten Privatsphäre bezahlen. Sie dürfen ihn also im öffentlichen Bereich von Straße, Bahnhof, Flughafen, Theaterfoyer usw. ansprechen. Treffen Sie ihn jedoch offensichtlich als Privatperson an – mit Freunden in einem Restaurant, auf dem Spielplatz mit seinen Kindern oder lesend im Wartezimmer eines Arztes –, sollten Sie Diskretion wahren und ihn nicht unvermittelt bei seinen Aktivitäten unterbrechen. Schreiben Sie eine Notiz mit Ihrem Anliegen und Ihrer Anschrift, lassen Sie diese wenn möglich z.B. durch einen Kellner überreichen oder drücken Sie sie ihm mit der Bitte um Verständnis für die Störung selbst in die Hand. So kann er entscheiden: Schickt er Ihnen das Autogramm später per Post oder stellt er es Ihnen direkt aus?

112. Zwischenapplaus: Bei Opernbesuchen erlebe ich immer wieder, dass das Publikum nach jeder Arie Beifall klatscht. Mich stört das sehr. Kann man nicht seiner Begeisterung am Ende der Aufführung Ausdruck verleihen?

Da Zwischenapplaus im Theater und in der Oper eine durchgängige Inszenierung in Abschnitte zerhackt und den Interpreten die Arbeit erschwert, sollte Szenenapplaus auf außergewöhnliche Darbietungen beschränkt und die geballte Anerkennung am Ende eines Aktes gezollt werden. Wahrscheinlich ist das Publikum, das Sie so stört, aber sehr begeisterungsfähig und empfindet jede einzelne Arie als Ausnahmeleistung. Da Applaus zwar nicht das Brot, aber doch das »Trinkgeld« des Künstlers ist, stört das Klatschen die Interpreten weniger als Sie. Sobald diese im Stück fortfahren, muss das Klatschen jedoch verebben.

Der Schlussapplaus ist ebenfalls eindeutig geregelt: Das Publikum bleibt, bis der letzte Vorhang fällt. Nur wenn Ihnen wirklich der letzte Bus vor der Nase wegführe, sollten Sie da eine Ausnahme machen. Hat Ihnen die Aufführung tatsächlich nicht gefallen, brauchen Sie Ihren Unmut nicht lautstark zu demonstrieren. Überlassen Sie die Demontage den Rezensenten und Leserbriefschreibern!

113. In der Kirche: Wie verhalte ich mich bei einer kirchlichen Feier, wenn ich nicht religiös bin?

Nehmen Sie aus Interesse an den Riten oder aus Freundschaft zu anderen Kirchenbesuchern an dem Gottesdienst teil? Das erfreut so manchen, der Sie dabei wahrnimmt. Er verlangt von Ihnen nicht, dass Sie das Zeremoniell mitmachen. Die Teilnahme an Kommunion oder Abendmahl scheidet selbstverständlich aus, die weiteren spezifischen Riten wie knien, beten und singen beherrschen Sie nicht, also brauchen Sie sie nicht auszuüben. An die grundlegenden Regeln hingegen sollten Sie sich halten, um keinen Anstoß zu erregen: Sie kleiden sich dezent und nehmen als Mann Ihre Kopfbedeckung ab. Sie essen, trinken, telefonieren und sprechen nicht mit den Personen neben Ihnen. Sie halten Ihre Kinder an, es Ihnen gleichzutun. Sie bleiben auch nicht sitzen, wenn alle aufstehen. Das interpretieren Kirchgänger als Äußerung von Respekt und nicht fälschlich als religiöse Aussage.

114. Ausländische Gäste, deutsche Sitten: Darf ich von chinesischen Besuchern unserer Firma im Lokal erwarten, dass sie nicht laut schmatzen?

Die einen schlürfen, die anderen stippen, die Dritten krümeln und wieder andere berühren niemals Speisen mit der linken Hand: andere Länder, andere Tischsitten. Sie haben wahrscheinlich gelernt, sich bei Besuchen im Ausland der Zielkultur anzupassen, und fordern diesen Akt der Wertschätzung stillschweigend von Ihren Gästen ein. Nicht jeder Ihrer Gäste jedoch ist um derartige Gesten bemüht, den meisten fällt nicht einmal auf, dass sie anders handeln als bei uns üblich. Nun wäre es ein grober Verstoß gegen die Gastgeberpflicht, wenn Sie Ihre Gäste auf das abweichende Verhalten hinwiesen. Genauso wenig können Sie im Lokal andere Gäste um Verständnis bitten. Sie können höchstens künftig einen separierten Raum reservieren lassen.

Andererseits tolerieren Sie sicherlich in anderen Situationen andersartiges Benehmen ohne Not. Weder drängen Sie Besu-

chern, die das nicht gewohnt sind, einen Handschlag auf, noch tadeln sie undeutsche Interpretationen von Pünktlichkeit, Genauigkeit und Verlässlichkeit: Sie finden sich damit ab und akzeptieren es sogar. Übertragen Sie diese Flexibilität auf Ihre Toleranz bei Tisch und setzen Sie voraus, dass andere Gäste so flexibel und so informiert sind wie Sie.
Schwieriger wird es bei ungewohnten Verhaltensweisen im täglichen Miteinander. Selbst wenn das Kopftuchthema ausgeklammert bleibt, ist die Frage, wie viel Toleranz Sie Ihren Kollegen und Nachbarn zu gewähren bereit sind. Bei Personen, die ihr Domizil in Deutschland aufgeschlagen haben, dürfen Sie natürlich über die Spielregeln des Miteinanders verhandeln – so wie Sie das mit deutschen Mitmenschen tun.

115. Rauchverbot im Beruf: Kann ein Vorgesetzter für Besprechungen das Rauchen verbieten?

Wer das Hausrecht hat, darf ein generelles oder partielles Rauchverbot aussprechen; und jede/r Beteiligte bei einer Besprechung darf auf Rauchverzicht pochen. Eine gute Atmosphäre erreichen Sie durch Verständnis für unterschiedliche Bedürfnisse und ausreichende Pausen.

116. Rauchverzicht im Privathaushalt: Kann ich guten Freunden zumuten, in meinem Haushalt auf das Rauchen zu verzichten?

Ja, Sie können! Eine gute Freundschaft kann durch die Bitte um Rauchverzicht nicht erschüttert werden. Gute Freunde kennen meist, wenn sie eine Einladung annehmen, die Spielregeln im Gastgeberhaushalt. Dabei wird z. B. die Anwesenheit eines Kleinkindes als Grund eher nachvollziehbar sein als der bloße Hinweis auf die Schonung der Gardinen. Ist die Beziehung noch nicht so gefestigt, mag der Hinweis schwerer fallen, und doch: Setzen Sie lieber auf den langfristigen Gewinn der rauchfreien Räume als die kurzfristige Zufriedenheit Ihrer Gäste. Am schwierigsten ist es wohl, Kunden oder Vorgesetzten einschränkende Spielregeln zu vermitteln.

Sie können aber wiederum nicht dem einen das Rauchen erlauben und es dem andern untersagen. Wenn Sie es nicht wagen, Ihrem Chef Grenzen zu setzen, laden Sie ihn lieber in ein Restaurant oder zu einer Gartenparty ein. Sind Sie selbst nicht so empfindlich, wollen aber durch das Rauchverbot empfindlich reagierende Gäste schützen? Kein Problem! Sorgen Sie durch die Tischordnung für einen größtmöglichen Abstand zwischen den Parteien. Wenn Sie das auf humorvolle Weise thematisieren, reduziert das die Brisanz der Sache.

Raucherplätzchen

Verzichten Sie auf das Schild »Nichtraucherhaushalt« an Ihrer Wohnungstür oder auf den Hinweis: »Bitte nicht rauchen!« Verboten unterwirft sich niemand gern. Vermitteln Sie vielmehr Ihren rauchenden Gästen eine positive Aussicht: »Für Raucherpausen habe ich auf dem Balkon ein gemütliches Eckchen gerichtet.« Raucher halten das selbst im Winter aus!

117. Interessenkonflikt: Wir haben gerade – wie alle anderen Bewohner – unsere Wohnung in einem neuen Haus bezogen und schon gibt es Interessenkonflikte. Was kann ich dagegen tun?

Ihnen fehlt ein gemeinsames Ziel, dem die gegensätzlichen Interessen untergeordnet werden könnten. Eine Bedrohung von außen – z. B. die geplante Veränderung der Straßenführung zu Ihrer aller Ungunsten – wäre hilfreich, Ihnen aber nicht zu wünschen. Sie können Allianzen bilden, die Interessengebiete außerhalb des Hauses betreffen – Rosenfreunde untereinander oder Theaterfans. Ebenfalls hilfreich: ein geselliges Beisammensein, das hilft, durch gegenseitiges Beschnuppern Gemeinsamkeiten herauszufinden, an die noch keiner dachte. Erst wenn das scheitert, brauchen Sie eine Eigentümerkonferenz mit einem neutralen, lösungsorientiert handelnden Hausverwalter oder einem geschickten, professionellen Moderator.

Gutes Benehmen unterwegs

Sobald Sie Ihre Komfortzone Wohnung verlassen, machen Sie Erfahrungen mit Andersartigkeiten, wenn auch nicht immer auf die von Ihnen gewünschte Weise. Im Umgang mit Fremden sind Gelassenheit und Toleranz stets die idealen Partner.

118. Aufstehen im Bus: Kann ich verlangen, dass ein Kind im Bus für mich aufsteht?

Stellen Sie sich vor, ein Kind sei todmüde aus der Schule gekommen und Sie seien als Erwachsene fit und ausgeruht. Wie wollen Sie dem Kind dann klar machen, dass es Ihnen seinen Platz überlassen soll? In Deutschland ist ein höheres Alter an sich – anders als in Asien – kein Grund für eine Vorzugsbehandlung. Bei uns sollte sich eher jeder Fahrgast grundsätzlich rücksichtsvoll verhalten. Wer hat einen moralischen Anspruch auf einen Platz? Das kann eine Schülerin mit Gipsfuß sein. Das kann ein junger Vater mit einem Kind auf dem Arm sein. Das kann eine kränkliche und gar nicht unbedingt ältere Person sein oder eine sichtlich Schwangere. Sie können also unter Umständen sehr wohl verlangen, dass ein Kind oder ein Jugendlicher für Sie aufsteht. Je freundlicher Sie darum bitten, desto schneller wird die Person reagieren. Das gilt auch, wenn Sie feststellen, dass im Zug Ihr reservierter Platz besetzt ist: »Würden Sie mich bitte auf meinem Platz sitzen lassen?« Leider ist häufig zu beobachten, wie Erwachsene, die in Bus und Bahn stehen müssen, über Jugendliche, die für sie nicht aufstehen, lautstark lästern. Dass dieses Verhalten die jungen Leute nicht gerade motiviert, ihnen einen Dienst zu erweisen, sehen sie dabei nicht. Freundliche Zivilcourage ist da schon angebrachter: »Lässt du mich bitte hier sitzen?«
Übrigens: Sie dürfen ein Platzangebot ablehnen, sollten es aber immer dankend tun und ohne betrübt zu sein, dass man Sie »schon für so alt« hält. Freuen Sie sich lieber, dass es solche freundliche Gesten wieder gibt!

Kontakt aufnehmen in Bus, Bahn & Co.

»Geteiltes Leid – halbes Leid.« Diese Weisheit mag der Grund dafür sein, dass Reisende bei Verspätungen so leicht Kontakt zueinander finden. »Es ist doch immer dasselbe mit der Bahn.« Ein Seufzer, eine Anekdote, ein gemeinsamer Prügelknabe – Hauptsache, es liegt Konsens vor.

Gemeinsamkeiten helfen

Konsens ist das Zauberwort bei der Kontaktaufnahme: Menschen mögen Fremde, die ihnen ähnlich sind. **Ähnlichkeit baut Angst ab,** weil sie das Risiko einer bösen Überraschung mindert. Finden Sie Gemeinsamkeiten, um mit Sitznachbarn in Flugzeug, Bahn oder Bistro ins Gespräch zu kommen:

- Fragen Sie um **Erlaubnis:** »Darf ich kurz in den Reisebegleiter schauen, der neben Ihrem Platz liegt?« Oder: »Ist es Ihnen recht, wenn ich das Fenster öffne?«
- Bitten Sie um **Rat:** »Ist Ihre Gulaschsuppe zu empfehlen?« Oder: »Sie lesen da ein Buch von A.B. Ist es wirklich so spannend geschrieben, wie man sagt?«
- Bieten Sie – wenn sie offenbar nötig ist – **Hilfe** an: »Möchten Sie, dass ich Ihren Koffer in die Ablage hebe?«
- Weisen Sie auf offenkundige **Gemeinsamkeiten** hin: »Sie fliegen auch weiter nach Buenos Aires?«

Haben Sie Angst vor einer Abfuhr, wählen Sie besser den indirekten Weg und geben Ihren Mitreisenden die Gelegenheit, Sie anzusprechen. Sie dürfen darauf setzen, dass ein kleines Maß an Hilflosigkeit auf Hilfsbereitschaft stößt. Kramen Sie nach Ihrem Feuerzeug oder forschen Sie nach dem Zugfahrplan. Doch Vorsicht: Eine Masche wird leicht enttarnt! Vielleicht machen Sie doch besser eine Bemerkung über die Ansage des Zugbegleiters oder über den heftigen Regen, der gegen das Fenster prasselt. Wer bereit zum Kontakt ist, geht darauf ein, wer nicht, lässt es bleiben. Sie haben auf jeden Fall Ihr Gesicht gewahrt!

119. Armlehne im Flugzeug: Ich sitze im Flugzeug oft regelrecht eingeklemmt: Wem gehört nun welche Armlehne?

Auf engem Raum sollten Reisende besondere Sorgfalt bei der Aufteilung der Reviere an den Tag legen. Leider ist zu beobachten, dass das nicht immer der Fall ist. Gerade wenn Sie den mittleren Platz erwischt haben, werden die Armlehnen zur heiß umkämpften Zone, und wer nicht schnell genug seinen Ellenbogen platziert hat, geht leer aus. Sie können sich nun nonverbal arrangieren und Ihren Sitznachbarn anpassen bzw. einen Sekundenbruchteil abpassen, in dem Sie sich ein Stück Lehne (zurück-)erobern. Höflicher ist es hingegen, wenn die Nachbarn zielorientiert darüber verhandeln, wem welches Stück der Lehne für wie lange zusteht. Das gilt nicht nur für das bloße Sitzen. Manchen Reisenden, der seinen Kopf hinter eine ausladende Tages- oder Wochenzeitung steckt, müssen Sie vielleicht erst auf die Idee bringen, dass er Zeitungen falten könnte, um der Nachbarschaft das Reisen zu erleichtern. Sie brauchen in Ihrem Revier weder das Handgepäck Ihres Vordermanns zu dulden noch den Ellenbogen Ihres Nachbarn bei der Messer- und Gabelführung beim Essen. Sprechen Sie nicht aus Unverständnis und Ärger heraus, wählen Sie einen freundlichen, aber auffordernden Ton: »Sie bemerken es vielleicht nicht, dass Sie mir meinen Platz wegnehmen. Würden Sie mir bitte etwas mehr Bewegungsfreiheit lassen?«

Linkshänder unterwegs

Ob Sie an einem eng bestuhlten Tisch essen oder in Bus oder Flugzeug schreiben, etwas essen oder bequem trinken wollen: Armfreiheit haben Sie nur, wenn Sie an einem linken Randplatz sitzen. Können Sie das vor der Konzeption der Sitzordnung bzw. bei der Platzreservierung nicht beeinflussen, bieten Sie Ihrem Nachbarn einen Platzwechsel an: Er ist ja in beider Interesse.

120. Als Frau einladen: Darf ich als Frau einen Mann in eine Bar einladen?

Wie vor Gericht gilt hier die Unschuldsvermutung. Wenn Sie nicht denken, dass der Mann etwas denken könnte, was er nicht denken soll, laden Sie ihn ein, wohin Sie möchten. Vor Ort sollten Sie die gesellschaftliche Nähe von mindestens einem Meter Abstand weder von sich aus unterschreiten noch eine Annäherung seinerseits dulden.

121. Einen Mann ansprechen: Wie spreche ich als Frau in einer Bar einen Mann an, der mir gefällt, ohne einen Korb zu riskieren?

Traditionell sind es die Männer, die Körbe riskieren – beim Tanzen und bei jedem Versuch der Annäherung. Keinem gefällt das, deshalb haben sie Strategien zur Minderung des Risikos gelernt, die Sie von ihnen kopieren können. 1. Schritt: Sie beobachten Ihre Zielperson: Ist »Er« ins Gespräch vertieft oder eher an Kontakt zu einer fremden Person interessiert? 2. Schritt: Wenn ja – platzieren Sie sich so in seinem Blickfeld, dass er Sie wahrnehmen kann. 3. Schritt: Nehmen Sie nonverbal Kontakt auf: lächeln Sie leicht, nicken Sie ihm grüßend zu. 4. Schritt: Kommt er nun nicht von sich aus auf Sie zu, nehmen Sie Ihr Herz und Ihr Glas in die Hand, gehen Sie zu ihm an die Bar/an den Tisch und sagen Sie einfach, wie es ist: »Wir kennen uns noch nicht.« Oder: »Sie sind heute zum ersten Mal allein hier.« Oder: »Sie haben sich offensichtlich auch für den Dry Martini entschieden. Wollen wir den gemeinsam trinken?«

122. Auf Flirt reagieren: Wie reagiere ich in einer Bar angemessen auf ein Flirt-Angebot?

Es kommt darauf an, was Sie wollen! Haben Sie Lust auf Kontakt, lassen Sie das Maß an körperlicher Nähe zu, das Ihnen zusagt. Möchten Sie Grenzen wahren, verschaffen Sie sich den Raum, den Sie für Ihr Wohlbefinden brauchen. Haben Sie keine Lust, suchen Sie mit einem Lächeln einen anderen Platz.

123. Abends mit dem Chef im Auto: Mein Chef bietet mir an, mich am späten Abend im Auto mitzunehmen. Darf ich das ablehnen?

Sie kennen Ihren Chef, seine Gewohnheiten und seinen Ruf. Vielleicht hat er ja wirklich keine Hintergedanken und Sie können guten Mutes einsteigen. Wie verhält er sich sonst Ihnen gegenüber? In der Regel kommen Avancen nicht aus heiterem Himmel. Liegt der geringste Zweifel in der Luft, begeben Sie sich nicht leichtfertig in eine prekäre Situation. Lehnen Sie das Angebot ohne jeden Hinweis auf Ihre Befürchtung – die eine Unterstellung sein könnte – ab: »Das ist lieb, doch nicht nötig. Ich komme mit der Straßenbahn bestens zurecht.« Besser natürlich: »Ich habe das Taxi schon bestellt.« Noch besser: »Mein Freund holt mich ab.« (Notlügen sind lässliche Sünden.) Setzen Sie Ihre Grenzen lieber früh!

Haben Sie sich jedoch unglücklicherweise in Gefahr begeben und Ihr Chef versucht einen sexuellen Übergriff, muss ein sehr deutliches »Nein« sein. Lassen Sie es nicht so weit kommen, dass Sie ihm eine Ohrfeige geben müssen. Gehen Sie am folgenden Tag zu »business as usual« über, begrenzt das die Peinlichkeit für beide Beteiligte. Verhält er sich Ihnen gegenüber jedoch unfreundlich, sprechen Sie ihn auf einen möglichen Zusammenhang an und klären Sie, wie es weitergehen soll. Beginnt Ihr Chef, Sie zur Strafe für Ihre Ablehnung zu mobben, protokollieren Sie alle Vorfälle und sorgen Sie für Zeugen bei Ihren Begegnungen mit ihm.

Wenn ein Kunde mit Hintergedanken einlädt

Beugen Sie vor, wenn Sie die Befürchtung hegen, Ihr Kunde wolle mehr als nur speisen. Sorgen Sie für Öffentlichkeit, bestimmen Sie die Zeit. Bestehen Sie darauf, mittags in einem zentral gelegenen und gut besuchten Lokal essen zu gehen. Oder stellen Sie die Bedingung, dass am Abend ein Kollege oder Ihr Mann dabei ist.

124. Frau auf Herren-WC: Darf ich als Frau in der Theaterpause die Herrentoilette benutzen, wenn sich bei den Damen eine Schlange gebildet hat?

Wenn Sie sicher sind, dass in Ihrem Theater auch auf dem Herren-WC alle Geschäfte hinter geschlossenen Türen erledigt werden, gibt es keinen Grund, dass Sie andernorts Schlange stehen. Zwar würden Sie bei wiederholtem und vorsätzlichem Besuch möglicherweise den Straftatbestand der Belästigung der Allgemeinheit (im Volksmund: »Erregung öffentlichen Ärgernisses«) erfüllen. Doch Sie wollen sich ja nicht täglich dort aufhalten und auch nicht vor aller Augen entblößen. In vielen Ländern gibt es nicht einmal in Restaurants die Trennung der Toiletten in geschlechtsspezifische Areale. Andererseits gibt es keinen Grund, warum Männern keine Schamhaftigkeit zugestanden werden sollte. Wenn Sie also an einer Reihe Steh-Klos vorbeigehen müssten, um an Ihr Häuschen zu kommen, ist ein Herren-WC für Damen unbedingt Tabuzone.

125. Baby stillen: Wo darf ich in einem Lokal mein Baby stillen? Ich kann das doch nicht auf der Toilette tun.

Das Entblößen der Brust im öffentlichen Raum stößt bei vielen Menschen an ihre Schamgrenze. Da das Stillen kein öffentlicher Akt, sondern eine intime Begegnung zwischen Mutter und Kind ist, ziehen Sie sich in einen vor den Blicken der übrigen Gäste geschützten Bereich des Lokals zurück. Ein Wickelraum kann ein ruhiger Ort sein, der der Würde von Mutter und Kind gerecht wird, eine Toilette ist es mit Sicherheit nicht. Es wird von Priestern berichtet, die Müttern die Sakristei ihrer Kirche für das Stillen öffnen. Sprechen Sie deshalb vertrauensvoll mit dem Wirt oder einer Kellnerin. Sicherlich kann man Ihnen einen Nebenraum öffnen, sodass Ihr Kind in Ruhe und ungestört trinken kann. Notfalls lassen Sie sich einen Tisch in einer ruhigen Ecke des Lokals zuweisen und setzen sich dort mit dem Rücken zu den übrigen Gästen.

126. Mit schreiendem Kind unterwegs: Wie soll ich mich verhalten, wenn mein Kleinkind im Zug permanent laut schreit und andere Fahrgäste bereits genervt reagieren?

Auf die Idee, nichts unversucht zu lassen, um Ihr Kind durch Füttern, Spielen, Herumtragen, Spazierengehen, Bilderbuchblättern und weitere Beschäftigungen von seinem Kummer abzulenken, sind Sie sicherlich schon selbst gekommen. Bitten Sie Ihre Mitreisenden um Verständnis. Im Abteil ist das mit einem Satz getan, im Großraumwagen werden Sie ihn von Reihe zu Reihe wiederholen müssen. Ihrer Bitte wird umso eher entsprochen, als die anderen Passagiere Zeugen Ihrer Bemühungen sind. Vor allem aber: Beugen Sie vor. Bringen Sie Ihr Kind bei Antritt der Reise in Kontakt zu den Mitreisenden. Erläutern Sie gegebenenfalls, dass es gerade zahnt und Sie froh sind, dass es überhaupt reisen kann – Beziehung erhöht das Verständnis. Außerdem fühlt Ihr Kind sich in einer freundlichen, positiv gesinnten Umgebung wohler als in einem anonymen Umfeld und schreit darum nicht so schnell.

127. Störende Kinder: Ich ärgere mich oft über die Kinderfeindlichkeit in unserem Land. Darf ich dennoch Eltern darauf hinweisen, dass mich ihr Kind z. B. beim Essen oder beim Arbeiten stört?

Einerseits wollen Sie Ihr Essen, Ihren Feierabend, Ihr Gespräch genießen, andererseits haben Sie Verständnis für die Belange von Eltern mit Kindern – da ist in der Tat ein kommunikativer Spagat gefragt. Was können Sie tun?

- Sie können mit wenig Aufwand ausweichen: Setzen Sie sich an einen anderen Tisch, wechseln Sie das Zugabteil.
- Es gibt keine Ausweichmöglichkeit: Verzichten Sie darauf, die Störung zu dulden und sich dabei zu ärgern. Sprechen Sie mit dem Kind: »Ich möchte gern in Ruhe essen. Gehst du bitte zu deinen Eltern zurück?«
- Die Eltern kümmern sich nicht um ihre Kinder: Bitten Sie sie im ersten Schritt, ihre Kinder unter Aufsicht zu halten.

Fruchtet das nicht, fordern Sie vom Kellner/Wirt Unterstützung ein. Es ist seine Pflicht, allen Gästen das größtmögliche Wohlbefinden zu ermöglichen.

- Die Eltern reagieren aggressiv, wenn Sie darauf pochen, dass sie ihrer Aufsichtspflicht nicht entsprechen: Streiten ist zwecklos und trägt nicht gerade zur Ruhe im Lokal bei. In diesem Fall gibt der Klügere nach.

128. Hundegebell im Hotel: Was kann ich gegen Hundegebell im benachbarten Hotelzimmer tun?

Ob ein Hund gut oder schlecht erzogen ist – er ist weder an seinem Verbleib noch an seiner Erziehung schuld. Anstatt jetzt über ihn und bei einer späteren Begegnung mit ihm zu schimpfen, wenden Sie sich an die Rezeption, damit die Mitarbeiter die Hundebesitzer in die Pflicht nehmen. Denn die Hoteldirektion ist generell für störungsfreie Abläufe zuständig. An einem guten Miteinander sollte allerdings jeder Gast mitwirken. Entsprechend lassen Frauchen und Herrchen ihren Liebling nicht lange allein, buchen einen Dogsitter oder geben wenigstens an der Rezeption Bescheid, wo sie im Notfall zu finden sind. Ohnehin müssen Hundebesitzer allein aus Haftungsgründen das Personal informieren, wenn sie einen Hund allein im Zimmer lassen.

129. Die Trinkgeldfrage: Ich bin immer unsicher, wer wie viel Trinkgeld für was bekommt. Was ist denn nun richtig?

Bei Stewardessen und dem Personal auf Kreuzfahrtschiffen ist klar – die einen dürfen kein Trinkgeld annehmen, für die andern fordert die Reederei oft schon im Vorfeld einen festen Betrag ein. In allen anderen Situationen erkennen Sie mit einem Trinkgeld eine besondere Dienstleistung an. Die Höhe ist von Ihrer Zufriedenheit und Ihrem Kontostand abhängig, daher sind alle folgenden Angaben nur als Empfehlungen zu betrachten. Ihre freundliche Art, das Geld zu überreichen, ist mindestens so wichtig wie der Betrag.

Wie viel Trinkgeld für wen?

Dienstleistungen	Friseur-, Kosmetik-, Fußpflegesalon	pro Einzelleistung (Waschen, Färben, Schneiden usw.) 1 €
	Chef bedient selbst	Beitrag für die Kaffeekasse oder »fürs Team«
	Botendienste	1 bis 2 € abhängig vom Gewicht
	Toilettenpersonal	0,50 bis 1 €
	Croupier	1 Chip in den Tronc (das Wort »Trinkgeld« ist tabu)
	Taxifahrer	10 % der Summe, bei zusätzlicher Hilfe wie Koffer ins Haus tragen mehr
Im Restaurant + Hotel	Restaurant, Cafe, Gasthaus	5 bis 10 % der Gesamtsumme, auch bei Kartenzahlung bar; bei Kleinbeträgen Wechselgeld herausgeben lassen und Trinkgeld auf Tisch hinterlassen
	Barpianist	auf gemeinsamen Drink einladen
	Portier	nichts für Routine-Service, bei besonderen Bemühungen ruhig 10 € und mehr
	Housekeeping	min. 1 €/Nacht; bei längerem Aufenthalt auch Teilbeträge zwischendurch
	Wagenmeister, Gepäckträger	1 bis 2 € pro Gang bzw. Gepäckstück
	Frühstücksservice, Room Service	mindestens 1 €
Spezielles	Möbelpacker, Handwerker	mindestens 5 € pro Person plus Getränke und evtl. Imbiss
	Gruppenreisen: Reisebegleiter, Busfahrer	mindestens 1 € pro Person und Tag sammeln und mit netten Worten überreichen
	Krankenhausaufenthalt	bei Entlassung je nach Aufenthaltsdauer 5 bis 20 € für die Stationskasse
Weihnachtspräsente	Postbote, Zeitungszusteller	je nach Menge 5 bis 20 €
	Müllwerker	kein Geld, sondern Hochprozentiges
	Hausmeister	persönliches Geschenk
	Arzt, Arzthelferin, Physiotherapeut usw.	zum Jahresende bzw. nach/während Behandlungsreihe 5 bis 10 € für die Kaffeekasse

Spielregeln im Hotel

Wie Sie die Sterne deuten

Was bietet ein Vier-, was ein Fünf-Sterne-Haus, was ein First Class, Luxus- oder Grandhotel? Ein Blick auf die Homepage des Deutschen Hotel- und Gaststättenverbands (Dehoga) www.dehoga.de genügt. Denn er stuft – auf freiwilliger Basis – die Herbergen ein und vergibt je nach Ausstattung und Dienstleistung die begehrten Sterne.

- Ein Haus ist dann ein **First Class Hotel,** wenn es hohe Ansprüche erfüllt wie Roomservice, Bademantel auf Wunsch, Waschen und Bügeln der Gästewäsche.
- Ein **Luxus-Hotel** muss »höchsten Ansprüchen« genügen, z. B. einen Safe im Zimmer und eine rund um die Uhr besetzte Rezeption bieten.
- Ein **»Grandhotel«** läuft außerhalb der Dehoga-Klassifizierung und ist ein historisches Gebäude mit distinguiertem Ambiente.

Wer hilft Ihnen bei was?

In der obersten Hotelkategorie trägt die Geschäftsführung generell und für den jeweiligen Tag der »Manager-on-duty« die Gesamtverantwortung. In der Empfangsabteilung überreichen Ihnen die Rezeptionisten Zimmerschlüssel und Rechnung, das Reservierungs-Team regelt Telefon und Korrespondenz, der Portier besorgt alles außer Haus von Taxi bis Theaterkarte, der Hausdiener (Page) trägt Ihr Gepäck, der Wagenmeister fährt den Wagen vor oder weg. »Housekeeping« ist international der Oberbegriff für die für Sauberkeit zuständige Hausdame und die ihr unterstehenden Zimmermädchen. Je kleiner ein Haus, desto mehr multifunktionalen Talenten begegnen Sie. In den meisten Hotels parken Sie Ihr Auto selbst und tragen Ihr Gepäck aufs Zimmer.

Dos und Don'ts

In einem Hotel sind Sie gleichermaßen zu Hause und zu Gast, eine **Kleiderordnung ist daher selten.** Lediglich am Abend wird in einem gehobenen Restaurant ein höherer

Grad an Förmlichkeit erwartet als am Tag. Dennoch müssen Sie sich nicht die Blöße geben, im verschwitzten Jogginghemd durch die Hotelhalle zu sprinten. In einem Ferienhotel fragen Sie bei der Anreise nach Kleidungsempfehlungen.

Im Luxushotel dürfen Sie ein **Verwöhnprogramm** erwarten, das wiederum beinhaltet Arbeiten in Ihrem Zimmer im Lauf des Tages. Schützen Sie darum Ihre Intimsphäre mit dem »Bitte nicht stören«-Hinweis an Ihrer Tür.

Für Speisen und Getränke aus der **Minibar** müssen Sie bis auf wenige Ausnahmen bezahlen. Keinesfalls verzehren Sie im Supermarkt gekaufte Lebensmittel in Ihrem Zimmer. Ein ganz schlimmer Fauxpas: den Inhalt der Minibar beiseite stellen und den Kühlschrank für die Dauer des Aufenthalts mit eigenen Produkten füllen. Ist eine Kaffeemaschine im Zimmer, sind Kaffee und Tee sowie Milch und Zucker kostenlos. Kekse und Schokolade müssen Sie bezahlen, es sei denn, sie sind Bestandteil des Willkommensgrußes der Direktion. Steht unaufgefordert eine Flasche Wasser ohne Preisschild am Bett, ist diese im Zimmerpreis inbegriffen.

Was Sie mitnehmen dürfen und was nicht

Klären Sie am Vorabend Ihrer Abreise mit dem Empfang Ihre Abreisemodalitäten, so ersparen Sie sich unnötige Wartezeiten. In manchen Häusern wirft die Hausdame während Ihrer Abreise einen Blick in Ihr Zimmer – für den Fall, dass Sie etwas vergessen oder aus Versehen zu viel eingepackt hätten. Briefpapier dürfen Sie verwenden, die Mappe bleibt im Schreibtisch. Portionierte Toiletten- und Kosmetikartikel aus dem Bad sind für den einmaligen Gebrauch gedacht, ob Sie sie benutzen oder mitnehmen, bleibt Ihnen überlassen. Andere kleine Werbeträger mit Hotel-Logo wie Pantoffeln und Streichhölzer dürfen Sie mitnehmen, wertvollere »Merchandising-Produkte« wie Kleiderbügel, Aschenbecher, Bademäntel und Schirme können und sollten Sie am Empfang kaufen.

Bitte beachten: Sich an die Spielregeln halten, Rücksicht üben und Dienstleistende respektvoll behandeln – das sollte selbstverständlich sein.

Besuch in Sicht

Was darf ein Gast von »Gastfreundschaft« erwarten? Der Blick über die Grenzen gibt Aufschluss: Die aus dem Lateinischen abgeleiteten englischen und französischen Begriffe »hospitality« oder »hospitalité« weisen eine aussagekräftige Nähe zu unserem Wort »Hospital« auf. Dort steht bekanntlich die Sorge um das Wohlbefinden der »Gäste« an erster Stelle.

Gast und Gastgeber

Als Pendant zum Dienst am anderen und der Hingabe zur Dienstleistung wird im »Hospital« die Disziplin derer vorausgesetzt, auf deren Wohlergehen das Ganze zielt. Das sollte auch im Zusammenspiel von Gast und Gastgeber der Fall sein.

130. Absage wegen Krankheit: Darf ich wegen einer schweren Erkältung eine Einladung zum Essen kurzfristig noch absagen?

Sie müssen abwägen: Wollen Sie dem Gastgeber eine Enttäuschung ersparen und verhindern, dass ihm seine Pläne inklusive Tischordnung durchkreuzt werden? Vielleicht haben Sie auch heute noch gearbeitet und könnten sich aufraffen? Oder aber sind Sie wirklich krank, unfähig zu feiern und müssen sich auskurieren? Die Punktezahl zwischen Fremdwohl und Eigenwohl steht eins zu eins. Vielleicht fällt Ihnen die Entscheidung weniger schwer, wenn Sie einerseits an die Art Ihrer Krankheit und andererseits an das gesundheitliche Wohl der Gäste und Gastgeber denken: Geht von Ihnen eine Ansteckungsgefahr aus, haben Sie nicht das Recht, zu Hause zu bleiben, sondern die Pflicht. Die Gesundheit geht vor. Sofort anrufen und noch im Lauf des Tages Blumen schicken, dazu ein Kärtchen »Es tut mir so Leid«.

131. Ausreden: Darf ich mich mit einer Notlüge vor einer Einladung drücken?

Natürlich kann niemand von Ihnen verlangen, dass Sie Ihre kostbare Zeit mit Langweilern vergeuden. Es ist darüber hinaus einfühlsamer, den Einladenden schonend mit Ihrem chronischen Zeitmangel zu trösten als ihm die platte Wahrheit ins Gesicht zu schleudern, dass Sie seine Freunde unerträglich finden. Suchen Sie sich darum stichhaltige Gründe, informieren Sie gegebenenfalls Ihr direktes Umfeld über den Inhalt Ihrer Notlüge und lassen Sie sich nicht erwischen.

132. Nach der Absage: Ich habe gehört, dass ich, wenn ich eine Einladung abgelehnt habe, kurze Zeit später den Gastgeber einladen muss. Stimmt das wirklich?

Die Regel trifft ungefähr zu. Klar ist, dass Sie Ihre Absage zur Hochzeit Ihrer besten Freundin nicht durch eine Gegeneinladung zum Geburtstagsessen aufwiegen können. Da brauchen Sie tatsächlich einen herausragenden Grund wie einen bereits gebuchten und bezahlten Urlaub oder die schon fest versprochene Teilnahme am 80. Geburtstag Ihrer kranken Großmutter. Ohne triftigen Grund bleibt bei einer Absage beim Gastgeber generell der Verdacht, Sie nähmen seine Einladung nicht so ernst wie er. Korrekt laden Sie dann in der Tat den abgewiesenen Gastgeber baldmöglichst zu sich ein, um ihm über Ihr Bedauern hinaus zu signalisieren: Ich will den Kontakt zu dir halten. Das wird im Bekanntenkreis und unter Geschäftspartnern dringlicher sein als unter Freunden, denen Sie Ihre Zuneigung auf direkte Weise vermitteln können.

133. Neue Bekannte einladen: Stimmt es, dass ich Leute, die ich bei Freunden kennen gelernt habe, nur in Anwesenheit dieser Freunde einladen darf?

Das stimmt in der Tat. Ihre Freunde sind Mittelspersonen zwischen Ihnen und den neuen Bekannten. Sie würden es als grobe Undankbarkeit auslegen, wenn Sie sie bei der nächsten Einladung übergingen. Das wollen Sie ihnen doch nicht antun. Sie können die Sache auch ganz egoistisch sehen: Ihre Freunde können Ihnen in Kenntnis aller Beteiligten leicht helfen, die Brücke zwischen Ihnen und den potenziellen neuen Freunden zu bauen. Eine Ausnahme gibt es natürlich auch für diese Regel: Lernen Sie bei Freunden Ihren Traummann kennen, müssen Sie diese zum ersten Rendezvous nicht mitnehmen. Da reichen die Information, dass Sie sich treffen wollen, und der Dank für die Gelegenheit, ihn kennen gelernt zu haben. Bei der Verlobung sind sie dann aber dabei und nach Trauzeugen brauchen Sie auch nicht lange zu suchen.

134. Besuchszeiten: Gibt es heute etwa noch feste Besuchszeiten für Privathaushalte?

Im bürgerlichen Milieu gab es früher feste Zeiten, zu denen Besucher ohne Einladung vor der Tür stehen durften. Sie legten dem Dienstmädchen ihre Visitenkarte – im Wortsinn eben die Besuchskarte – auf ein Silbertablett, sodass die Wohnungsbesitzer entscheiden konnten, ob und wann sie den Besucher zu empfangen gedachten. Heute wird der Schutz der Privatsphäre anders praktiziert: Sie sollten schon anrufen, wenn Sie einen Besuch planen! Denn nicht jede Überraschung kommt gut an und nicht jeder möchte sich Ihnen unfrisiert, ungeschminkt oder unvollständig angezogen zeigen. Das gilt für – erst recht entfernte – Bekannte genauso wie für die seit Jahrzehnten nicht gesehene Klassenkameradin, in deren Stadt Sie überraschend eine Stunde Zeit zwischen zwei Terminen haben. Wann Sie anrufen sollten und wann nicht, lesen Sie auf Seite 235. Haben Sie das Bedürfnis, sich von einer guten Freundin dringend einen Rat einzuholen oder eine besonders gute oder schlechte Nachricht mit einem vertrauten Menschen zu teilen? Fragen Sie am Telefon, ob »es jetzt passt«, damit Ihr Eintreffen nicht als Überfall empfunden wird. Außerdem sollte der Besuch mit Sicherheit nicht zu den – im Freundeskreis mit großer Wahrscheinlichkeit bekannten – Essens- und Ruhezeiten erfolgen. Nur in wenigen Freundschaften besteht die Übereinkunft, dass Besuche zu jeder Tageszeit und ohne Anmeldung willkommen sind. In Notfällen ist sogar mitten in der Nacht mit Verständnis zu rechnen – Sie brauchen nur auf authentische Weise die Dringlichkeit zu erläutern. Selbst dann sollten Sie aber die beste Freundschaft nicht über Stunden und/oder zu wiederholten Malen strapazieren. Und respektieren Sie, wenn unfreiwillig Gastgebende Grenzen setzen, indem sie von sich aus eine neue feste Zeit für ein Treffen anbieten. Und vergessen Sie nicht: Freundinnen und Freunde sind keine Deponien für Seelenmüll. Wenn Sie die also um Rat bitten, sollten Sie ihn annehmen!

Rund um den Tisch

Tischlein deck dich

Bei einem eleganten Essen entscheiden Sie sich gegen Sets und für eine **Tischdecke**. Sie sollte einen Überhang von 25 bis 30 Zentimeter haben, darf aber nicht die Sitzfläche der Stühle berühren.

Heute ist es durchaus üblich, Teller, Bestecke und Gläser unterschiedlicher Stilrichtungen auf einem Tisch zu mischen. Eleganz geht allerdings mit Schlichtheit einher und mit bewusster Anordnung der Gedecke und ihrer Bestandteile.

Nach der hohen Schule der Servierkunst liegen bei jedem Gedeck rechts maximal vier Messer und Löffel, links höchstens drei Gabeln. Das **große Besteck** ist für die Hauptspeise gedacht und besteht aus Messer, Löffel und Gabel. Das **Mittelbesteck** wird zu Vorspeisen und zum Frühstück, die Gabel als zusätzliche Salatgabel gereicht. Das **kleine Besteck** wird für Vorspeisen und Desserts, die in Kelchen serviert werden, sowie für Eisdesserts verwendet und besteht aus Löffel und Gabel.

Decken Sie alle Teile einer Bestecksorte – also alle großen Messer, alle großen Gabeln, dann alle mittelgroßen Messer, alle mittelgroßen Gabeln usw. – für alle Gedecke nacheinander ein. Wenn Sie dabei von **innen nach außen** vor-

Das einfache Gedeck

gehen, erzeugen Sie am leichtesten eine einheitliche optische Wirkung. Das Griffende aller Besteckteile – mit Ausnahme der zweiten Gabel – bildet eine Linie. Den **Brotteller** links neben den Gabeln stellen Sie so hin, dass er an seinem unteren Rand eine Linie mit dem Tellerrand und den Besteckenden bildet, alternativ richten Sie seine Mitte auf die Mitte des Platztellers aus.

Orgelpfeifenprinzip

Blockform

Zu einem Gedeck gehören höchstens vier Gläser; decken Sie Glasform für Glasform ein. Beginnen Sie mit dem **Richtglas,** dem Glas für das Getränk, das Sie zum Hauptgang servieren werden; sein Platz ist vor dem Messer, das für den Hauptgang vorgesehen ist. Richten Sie daran die übrigen Gläser nach dem **Orgelpfeifenprinzip** aus – das kleinste Glas rechts, das größte links. Bei Platzmangel stellen Sie alle Gläser rechts vom Richtglas zur dreieckigen **Blockform** auf: mit einem großen Wasserglas hinter dem Weißweinglas, alternativ mit einem kleinen Wasserglas vor dem Weißweinglas.

Das festliche Gedeck

Schön mit Sti(e)l

Sie müssen Ihren Gästen **nicht immer Wein** anbieten. Ausgeprägte Biertrinker sind Ihnen dankbar, wenn Sie beim Gartenfest ein Fass anstechen oder in kleiner Runde gut gekühltes Flaschenbier bereithalten. Zu deftiger Hausmannskost oder scharf gewürzten exotischen Speisen ist ein passender Wein ohnehin nicht leicht zu finden.

Wenn Sie jedoch Wein anbieten, servieren Sie ihn bitte so, dass er voll zur Geltung kommt. So schön Großmutters Kelche aus böhmischem Kristall anzusehen sein mögen, ist ein **dünnwandiges farbloses Glas** mit nach oben zulaufendem Kelch besser geeignet, die volle Wirkung eines guten Weins zu entfalten.

Um sich einen Überblick über die vielen Varianten von Spezialgläsern zu verschaffen, lassen Sie sich in einem Fachgeschäft beraten. Entscheiden Sie sich beim Kauf für wenige Gläser, in denen Sie Ihre Lieblingsweine optimal genießen können. Als **Mehrzweckglas** für diverse Weine und Wasser ist die bauchige Eiform mit der Öffnungsweite von sechs bis sieben Zentimetern am besten geeignet. Können Sie jedoch eine große Auswahl treffen – vielleicht

Bordeauxglas Burgunderpokal Roséglas

weil auf Ihrer Hochzeitsliste noch die eine oder andere Position frei ist –, stellen Sie sich ein Sortiment aus folgenden Gläsern zusammen: von links immer kleiner werdend mindestens diese sechs Formen.

- **Bordeauxglas**
- **Burgunderpokal**
- **Roséglas**
- **Weißweinglas**
- **Wasserglas**
- **Dessertweinglas**

Je **dunkler** in der Farbe und je körperreicher im Geschmack ein Wein ist, desto **größer** darf das Glas sein. Je **kühler** der Wein getrunken werden soll, desto **kleiner** das Glas; deshalb wird Rosé aus Rosé- oder Weißweingläsern getrunken. Ein ausreichend langer Stiel verhindert bei weißen und roten Weinen, dass Sie mit Ihrer Körpertemperatur den Glasinhalt unangemessen erwärmen. Eine **Weinflasche** füllt ungefähr **sechs Weingläser,** schenken Sie entsprechend sparsam ein.

Weißweinglas Wasserglas Dessertweinglas

Servietten falten – gar nicht so schwer

Stoffservietten wirken nobler als Papier- oder Zellstoffservietten, das erst recht, wenn Sie sich auf eine schlichte Falttechnik beschränken. Inzwischen gibt es sie immer öfter in Qualität und Farbe passend zum Tischtuch.

Im Handel befindliche **Mundservietten** sind quadratisch in Größen zwischen 24 x 24 Zentimerter und 60 x 60 Zentimerter erhältlich – machen Sie die Größe von Ihrem Esstisch und dem jeweiligen Geschirr abhängig.

Ausgangspunkt beim Brechen der Serviette – so der Fachbegriff – ist jeweils die mit der **linken Seite nach oben** zeigende glatte Serviette. Von schlichter Eleganz sind die hier abgebildete Einser- und Zweierstufe, der einfache Tafelspitz sowie die Säule, die Sie stehend oder liegend platzieren können.

Die Einserstufe

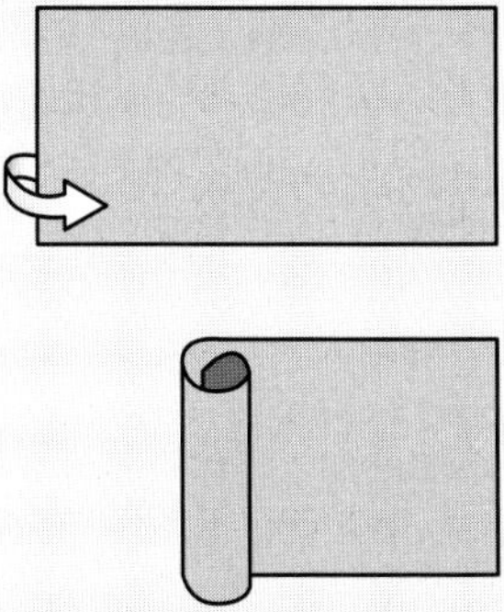

Falten Sie die Ausgangsform zum Rechteck und rollen Sie die Serviette dann zur Mitte hin lose ein. Fertig.

Die Zweierstufe

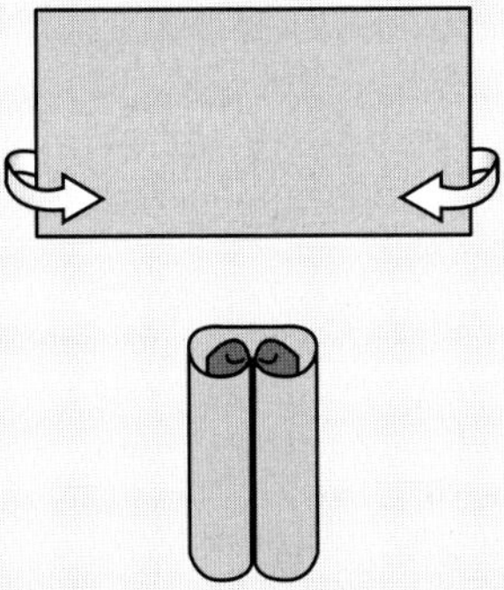

Rollen Sie die Servietten nur bis zur Mitte hin ein und rollen Sie die andere Hälfte dagegen, haben Sie schon die Zweierstufe erreicht.

Der einfache Tafelspitz

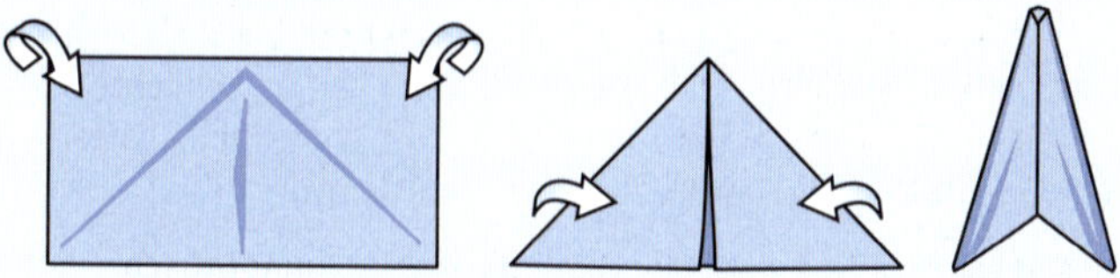

Halbieren Sie die Ausgangsform zu einem Rechteck und legen Sie die oberen Ecken zur Mitte hin ein, ohne die Kanten dabei zu knicken. Biegen Sie nun das entstandene Dreieck nach innen und stellen es senkrecht auf.

Die Säule

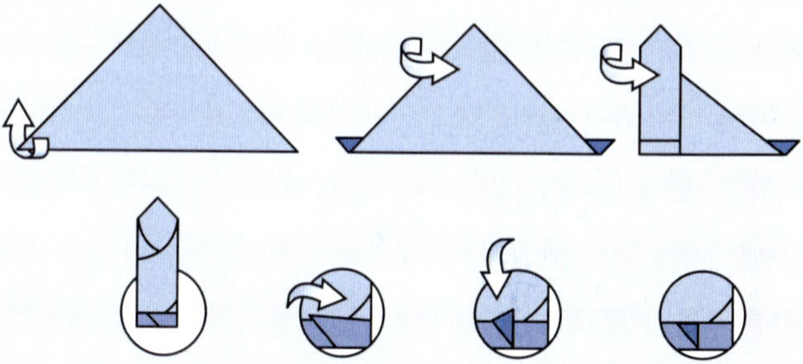

Falten Sie über Eck ein doppeltes Dreieck und von dessen Grundlinie (Falte) aus einen zwei bis drei Zentimeter breiten Rand nach oben. Wenden Sie dann die Serviette und rollen Sie sie von der rechten Seite her auf. Das überstehende Ende stecken Sie abschließend in den unteren Rand der Serviette.

Schließlich **platzieren** Sie die fertig gefaltete Serviette in der Mitte des Gedecks auf dem **Tischtuch** oder auf dem **Platzteller,** jeweils dem Gast so zugewendet, dass er sie leicht nehmen und öffnen kann. Alternativ legen Sie sie rechts vom Gedeck hin; gibt es keinen Brotteller, kann die Serviette auch links liegen.

135. Gratulationszeit: Zu welcher Zeit kann ich unangemeldet zu einem runden Geburtstag gratulieren, ohne zu stören?

So sieht in vielen Fällen der Ablauf eines Festtages aus: Von 12 Uhr an ist Zeit für das Mittagessen, danach Raum für eine Siesta. Ab 16 Uhr gibt es Kaffeeklatsch, ab 19 Uhr Abendessen, die beiden gehen oft ineinander über. Wollen Sie nicht den Eindruck erwecken, dass Sie zu einer Mahlzeit eingeladen werden möchten? Dann ist die günstigste Zeit am späten Vormittag, gegen 11 Uhr. Doch Sie können nicht einmal sicher sein, dass dieser Zeitpunkt passt. Für eine große Feier außer Haus ist der Jubilar längst ausgeflogen, bei einer kleineren ist er oft noch mit Vorbereitungsarbeiten beschäftigt. Machen Sie es wie Blumenhändler oder Weinlieferanten: Erkundigen Sie sich einige Tage vor dem Fest beim Jubilar oder bei einer ihm nahe stehenden Person telefonisch, wann Ihre Stippvisite willkommen ist; möglicherweise ist das am Vorabend oder am Tag danach der Fall. Wollen Sie einerseits keinesfalls stören, andererseits garantieren, dass Ihr Präsent punktgenau ankommt, lassen Sie es am frühen Vormittag anliefern.

136. Schuhe ausziehen: Darf ich Gäste bitten, beim Betreten meiner Wohnung die Schuhe auszuziehen?

Da ist zuerst die Frage zu klären, was für Sie Vorrang hat: der Stil oder der Fußboden? In manchen Regionen ist es durchaus üblich, dass Gäste an der Haustür ihre verschmutzten Straßenschuhe ausziehen und im Haus die mitgebrachten sauberen Schuhe oder sogar Pantoffeln tragen. Wer durch tiefen Matsch gewatet ist, akzeptiert diese Erwartung der Gastgeber und entspricht ihr verständnisvoll, selbst wenn er kein Ersatzschuhwerk in der Tasche hat. Bei einem festlichen Anlass würde Ihre Bitte »Schuhe aus« jedoch eher Irritationen hervorrufen. Da haben Damen sich zum schicken Kleid die passenden Pumps angelegt und Herren zur Stoffhose den eleganten Schnürschuh angezogen – und sollen nun in Puschen durch Ihre Wohnung wackeln?

Besuch der Kinder

Von jüngeren Kindern können Sie weniger Sorgfalt beim Betreten eines Hauses erwarten als von Erwachsenen. Der Appell »Schuhe abputzen« ist oft nicht von Erfolg gekrönt. Dafür legen Kinder weniger wert auf ein komplettes stilvolles Outfit. Lassen Sie sie die Schuhe ausziehen, bieten Sie wegen Rutsch- und Erkältungsgefahr Pantoffeln oder rutschfeste Socken an. Hygienischer und praktischer: Bitten Sie die Mutter, den Kindern eigene Hausschuhe mitzugeben.

137. Kein Platz an der Garderobe: Wo lasse ich als Gast den Mantel, wenn die Garderobe belegt ist?

Umsichtige Gastgeber bringen Sie nicht in diese Verlegenheit. Sie nehmen Ihnen Ihren Mantel ab und versorgen ihn angemessen auf einem Kleiderbügel – jeden Mantel auf seinem eigenen. Bei größeren Festen in Privathaushalten lassen Sie, wenn möglich, Ihren Mantel im Auto. Selbst im informellen Rahmen sollten Sie Ihren Mantel weder auf einen Bügel über ein fremdes Kleidungsstück hängen noch ihn auf einen Haufen Mäntel werfen. Wenigstens einen Haken sollten Sie finden können oder aber einen einzelnen Stuhl im Flur. Sonst hilft nur noch: die Gastgeber fragen. Undenkbar, weil unhygienisch, wäre es, einen Mantel auf ein Bett zu legen. Das gilt erst recht für einen Hut, da sich nach altem Glauben mögliche Läuse des Besitzers im Bett einnisten könnten.

138. Gäste vernetzen: Wie schaffe ich es, als Single bei einer Einladung zu Hause anwesende und ankommende Gäste gleichzeitig zu bewirten und sie zusammenzubringen?

Muten Sie sich nicht zu viel zu. Sorgen Sie durch eine ausgeklügelte Organisation vor: Planen Sie Speisen, die Sie vorbereiten können und in letzter Minute nur noch auftragen müssen. Servieren Sie zum Aperitif ein bis zwei einheitliche

Getränke, die bereits parat stehen, wie etwa Sekt und Saft. Holen Sie nicht jeden Gast am Gartentor ab; ein »Herzlich willkommen«-Schild mit Wegweiser ist einladend genug. Bitten Sie einen befreundeten Gast, logistische Aufgaben zu übernehmen, z. B. den Gästen die Garderobe abzunehmen und die Getränke einzuschenken, damit Sie sich ganz darauf konzentrieren können, Ihre Gäste zu begrüßen. Gäste, die einander noch nicht kennen, machen Sie namentlich miteinander bekannt: Sie identifizieren die neu hinzu Kommenden zuerst, nennen dann die Namen der bereits Anwesenden. Ist Ihre Gästeliste klug zusammengestellt, geht jetzt alles wie von selbst. Denn die Mischung macht's: Laden Sie pro Berufsgruppe maximal einen Vertreter – mit Partner – ein, gibt es keine Konkurrenz, sondern Austausch. Je exotischer die Begegnungen und Erlebnisse Ihrer Gäste sind, desto besser. Hoteliers mit Auslandserfahrung, Journalisten, Banker sind nur Beispiele für Berufsgruppen, die etwas zu erzählen haben. Schauen Sie sich aber auch die Charaktere an: Laden Sie nicht lauter zurückhaltende Personen und einen Alleinunterhalter ein. Mischen Sie auch hier.
Selbst die geschickteste Mischung enthebt Sie nicht der Pflicht, in der Aufwärmphase Hilfestellung zu geben. Lassen Sie die Gäste stehen und herumgehen. Lassen Sie Gegenstände wie CDs und Coffee table books herumliegen, die Anreize bieten, dass Gäste sie anschauen und darüber ins Gespräch kommen. Erzählen Sie eine kleine Anekdote und halten dann den Mund. Ihre Gäste verstehen Ihre Pause als Aufforderung, sich nun zu äußern.

139. Ein Gast zu viel: Kürzlich brachten Bekannte zum Kaffee eine Person mit, die nicht eingeladen war. Hätte ich sie vor die Tür setzen dürfen?

Bei einem Grillfest oder einer Bottle-Party kommt es nicht darauf an, ob eine oder zwei Personen mehr anwesend sind als angemeldet wurden. Dennoch ist es selbst da nicht üblich, spontan andere Personen mitzubringen. Ihre Bekannten hätten Sie wenigstens vorher fragen müssen! Dennoch ist es gut, dass Sie die zusätzliche Person nicht abgewiesen haben. Einen Fehler mit einem anderen zu vergelten wäre kein guter Stil. Passiert Ihnen so etwas bei einer festlichen Einladung mit festen Plätzen – was Ihnen nicht zu wünschen ist –, behalten Sie die Ruhe und geben Sie den schwarzen Peter ab. Bitten Sie die mitbringenden Gäste konstruktiv um einen Lösungsvorschlag und tätige Hilfe: Wer soll jetzt wo sitzen? Wer trinkt aus den Gläsern, die nicht zu der Serie passen? Wer verzichtet auf sein Steak?

140. Hände schütteln: Ich schaue nur kurz bei einer Feier vorbei. Wie vielen Gästen muss ich dort die Hand schütteln?

Sie wollen nur gratulieren und dem Geburtstagskind Ihr Präsent überreichen? Kündigen Sie Ihr Vorhaben an der Haustür an. Möglicherweise empfinden Ihre Gastgeber Ihre Ankunft gar nicht als Störung und bitten Sie in den Raum. Werden Sie nicht an eine Gruppe herangeführt, grüßen Sie mit einem freundlichen Nicken alle Personen, die Sie anschauen. Werden Sie jedoch vorgestellt, nutzen Sie die Gelegenheit zu einer kurzen Unterhaltung. Streng genommen müssten die Anwesenden Ihnen zur Begrüßung die Hand reichen. Zurückhaltende Menschen sind jedoch dankbar, wenn Sie spontan die Initiative ergreifen.

Begrüßung mit Hindernissen

Hält sich der Gastgeber am anderen Ende des Raums auf, arbeiten Sie sich – im Idealfall von der Person begleitet, die Sie hereingebeten hat – zügig durch die Gästeschar hindurch. Treffen Sie dabei auf Bekannte, können Sie sie zwar mit Handschlag begrüßen; halten Sie sich aber nicht länger bei ihnen auf. Sie können wieder zu ihnen zurückkehren, nachdem Sie dem Gastgeber Ihre Aufwartung gemacht haben.

Das Büfett ist eröffnet

Ein Essen vom Büfett bietet einen unübersehbaren Vorteil: Sie können sich auf den **Lorbeeren Ihrer Vorbereitung** ausruhen und müssen sich weniger um die Logistik des Essens kümmern als um die Kommunikation mit Ihren Gästen und der Gäste untereinander.

Ein frei **stehendes Büfett,** an dem Ihre Gäste sich von beiden Seiten bedienen können, ist günstiger als eines an der Wand. Bei genügend großer Gästezahl bauen Sie alle Speisen spiegelbildlich doppelt auf – von der Büfett-Mitte ausgehend oder auf sie hinführend. So vermeiden Sie Staus.

Welche Speisen stehen wo?

Am besten stellen Sie alle Gegenstände und Speisen in der **Reihenfolge** auf, in der die Gäste sie logischerweise benötigen, also **in Gehrichtung** betrachtet:

1. **Kalte Teller, Brot, Butter, Besteck und Servietten**
2. **Vorspeisen**
3. **Suppentassen und Suppe**
4. **warme Gerichte**
5. **Käse – erneut mit Brot, Butter und Teller**
6. **Desserts, ebenfalls mit Teller.**

Was kommt auf den Tisch?

Auf dem Tisch sehen Sie pro Person ein Gedeck mit großem und mittlerem Besteck, Wein- und Wassergläsern vor, bei einem Brunch kommt rechts vom Messer die Kaffeetasse hinzu.

Wenn Sie **Menükarten** auslegen, können sich Ihre Gäste vorab informieren, welche Speisen zur Auswahl stehen, und sparen damit Zeit am Büfett. Stellen Sie Wasserflaschen auf die Tische, bieten Sie Weißwein und Rotwein gleichzeitig an, bei einem Brunch Kaffee, Tee und Fruchtsäfte.

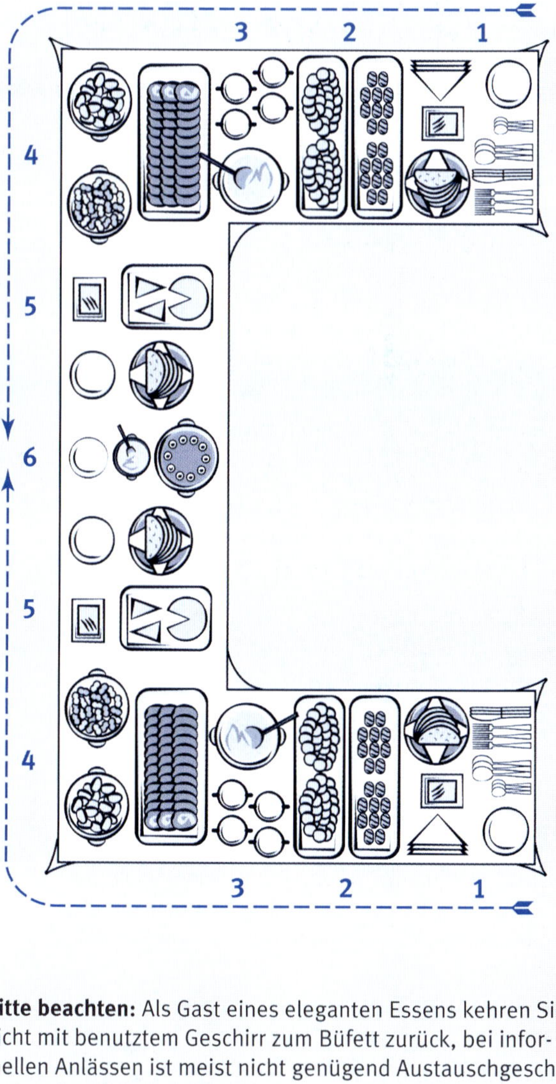

Bitte beachten: Als Gast eines eleganten Essens kehren Sie nicht mit benutztem Geschirr zum Büfett zurück, bei informellen Anlässen ist meist nicht genügend Austauschgeschirr vorhanden. Schauen Sie sich um und essen Sie notfalls mehrere Portionen vom gleichen Teller.

Ein Menü, das schmeckt

Versuchen Sie nicht, die Quadratur des Kreises zu schaffen. Wollen Sie auf Nummer sicher gehen? Fragen Sie vor einer Einladung zu sich nach Hause Ihre Gäste nach **Vorlieben und Abneigungen.** Beim Bankett im Restaurant bieten Sie zum Hauptgang die Wahl zwischen zwei Gerichten – mit oder ohne Fleisch – oder entscheiden sich für ein Büfett.

Genuss durch Bandbreite

Eine **gute Abwechslung** zwischen den **Roherzeugnissen, Zubereitungsarten sowie Geschmacksrichtungen und Farben** erhöht nicht nur die Wahrscheinlichkeit, dass alle Gäste satt werden, sondern auch, dass sie im Verlauf des Essens mit irgendeiner Speise richtig glücklich sind. Je mehr Aromen die Geschmacksnerven wahrnehmen dürfen, desto vielfältigere Reize melden sie an das Gehirn. **Darum steigern variierende Geschmackserlebnisse den Genuss.** Beim Essen à la carte im Restaurant ist Ihnen der Oberkellner entsprechend bei der Auswahl behilflich, bei der Bankettabsprache die Veranstaltungsabteilung.

Bitte kein Stress-Menü!

Selbst zu Hause muss Vielfalt nicht aufwändig sein. Bei diesem Menüvorschlag von Küchenchef Gottfried Lenz, München, können Sie als Gastgeberin viel Zeit bei Ihren Gästen am Tisch verbringen:

**San-Daniele-Schinken mit gehobeltem Parmesan,
mariniert in Olivenöl und Balsamico**

***

Geeiste Gurkensuppe mit Dill und Garnelenspieß

***

**Zanderfilet mit Zitronengrasblättern gespickt,
auf der Haut gebraten, dazu Pilaw-Reis mit Radicchio**

***

Pfefferminz-Panna Cotta

Wenn Sie jetzt noch die entsprechenden Getränke griffbereit halten, können Sie Ihre eigene Feier entspannt genießen.

141. Begrüßungsrede: Bei großen Festen halte ich eine Begrüßungsrede für angebracht; ist sie aber im Freundeskreis nicht übertrieben?

Eine förmliche Rede im informellen Kreis wäre deplatziert; doch ein lockeres Miteinander gewinnt durch eine kluge Würdigung der Gäste. In einem formellen Umfeld würde ein Spickzettel verziehen, unter Freunden nicht: Sprechen Sie frei. Notieren Sie sich spätestens am Vortag Stichpunkte und wiederholen Sie sie; Sie können dabei leicht das loci-System (▸ Seite 30) nutzen. Sprechen Sie kurz vor dem Fest Einleitung, Kernsätze und Schluss laut vor sich hin, prüfen Sie, ob Sie den beabsichtigten Ton treffen; bessern Sie notfalls nach. Fassen Sie sich kurz. Fünf bis zehn Minuten – das muss reichen. Haben Sie wenig Übung, aber dafür umso mehr Lampenfieber, fangen Sie mit kleinen Reden von ein bis zwei Minuten an.

Sind alle Gäste eingetroffen, ist Ihre Zeit gekommen. Treten Sie an einen zentralen Platz, lassen Sie mit ruhigem Atem Ihren Blick in die Runde schweifen. Sprechen Sie mit kräftiger Stimme einen Auftakt, den es sich zu hören lohnt. Das ist bei einem faden »Sehr geehrte Damen und Herren, liebe Gäste« nicht der Fall. Rütteln Sie die Gesellschaft mit einer Frage, einem Zitat oder einer Schlagzeile aus der Tageszeitung auf. Sammeln Sie hierfür Kalenderblätter, Anekdoten aus Ihrer Tageszeitung und suchen Sie die Presse von heute nach einem geeigneten Anknüpfungspunkt durch. Dann hören schnell alle Gäste zu. Geben Sie Ihrem Dank und Ihrer Freude Ausdruck. Loben Sie niemals das »zahlreiche Erscheinen«, jeder ist als Individuum gekommen, keiner zahlreich. Genauso wenig korrekt ist es zu betonen, dass Ihre Gäste »vollständig eingetroffen« sind – dass sie unvollständig wären, ist ihnen nicht zu wünschen, »vollzählig« wäre richtig. In kleiner Runde können Sie die Gäste namentlich begrüßen, im großen Kreis beschränken Sie die Nennung von Ehrengästen auf das absolut notwendige Minimum. Ermuntern Sie zum Schluss Ihre Gäste, gemeinsam das Glas zu erheben.

142. Damenrede: Im Service Club meines Mannes wird bei eleganten Anlässen eine Damenrede gehalten. Ist das noch zeitgemäß?

Die Zeiten sind vorbei, in denen die Damen als charmant schmückende Begleitung von Herren, die sich durch geschäftliche Verbindungen, karitative Tätigkeiten oder Clubs kannten, hin und wieder mit dazu gebeten wurden. Damals wurde ihnen die besondere Ehre einer speziellen Würdigung zuteil. Heute gibt es genügend gestandene Geschäftsfrauen, die nicht als Accessoires ausgeführt werden möchten. Vielleicht zählen Sie dazu und nehmen in eine Gesellschaft Ihren Mann oder Lebensgefährten als Begleitung mit. Dann ist eine Rede zum Wohl der Frau für Sie vielleicht Grund zu Amüsement, vielleicht sogar eine Beleidigung. Es ist zeitgemäß, alle Gäste anzusprechen, und es ist ebenso zeitgemäß, dass auch Frauen Reden halten. Natürlich können Sie dabei bestimmte Gästegruppen herausgreifen. Doch, Hand aufs Herz, käme es Ihnen in den Sinn – außer vielleicht beim Fest einer Stillgruppe – die Männer gesondert zu erwähnen? Herauszuheben sind eher besondere Gästegruppen wie die Großeltern bei einer Taufe, die im Unterschied zu allen anderen von weither angereisten Freunde, die Absolventen des Tanzkurses, deren Darbietung Sie gerade beklatscht haben, die Kinder, die zur Freude der Erwachsenen ein Stück aufführen, die Köche, die Winzer – eben alle, die auf besondere Weise zum Gelingen der Veranstaltung beitragen.

143. Streit unter Gästen: Muss ich als Gast eingreifen, wenn zwei Gäste sich streiten? Ist das nicht eher Sache des Gastgebers?

Ihre Gastgeber – und andere Gäste, die Zeugen der Auseinandersetzung sind – werden jedem dankbar sein, der die Ruhe wieder herstellt: Der Zweck heiligt den Akteur. Bitten Sie aber nur im äußersten Notfall laut darum, die Streitereien einzustellen. Sie dürfen sich über den Erfolg freuen, für die Form werden Sie wenig Beifall ernten. Bitten Sie lieber eine Person, die einem der Streithähne nahe steht, ihren Einfluss wirken zu lassen. Oder Sie bringen sich in das Gespräch ein und wechseln das Thema. Sie können das Glas erheben, einen Toast aussprechen und auf einen harmonischen Abend trinken. Unterbrechung und Erinnerung werden nicht spurlos an den Kontrahenten vorbeigehen. Sie können auch unter einem Vorwand einen der Streithähne ansprechen und den anderen bitten, kurz mit Ihnen den Platz zu tauschen.

144. Zeuge von Gesprächs-Fauxpas: Kürzlich fragte ein Gast meine ungewollt kinderlose Nachbarin, ob sie Kinder habe. Was kann ich tun, wenn wieder jemand ein Tabuthema anschneidet?

Bevor Sie sich der Retterrolle annehmen, beobachten Sie genau die Reaktion des Gegenübers, in diesem Fall Ihre Nachbarin: Ist die betreffende Person wirklich emotional so betroffen, wie Sie dachten? Vielleicht hat sie gelernt, ungeschickte Äußerungen zu ignorieren. Geben Sie ihr auf jeden Fall die Chance, sich selbst aus der Affäre zu ziehen; Sie würden sie sonst hilfloser machen, als sie ist. Und niemand bleibt gern in der Opferrolle. Ihr weiteres Vorgehen machen Sie von der Sensibilität und dem Geschick des Verursachers abhängig: Ist er uneinsichtig und rechtfertigt er möglicherweise seine Bemerkung, verbarrikadiert er sich hinter der Täterrolle? Vermeiden Sie, ihn mit einem Tadel wiederum zu Ihrem Opfer zu machen. Er braucht Ihre Hilfe, um aus dem Fettnapf herauszukommen! Die kann darin bestehen, dass Sie das »TTT-Prinzip« praktizieren: *Touch – Turn – Talk* (berühren – wegdrehen – sprechen). Es bedeutet, dass Sie kurz auf die Bemerkung eingehen: »Das ist ein spezielles Thema.« Dann wechseln Sie zu einem anderen Thema: »Was ich mit Ihnen noch besprechen wollte…« Um den Weg dahin zu ebnen, geben Sie Ihre Ansicht oder Absicht vor. Oder Sie erzählen eine kleine Geschichte. Ob Sie ihn über seinen Fauxpas aufklären und ihm so die Gelegenheit geben, sich dafür zu entschuldigen, entscheiden Sie später.

145. Sympathie zu Gästen: Muss ich, wenn ich eingeladen bin, jedem Gast gegenüber so tun, als fände ich ihn sympathisch?

Sie müssen aus Ihrem Herzen keine Mördergrube machen. Es zählt aber zu Ihren Pflichten als Gast, den Gastgebern ihre Aufgabe nicht zu erschweren. Sie sollten daher genügend Disziplin aufbringen, um Ihren Gastgebern und den übrigen – teilweise unbeteiligten – Gästen Missstimmungen zu ersparen. Haben Sie vorher bereits ungute Erfahrungen mit einer anwesenden Person gemacht, setzen Sie alles daran, den Kontakt zu ihr auf ein Minimum zu beschränken. Bitten Sie notfalls die Gastgeber, bei Tisch nicht in ihrer Nähe sitzen zu müssen. Ist das nicht zu vermeiden, lassen Sie neutrale Höflichkeit walten und konzentrieren Sie Ihr Interesse auf andere Gäste. Bei direkten Angriffen oder Sticheleien bitten Sie die Person vor die Tür und appellieren an ihre Fairness den Gastgebern gegenüber.

146. Nötige Hundeliebe: Muss ich zum Hund meiner Schwiegermutter nett sein und ihn vielleicht sogar streicheln, obwohl ich Angst vor Hunden habe?

Es geht hier wohl weniger um den Hund als solchen als um den Hund als engen Begleiter Ihrer Schwiegermutter. Wie Ihr Verhältnis zu ihr sein mag – der Hund kann nichts dafür. Mögen Sie die Dame nicht oder den Hund nicht, brauchen Sie ihn nicht zu kraulen oder auf den Schoß zu nehmen, doch zu einer freundlichen Begrüßung sollten Sie sich hinreißen lassen. Es tut Ihnen auch nicht weh, wenn Sie ihm hin und wieder ein Döschen seines Lieblingsfutters mitbringen. Sind Sie Allergiker und der Hund ist das Ein und Alles Ihrer Schwiegermutter, erläutern Sie ihr im Detail die medizinischen Vorgänge und geben Ihrem Bedauern Ausdruck. Bitten Sie sie »So Leid es mir auch tut«, den Hund während Ihrer Besuche in einem anderen Raum zu halten. Laden Sie sie eher ein, als sie zu besuchen, und spendieren Sie ihr für die Zeit einen Dogsitter.

147. Helfen als Gast: Muss ich als Frau immer anbieten, beim Auftragen und Abräumen zu helfen?

In einem befreundeten Haushalt bieten Sie an, Hand anzulegen, als Frau oder als Mann. Im lockeren Rahmen einer Grillparty beispielsweise sind die Gastgeber möglicherweise für Unterstützung dankbar, ob Sie abräumen, spülen oder Speisen und Getränke nachreichen. Gehen Sie dabei unauffällig vor. Bieten Sie Hilfe verbal oder nonverbal an, drängen Sie sich keinesfalls auf. Die Küche unerlaubt zu betreten wäre eine Grenzüberschreitung, die Ihnen als Neugier und Kontrollversuch ausgelegt werden könnte.

148. Kaputtgemacht: Meine Kleine ist recht wild; wie verhalte ich mich, wenn sie bei einem Besuch bei Freunden etwas kaputtmacht?

Wenn Sie die Freundschaft nicht überstrapazieren wollen, bleibt Ihnen keine Wahl. Da Sie die Aufsichtspflicht haben, sind Sie für die Bereinigung des Schadens verantwortlich. Bieten Sie umgehend Hilfe an, lassen Sie sich nicht durch Beschwichtigungen irritieren; wozu haben Sie eine Haftpflichtversicherung? Ist wegen Ihrer mangelnden Aufsicht ein materiell nicht wieder gutzumachender Schaden entstanden, bitten Sie Ihre Freunde um ein Gespräch am nächsten Tag. Als vorbeugende Maßnahme nehmen Sie genügend Beschäftigungsmaterial mit, laden eher zu sich ein oder regen gemeinsame Ausflüge in Wald und Feld an. Lösen Sie sich mit anderen Elternteilen bei der Aufsicht der Kinder ab.

Schaden durch fremde Kinder

Sind Sie der Geschädigte, bleiben Sie ganz gelassen, lassen Sie das Kind in Ruhe und nehmen Sie die Eltern in die Pflicht. Nur ja keine Diskussion über Erziehungsstile beginnen. Stellen Sie die Frage: »Was macht ihr jetzt als Nächstes, um das zu beheben?« Hält die Freundschaft das nicht aus, war sie keine.

149. Fremde Hausapotheke: Ich bin bei Freunden eingeladen und habe Kopfschmerzen. Darf ich mich in der Hausapotheke selbst bedienen?

Außer bei einer gegenteiligen Absprache dürfen Sie ohne Erlaubnis selbst im Freundeskreis weder private Räume betreten noch sich in den öffentlichen Bereichen wie Bad und Gästetoilette in Schränken selbst bedienen. Selbst wenn Sie wissen, in welchem Schubfach des Toilettenschränkchens die Tabletten deponiert sind, fragen Sie, ob Sie sie herausholen dürfen. Das können Sie sehr diskret unter vier Augen tun. Umsichtige Gastgeber stellen für ihre Gäste gängige Medikamente wie z. B. Aspirin und Heftpflaster sowie kleine Kosmetikartikel wie Handcreme neben den Gästehandtüchern bereit. Ein Schildchen »Für unsere Gäste« räumt jeden Zweifel aus. Parfüms durchzuprobieren oder Kämme zu benutzen wäre ein böser Verstoß gegen die Regeln zum Schutz von Intimität, Hygiene und Eigentum.

150. Naschen & Co.: Darf ich unaufgefordert von Konfekt naschen, das auf einem Couchtisch steht?

Ihre Gastgeber müssten damit rechnen, dass Sie das tun, und doch: So wie Sie es sich nicht ohne Aufforderung auf der Couch bequem machen, sollten Sie sich als diskreter Mensch nicht ohne Aufforderung von selbst bedienen. Nur bei sehr kleinen Kindern ist Naschen von fremden Tellern zu tolerieren. Ein bisschen Stil darf sein!

151. Für Einladung bedanken: Wie oft muss ich mich denn für eine Einladung bedanken; man kann es doch übertreiben, oder?

Sie können nicht ausdrücklich genug »danke« sagen. Den Dank bei der Verabschiedung auszusprechen ist das absolute Minimum. Würdigen Sie die Mühe des Gastgebers, den Abend selbst sowie die Wertschätzung, die Sie durch die Einladung erfahren haben. Was nicht erwähnt wird, hat nicht stattgefunden. Erwähnen Sie also nicht nur das – köstliche –

Essen, sondern auch die – anregenden – Gespräche und eventuell die – reizenden – Gäste, mit denen Sie Ihre Zeit teilen durften. Bleiben Sie authentisch dabei. Weder kommt ein in gesetzte Worte gefasster, doch ohne Herzlichkeit vorgetragener Dank an, noch wirkt ein überschwängliches Lob für ein Butterbrot angemessen. Das alles enthebt Sie nicht der Pflicht, sich an einem der folgenden Tage noch einmal bei den Gastgebern zu melden. Die Form Ihres Danks sollte der der Einladung entsprechen: Kam sie per Post, bedanken Sie sich schriftlich; wurde sie bei einer Begegnung im Treppenhaus ausgesprochen, reicht ein »Danke« bei der nächsten Begegnung.
Auch als Gastgeber haben Sie Grund zu danken: für die gute Stimmung, die Offenheit, die Vertrautheit der Gespräche – und natürlich für die Präsente, die die Gäste Ihnen brachten. Eine nette Art der Kontaktpflege ist es, bei dem Fest Fotos zu machen und diese zur Erinnerung mit Ihren Dankesworten an Ihre Gäste zu schicken.

152. Verweildauer bei Fest: Wie lange muss ich bei einem Fest bleiben?

Nach strenger Regel verlässt kein Gast ein Fest vor dem Ehrengast, heute wird diese nicht mehr so unnachgiebig interpretiert. Bei Stehpartys ist eine halbe bis eine Stunde Anwesenheit das Minimum. Wird Essen serviert, können Sie circa eine halbe Stunde nach dem Auftragen des Kaffees die Runde verlassen; Entsprechendes gilt bei künstlerischen Darbietungen. Gehen Sie nicht unmittelbar nach erfolgter Sättigung und Unterhaltung nach Hause. Die Art Ihres Aufbruchs wird von der Situation bestimmt. Ein Aufruhr ermuntert auch andere Gäste zum Aufbruch; nicht jeder Gastgeber ist Ihnen deshalb böse. Wollen Sie das vermeiden, passen Sie die Gelegenheit ab, wenn einer der Gastgeber nicht in ein Gespräch vertieft ist, empfehlen Sie sich ohne Handschlag bei Ihren Tischnachbarn und verabschieden sich diskret von ihm. Ist er bei einem großen Fest voll in Beschlag genommen, verlassen Sie den Raum und erläutern Ihr Vorgehen am nächsten Tag.

153. Einladung beenden: Einige unserer Bekannten haben ein gutes Sitzfleisch. Wie kann ich sie zum Aufbrechen auffordern, ohne sie zu düpieren?

Höflichkeit und Eindeutigkeit brauchen einander keinesfalls zu widersprechen; Ihre Gäste haben schließlich nichts davon, wenn Sie sich vor dem Abend fürchten. Sie können prinzipiell einmal das Gespräch auf Schlafgewohnheiten bringen. Sie können zum – beabsichtigten – Ende des Abends hin über den nächsten Tag und seine Anstrengungen sprechen. Sie können »zum Abschluss« noch etwas anbieten. Sie können die Heimkehrmodalitäten abklopfen: Sollen Sie vielleicht schon einmal die Nummer der Taxizentrale heraussuchen? Sie können andere – sehr vertraute – Gäste über Ihre Notlage informieren und um Unterstützung bitten: Sie mögen doch bitte anregen, dass alle Besucher gleichzeitig das Fest verlassen und »die Gastfreundschaft nicht über Gebühr strapazieren«. Keineswegs sollten Sie widersprüchliche Botschaften senden wie z. B. unwillig Getränke nachschenken oder gleichzeitig aufräumen und lüften und sich dabei weiterunterhalten. Gehen Sie in punkto Fairness mit gutem Beispiel voran: Resümieren Sie den Abend, danken Sie Ihren Gästen – das darf ruhig offiziell und muss dabei nicht förmlich klingen. Geben Sie Ihrer Vorfreude auf die nächste gemeinsame Runde Ausdruck. Fassen Sie sich ein Herz: »Jetzt sage ich euch tschüss«, »Hiermit hebe ich die Tafel auf« oder »Nun wünsche ich Ihnen einen guten Heimweg«. Ihre Sitzfleisch-Freunde kommentieren das vielleicht beim ersten Mal murrend als »Rausschmiss«. Lächeln Sie, schweigen Sie, reichen Sie ihnen die Mäntel. Halten Sie durch. Das sind Sie sich und Ihren Gästen schuldig.

154. Leise Abfahrt: Muss ich meine Gäste bitten, beim Abfahren leise zu sein, um die Nachbarn nicht zu stören?

Umsichtigen Gästen brauchen Sie keine Anregungen für ein angemessenes Verhalten mit auf den Weg zu geben; doch in der Begeisterung über einen gelungenen Abend wird so manche Rücksicht fahren gelassen. Vermeiden Sie dabei, schulmeisterlich aufzutreten. Begleiten Sie Ihre Gäste nicht nur bis ans Gartentor, sondern bis zu ihrem Wagen. Sprechen Sie betont leise. Erwähnen Sie, dass Sie in einem sehr ruhigen Umfeld wohnen und auf ein friedliches Miteinander bedacht sind. Wer diesen Wink nicht versteht und bei der Abfahrt überschwänglich auf die Hupe drückt, wird sich auch in anderen Fällen wenig kooperativ zeigen. Gerät der Aufbruch Ihrer Gäste außer Kontrolle, bitten Sie am Morgen danach Ihre Nachbarn um Verzeihung.

155. Übernachtung bezahlen: Muss ich bei meiner Hochzeit die Übernachtung der angereisten Gäste unbedingt bezahlen?

Ihre Gäste können das nicht generell erwarten – außer wenn das in Ihrem Umfeld so üblich ist. Fügen Sie Ihrem Einladungsschreiben eine entsprechende Information bei; wer die Kosten nicht auf sich nehmen will, kann absagen. Stellen Sie möglichst Hotels verschiedener Preisklassen zur Wahl und legen diese Informationen Ihrer Einladung auf einem gesonderten Blatt bei. Ein Textbeispiel: »Für den Fall, dass ihr übernachten möchtet, haben wir in verschiedenen Hotels in der Nähe ein Zimmerkontingent reserviert, das bis 5. April freigehalten wird. Bitte setzt euch mit eurem Wunschhotel direkt in Verbindung.« Das schließt nicht aus, dass Sie die Kosten für die Trauzeugen oder für Personen, die sich eine Hotelübernachtung kaum leisten können, übernehmen.

Die lieben Nachbarn und Ihr Fest

Wenn Sie Ihre Nachbarn schon nicht einladen wollen, kündigen Sie eine größere Einladung Ihren direkten Nachbarn an. So haben diese die Wahl, ob sie den Abend außer Haus verbringen oder sich dem möglichen Lärm aussetzen. So mancher Nachbar bietet sogar an, dass Ihre Gäste vor seiner Garage oder Einfahrt parken können.

Unter Ihrem Dach

Wie reagieren Sie, wenn Ihre heranwachsende Tochter zum Frühstück mit dem neuen Freund aus ihrem Zimmer kommt, der ohne Ihr Wissen die Nacht bei Ihnen verbracht hat? Vielleicht hilft Ihnen das Wissen, dass das in den besten Familien vorkommt und **Vorwürfe nicht weiterhelfen**. Setzen Sie Grenzen, so gut es jetzt noch geht, entscheiden Sie: Soll der junge Mann wenigstens außer Haus frühstücken? Oder schauen Sie sich Ihren Übernachtungsgast bei Tisch genauer an?

Die Gäste verwöhnen

Vorher genau hinschauen und im akuten Fall **die Ruhe bewahren** – diese Fähigkeiten sollten Sie generell beherrschen, wenn Fremde in Ihrem Haus übernachten. Sie können wahrscheinlich kaum ein Familienmitglied abweisen, das auf der Durchreise aus dem Urlaub mit dem Schlafsack vor Ihrer Tür steht. Diesen überraschenden Überfall auf Ihre Privatsphäre können Sie nur abwehren, wenn Sie sehr gute Gründe wie einen Krankheitsfall vorweisen können.

Haben Sie Ihre Gäste eingeladen, bereiten Sie ihnen ein **Rundum-Wohlfühl-Paket** vor. Das beinhaltet als Mindestangebot ein frisch bezogenes Bett in einem aufgeräumten und gut gelüfteten Zimmer sowie saubere Handtücher und einen Zahnputzbecher. Besser: Sie räumen im Zimmer Platz für den Koffer sowie Raum und Bügel für die Kleidung frei und stellen im Bad Platz für die Kosmetikutensilien zur Verfügung. Ideal: Sie bereiten einen Bademantel und Hausschuhe sowie Wasser für die Nacht und einen Blumenstrauß vor und legen ein Gute-Nacht-Praliné aufs Kopfkissen. Sie bitten Ihre Gäste zu allen Mahlzeiten und nehmen Hilfsangebote an. Vermeiden Sie Ruhestörungen und betreten Sie das Zimmer nicht ohne Erlaubnis. Und missbrauchen Sie Ihre Gäste nicht als Alliierte in Ihrem schon länger schwelenden Familienkrach. Ihnen für den morgendlichen Jogging-Lauf Ihren Wohnungsschlüssel zu überlassen, ist eine nette Geste.

Hier Misstrauen walten zu lassen, wäre unangebracht. Sie möchten doch, dass Ihre Gäste gern wieder kommen, oder?

Im anderen Haushalt

Interpretieren Sie im femden Heim die Aufforderung **»Fühl dich einfach wie zu Hause«** als große Ehre, nehmen Sie sie **aber nicht allzu wörtlich.** Sie müssen sich nicht unbedingt im Lauf der Nacht im Kühlschrank bedienen, Sie müssen nicht ohne zu fragen telefonieren; und die Gegenstände Ihres persönlichen Bedarfs wie Seife, Zahnpasta und Shampoo können Sie schon selbst mitbringen. Auch wenn die Versuchung groß ist: nicht alle Flacons durchprobieren und auf alle Tübchen drücken!

Bleiben Sie mehrere Nächte, machen Sie morgens Ihr Bett selbst, räumen Sie auf, lüften Sie. Der Gastgeber sollte Ihr Zimmer gar nicht betreten müssen – es sei denn, Sie blieben wochenlang und es müsste geputzt werden. Es stünde Ihnen aber gut zu Gesicht, wenn Sie selbst den Staubsauger in die Hand nähmen! Bei der Abreise sein Bett abzuziehen galt früher als Fauxpas. Es wurde unterstellt, die Matratze sei für Gästeaugen nicht präsentabel. Heute legt der Gast seine Bettwäsche und die gebrauchten Handtücher für die Waschmaschine bereit.

Regeln für das Haushüten

Wenn Sie ein Haus hüten, müssen Sie nicht unbedingt die Bar leer trinken und in den hintersten Winkeln der Kellerschränke einen Edelstahl-Spezialreiniger suchen. Sie können Getränke ersetzen, und wenn Sie finden, die Metallpflege in diesem Haushalt ließe zu wünschen übrig, ist das kein Grund zum Handeln. **Schlafzimmer und Büros sind** – außer zum Öffnen und Schließen der Rollläden und zum Blumengießen – **für Sie tabu.** Sie müssen auch nicht die Gastgeber im Urlaub umgehend alarmieren, wenn beim Catsitting ein Problem auftaucht, wenden Sie sich zuerst einmal an die Nachbarschaft und den Tierarzt. Haben Sie etwas beschädigt, beschaffen Sie Ersatz und beichten es. Sie möchten doch wieder eingeladen werden, oder?

Schenken und Annehmen – gar nicht so leicht

Soziologen behaupten, Schenken sei ein Tauschgeschäft: Präsent gegen Dankbarkeit. Auch wenn sie vermutlich Recht haben, sollte man hier nicht zu viel Berechnung unterstellen. Den meisten Menschen macht Schenken Spaß und beschenkt zu werden noch viel mehr.

156. Geschenke für Jubilare: Welche Geschenke passen immer für einen besonderen Anlass wie den 60. Geburtstag?

»Ich schenke stets, was mir gefällt« – nach diesem Motto sollten Sie Geschenke nicht aussuchen. Versuchen Sie lieber, den Geschmack der Person zu treffen, die Sie beschenken möchten. Hören Sie auf Wünsche, die zufällig geäußert werden; haken Sie unauffällig nach, ob Sie richtig verstanden haben. Beschenkte interpretieren aus ihrer Sicht misslungene Geschenke nämlich häufig so, als wolle der Schenker damit etwas Symbolisches über die Beziehung aussagen. Dass er das Geschenk vielleicht nur nach seinem Geschmack ausgewählt hat, bedenken sie dagegen nur selten. Beugen Sie also einer Enttäuschung weiträumig vor. Suchen Sie ein Geschenk für eine Person, die Sie nicht beobachten können – einen Geschäftspartner, eine entfernte Bekannte –, nutzen Sie Gewährsleute: die Sekretärin oder den Ehemann. Die Freude ist groß, wenn Sie dem Gartenbesitzer einen Korb Tulpenzwiebeln überreichen; der Hobbykoch freut sich über Zutaten für ein Spezialmenü. Gelingt es Ihnen unter keinen Umständen, die Interessenlage des Adressaten zu ermitteln? Dann kann sich Ihr Geschenk kaum für ewig in das Gedächtnis des Beschenkten einbrennen. Suchen Sie wenigstens etwas Außergewöhnliches: einen Jahrgangs-Champagner oder einen Wein aus dem Geburtsjahr des Jubilars bzw. dem Gründungsjahr seines Unternehmens. Oder Sie finden etwas Persönliches: eine Tageszeitung vom Tag seiner Geburt, ein Buch aus dem Antiquariat zu dem

Thema, das Sie und ihn miteinander verbindet, oder einen edlen Gebrauchsgegenstand wie ein Schreibset. Können Sie durch Rücksprache – mit der Familie des Jubilars – Einfluss auf den Ablauf einer Festveranstaltung nehmen, bestellen Sie ihm ein Ständchen – ob mit Schifferklavier oder vom Kammerorchester ist eine Frage von Preis und Geschmack.

157. Geschenk ins Restaurant: Was bringe ich Bekannten mit, die mich zu einem Abendessen in ein Restaurant einladen?

Besagt die Kleiderordnung, dass Sie im Smoking erwartet werden, ist die Einladung zu einem Gala-Essen, erübrigt sich Ihre Frage: Zu einem gesellschaftlichen Ereignis bringen Sie gar nichts mit. Geht es nicht so feierlich her, wählen Sie ein persönliches, nicht zu intimes Präsent: Parfums oder Accessoires wie ein Schal oder eine Brosche scheiden aus. Kleine Gegenstände, die leicht nach Hause transportiert werden können, sind günstig: das Buch, über das Sie kürzlich sprachen, eine DVD, eine CD. Beschenken Sie so z. B. den Gastgeber zum Geburtstag, können Sie seiner Frau Blumen mitbringen, wie Sie das auch zu Hause täten. Bedenken Sie aber, dass die Aufbewahrung im Restaurant und der Transport umständlich sein können. Bei größeren Festen lassen Gastgeber einen Geschenketisch vorbereiten; befestigen Sie eine Karte am Präsent, damit es später zuzuordnen ist.

158. Selbst gemachte Geschenke: Meine im Töpferkurs geschaffenen Objekte kommen im Freundeskreis sehr gut an. Ist es angebracht, diese auch an Geschäftspartner zu verschenken?

Selbstgemachtes – von Bastelobjekten über Strickwaren bis zu Marmeladen – hat den Hauch des Vertrauten. Freunde und Verwandte schätzen derlei Geschenke nicht nur wegen ihres Nutzwerts und ihrer Ästhetik, sondern vor allem wegen der Beziehung zwischen Werk und Künstler. Daher ist Vorsicht geboten. Wie persönlich darf es sein? Wer könnte Ihr

Geschenk als peinlichen Übergriff interpretieren? Damit ist die Frage noch gar nicht gestellt, ob der Beschenkte das Werk schätzt und wirklich gebrauchen kann. Sie ist wiederum nicht generell zu beantworten. Allgemein gilt aber: Je mehr Ihr Kunsthandwerk dem Standard entspricht, der im öffentlichen Handel als professionell definiert wird, desto weiter können Sie beim Schenken Ihre Kreise ziehen. Bitten Sie eine neutrale Person um ein ehrliches Urteil.

159. Bücher widmen: Früher wurden Bücher mit Widmung verschenkt. Ist diese Sitte ausgestorben?

Das Widmen eines Buchs gehört heute noch zum guten Ton. Es wird aber häufig unterlassen, um dem Beschenkten die Möglichkeit zu geben, das Buch umzutauschen. Wir leben in einer Konsumgesellschaft! Deshalb werden Bücher heute oft in Folie verschenkt – ein Fauxpas erster Ordnung. Der Buchhändler nimmt ein intaktes Buch auch ohne Folie zurück, natürlich nicht mit Widmung. Sie erhöhen die Sicherheit, das richtige Buch zu finden, indem Sie das Bücherregal des zu Beschenkenden in Ruhe durchgehen und im Gespräch genau hinhören. Als Zwischenlösung können Sie eine Karte mit dem Widmungstext in das Buch legen mit dem Hinweis »Eintrag erfolgt auf Wunsch«. Der richtige Text für die Widmung ergibt sich aus dem persönlichen Verhältnis zwischen Ihnen und dem Beschenkten. Name des Adressaten, Ort, Datum, Anlass und Ihre Unterschrift sind ein Muss. Darüber hinaus gilt: je persönlicher, desto besser!

160. Beteiligungszwang: Muss ich mich an einem Geschenk für einen Kollegen beteiligen, mit dem ich zerstritten bin?

Es wäre folgerichtig, es nicht zu tun. Der Kollege würde Ihre Geradlinigkeit von der auf der Karte fehlenden Unterschrift ableiten. Sie würden im Gegenzug keine Einladung zu einem Umtrunk annehmen. Andererseits könnten Sie den Anlass zur Versöhnung nutzen.

161. Beitrag zum Sammelgeschenk: Muss ich zu einem Geschenk im Kollegenkreis beisteuern, wenn ich den Chef individuell beschenken möchte?

Wenn Sie im Unterschied zu allen anderen ein besonders inniges Verhältnis zu Ihrem Chef haben und sowohl Ihr Chef als auch Ihre Kollegen Ihre Einschätzung als schlüssig nachvollziehen können, erklären Sie den Sachverhalt und scheren aus der Sammelaktivität aus. Ragt Ihre Rolle – zumindest für andere nachvollziehbar – weniger aus dem Gesamtbild heraus, ist es klüger, sich einbinden zu lassen. Sind Sie z. B. als Chefsekretärin Teil des Ganzen und gleichzeitig exponiert, haben Sie die Möglichkeit, das eine zu tun, ohne das andere zu lassen. Das kann, weil gut begründet, öffentlich sein; Sie können aber auch Ihr Präsent bei ihm daheim in seiner Abwesenheit seiner Frau in die Hand drücken mit der Bitte, es an den Ehemann weiterzureichen.

162. Karte zum Präsent: Sollte ich einem Geschenk, das ich persönlich überreichen will, eine Glückwunschkarte beifügen?

Überreichen Sie Ihr Geschenk im kleinen Kreis und der Jubilar kann es sofort auspacken, ist das nicht unbedingt nötig. Um die Verwechslungsgefahr auszuschließen und ihm die Gelegenheit zu geben, sich später an Ihren Glückwünschen zu erfreuen, fügen Sie besser eine Karte bei.

163. Spendenaufruf: Muss ich mich an die Aufforderung des Gastgebers halten, statt eines Geschenks eine Spende zu machen?

Sinn eines Präsents ist es, einem Gastgeber oder einem Jubilar eine Freude zu bereiten. Besteht die Freude darin, mit Ihrer Hilfe Gutes zu tun, ist dem nichts entgegenzusetzen. Eine ausdrücklich formulierte Bitte könnten Sie ebenso schwer ausschlagen, wie Sie den Wunsch ignorieren würden, zu einem bestimmten Zeitpunkt an einem bestimmten Ort beim Feiern dabei zu sein. Haben Sie im Vorfeld bereits das in Ihren Augen ideale Geschenk besorgt? Überreichen Sie es ein anderes Mal oder – zusätzlich zu Ihrer Spende – jetzt. Deren Wert sollte sich – unter Berücksichtigung des Steuervorteils – nach dem Preis richten, das Sie für ein Geschenk veranschlagen würden. Der Jubilar wird es als Ehre empfinden, wenn Sie nicht nur das Überweisungsformular ausfüllen, sondern sich über den Empfänger erkundigen und in Ihren Glückwünschen auf ihn Bezug nehmen.

164. Spendenquittung: Soll ich dem Beschenkten die Quittung für meine Spende aushändigen?

Gegenfrage: Lassen Sie das Preisschild an einem Geschenk, damit die beschenkte Person weiß, was sie Ihnen heute wert ist? Ist es Ihnen unangenehm, mit völlig leeren Händen zu einer Feier zu gehen, verfassen Sie ein Gratulationsschreiben und erwähnen Sie, dass Sie gespendet haben – nicht, wie viel.

165. Geschenke auspacken: Wann sollte ich Geschenke auspacken – direkt nach dem Überreichen oder wenn alle Gäste gegangen sind?

Wer Ihnen ein Geschenk macht, ist auch ein wenig egoistisch: Er will das Leuchten der Freude in Ihren Augen sehen, das ihm seine Wahl als die richtige bestätigt. Bei einer kleinen Schar von nacheinander eintreffenden Gästen können Sie während des Aperitifs dieses Bedürfnis befriedigen. Sind diese Voraussetzungen nicht gegeben, sind Sie wohl froh, wenn der eine oder andere sein Präsent im Vorfeld geschickt hat, Sie sich bei der Begrüßung dafür bedanken und es bei einer Einladung zu Hause sogar an exponierter Stelle präsentieren können. Selbst bei großen Festen nehmen Sie kein Geschenk achtlos entgegen. Bitten Sie einen Gast, Ihnen zu assistieren und alles auf einem zentral postierten Tisch dekorativ aufzubauen. Für den Notfall, dass ein Schenkender keine Karte an seinem Päckchen befestigt hat, markieren Sie es mit einem Post-it. Umschläge mit Geldgeschenken und Gutscheinen gehören in Ihre Tasche. Feiern Sie zu Hause, füllen Sie im Vorfeld mehrere Vasen mit Wasser, im Restaurant bitten Sie den Oberkellner darum. Niemals stellen Sie mehrere Sträuße in eine Vase. Sie können später, beispielsweise zwischen Hauptgang und Dessert, eine Pause einlegen und in einer öffentlichen Aktion die Geschenke auspacken und jedes mit einer angemessenen Würdigung versehen. Bei einem sehr großen Fest verlegen Sie die Aktion auf den nächsten Tag und danken den Schenkenden in den folgenden Tagen umso persönlicher für ihre Geschenke.

166. Geschenk gefällt nicht: Muss ich bei einem unmöglichen Geschenk so tun, als ob es mir gefällt?

Schon die alten Römer rieten davon ab, sich über Geschmack zu streiten; unterstellen Sie also dem Schenker trotz misslungener, weil nicht adressatengerechter Umsetzung eine gute Absicht. Er ist vielleicht nicht geizig, sondern preisbewusst, nicht lieblos, sondern ungeschickt, nicht desinteressiert, sondern mit einem blinden Fleck ausgestattet. Er kann nicht anders und hat entsprechend keine Abfuhr, sondern Ihr Mitleid verdient. Bringen Sie so viel innere Größe in diesem Augenblick der Enttäuschung nicht auf? Versuchen Sie wenigstens, Haltung zu bewahren: Sie müssen nicht heucheln und die »tolle Idee« über den grünen Klee loben, doch Sie sollten wenigstens »danke« sagen; mit ein wenig Sensibilität ordnet der Schenkende Ihre neutral gehaltene Reaktion in Ihr sonst zu beobachtendes Verhaltensmuster ein. Beim Wahren der Contenance mag hilfreich sein, an den Tag danach zu denken. Es gibt nämlich keine Verpflichtung, Geschenke gemäß der Intention der Schenkenden zu verwenden und z. B. ein – ungeliebtes – Bild an zentraler Stelle aufzuhängen. Und doch ist es riskant, ausgerechnet Präsente von Menschen, die Sie häufig besuchen, verschwinden zu lassen, auf dem Flohmarkt zu veräußern oder gar weiterzuverschenken. Manchmal hilft es, im Vorfeld Wünsche klar zu äußern, um sich böse Überraschungen zu ersparen. Bei losen Bekanntschaften gilt nur: Schwamm drüber.

167. Geschenk beschädigt: Ich öffne ein Päckchen und das Geschenk ist leider beschädigt – was mache ich jetzt?

Ist der Schenkende anwesend, müssen Sie sich gegenseitig trösten, denn ihm ist die Freude genauso verdorben wie Ihnen. Die gemeinsame Suche nach einer Lösung schmälert das Leid. Prekärer ist es, wenn Sie die Entdeckung allein machen. Bei einem kleinen Präsent von geringem Wert oder bei einem zum Verzehr gedachten Inhalt wie z. B. einer Flasche Wein sagen Sie am besten nichts. Haben jedoch Freunde Ihnen ein besonderes Präsent wie eine Kristallvase oder ein Kunstobjekt geschickt, sollten Sie das Missgeschick nicht verschweigen; sie würden sich fragen, warum sie den Gegenstand nicht bei Ihnen vorfinden. Ist ein von einem Geschäft versandtes Paket defekt bei Ihnen angekommen, können Sie selbst reklamieren.

168. Blumen danach: Meine Eltern schicken nach einer Einladung grundsätzlich einen Dankesstrauß. Macht man das wirklich noch?

Heute denken die Leute praktisch, bringen ihre Geschenke selbst mit und bedanken sich, wenn überhaupt, ohne den Aufwand, den eine Bestellung im Blumengeschäft nach sich ziehen würde. Manche fürchten auch, der nachträgliche Versand könnte als Eingeständnis interpretiert werden, ihr Geschenk sei zu dürftig gewesen. Bei einem großzügigen Mitbringsel sind Sie aber – und so werden Ihre Eltern das sehen – über jeden Verdacht erhaben. Die reizende Geste ist in der Tat also leider im Aussterben begriffen – das heißt nicht, dass Sie nicht zu einem Versuch, die Geste wieder zu beleben, beitragen sollten. Wie schön ist es doch, wenn Ihre Gastgeber durch die Erinnerung an die Einladung erneute Wertschätzung erfahren.

Auf jeden Fall sind Sie allein dadurch, dass Sie mit dem Dankesstrauß aus der Masse herausragen, immer wieder gern gesehene Gäste!

Mit Blumen sprechen

Anlässe für Blumengeschenke gibt es genug; der wichtigste ist der mit dem größten **Überraschungseffekt:** Verschenken Sie doch öfter ein paar Blumen »einfach so«. Darüber hinaus bietet der Jahreszyklus Anlässe genug: vom Biedermeiersträußchen zum Valentinstag über den österlichen Tulpenstrauß bis zum festlichen Adventsbouquet. Auch einmalige und wiederkehrende Anlässe lassen sich damit verschönern: das Abitur, Omas Geburtstag, das Firmenjubiläum.

Gekonnt überreichen

Sie können Blumen beim Händler und im Internet bestellen, eine Visitenkarte zur Begleitung ist genauso deplatziert wie eine Karte mit Blumenmotiv. Überreichen Sie den Strauß selbst – als Frau oder Mann an Frau oder Mann –, **entfernen Sie das Papier,** doch keine durchsichtige Folie. Topfpflanzen **bleiben verpackt,** eignen sich aber nur für Firmenanlässe oder für Personen, die z. B. Azaleen oder Orchideen sammeln.

Wo die Fettnäpfchen stehen

Dem Aberglauben zuliebe **meiden Sie die Zahl 13;** ob Sie eine gerade oder ungerade Anzahl wählen, ist bei den heutigen Bindetechniken jedoch unerheblich – außer Sie schenken einen schlichten Strauß Rosen, dann bitte eine ungerade Anzahl. An den Farben und Sorten scheiden sich die Geister, Fachliteratur und Volksmund variieren zum Teil erheblich. Zwar werden **rote Rosen** eindeutig als **Liebessymbol** gedeutet, doch die einen bringen weiße Rosen ausschließlich zum Friedhof, andere binden sie zum Brautstrauß. Bei gelben Rosen überwiegt hier die Frische des Gelbs, dort die Vorstellung, dass Gelb für Neid, Eifersucht und Missgunst steht. **Vierblättriger Klee** wird immer als **Glückssymbol** verstanden, und je zarter eine Blüte ist, desto zärtlicher wird die Botschaft gedeutet. **Vorsicht** mit Lavendel, Maiglöckchen, Veilchen und Vergissmeinnicht. Je vertrauter die Person, desto freier und gezielter Ihre Auswahl. Bei wenig vertrauten Personen gehen Sie mit einem bunten Strauß auf Nummer sicher.

In aller Form: bei Festen und bei Tisch

Es ist ein Missverständnis zu meinen, Menschen würden vorrangig essen, um satt zu werden. Dann täten sie das wohl meist stehend vor dem Kühlschrank. Der Sinn eines gemeinsamen Essens ist vorwiegend Genuss und Gemeinschaftspflege. So ist der Mensch nicht nur, wie das Sprichwort sagt, »was er isst«; er ist auch, wie er isst und mit wem er isst.

Die ersten Schritte

Mit einem Umtrunk stimmen sich Gastgeber und Gäste ein: auf ein kleines Dinner im Freundeskreis oder ein festliches Bankett. Beim Gang an den Tisch werden die Weichen endgültig gestellt.

169. Wann trinken: Wann darf ich bei einem Empfang zu trinken beginnen?

Im kleinen Kreis warten Sie auf das Zeichen des Gastgebers; bei größeren Empfängen dürfen Sie trinken und knabbern, sobald man Ihnen etwas anbietet. Behalten Sie aber immer so viel im Glas, dass Sie nach eventuellen Begrüßungsworten das Glas heben und den übrigen Gästen zuprosten können.

170. Rauchen beim Aperitif: Stimmt es, dass ich, während der Aperitif getrunken wird, grundsätzlich rauchen darf?

Bei Stehempfängen in öffentlichen Räumen greifen Sie getrost zur Zigarette; im geschlossenen Rahmen und im Restaurant, wenn Sie den Aperitif im Sitzen trinken, warten Sie auf das Angebot der Gastgeber. Nur wenn Sie sie für schüchtern oder unaufmerksam halten, bitten Sie von sich aus um Erlaubnis.

171. Wohin mit den Händen: Männer bringen ihre Hände in den Hosentaschen unter; doch was mache ich als Frau, wenn ich in einer Runde stehe?

Viele Männer empfinden es als lässig, eine Hand in der Hosentasche zu parken, die meisten Betrachter deuten das eher als Nachlässigkeit und Zeichen für mangelnden Respekt. Kein gutes Beispiel – weder für einen Mann noch für eine Frau. Ihre Betrachter versuchen schließlich, von Ihrer Gestik auf Ihre innere Haltung zu schließen. Halten Sie Ihre Hände vor Ihrem Unterbauch gefaltet, wirkt das möglicherweise zu artig. Verschränken Sie die Arme vor der Brust, mag man Ihnen Ablehnung oder zumindest Reserviertheit unterstellen.

Arme hinter dem Rücken wirken auf manche oberlehrerhaft. Ob die Schlussfolgerung zutrifft oder nicht: der Betrachter behält Recht. Sorgen Sie daher dafür, dass Sie auf einer öffentlichen – und warum nicht auch privaten – Bühne körpersprachlich möglichst die Interpretationen bieten, die Ihrer Absicht entsprechen. Sie machen stets eine gute Figur, wenn Sie mit symmetrisch auf dem Boden platzierten Füßen 70 Prozent Ihres Körpergewichts auf die Fersen verlagern und das Brustbein leicht vorstrecken. Dann werden Ihre Arme von den Schultern her locker und Ihre Hände können entspannt an den Körperseiten hängen. Sobald Sie im Gespräch sind, können Ihre Hände dann auf authentische Weise Ihre Worte unterstreichen.

Bitte beachten: Sobald Sie an Ihre Hände denken, verlassen Sie Ihre Zuhörhaltung. Denn solange Sie sich kontrollieren und korrigieren, haben Ihre Gesprächspartner den Eindruck, dass Sie nicht bei ihnen sind. Und damit hätten sie Recht.

172. Hände besetzt: Wie mache ich eine gute Figur, wenn mich jemand gerade in einem Moment anspricht, in dem ich ein Glas und einen Teller in der Hand habe?

Eine aufmerksame Person erspart Ihnen solche Unannehmlichkeiten. Verzichten Sie dennoch darauf, sie mit Worten oder Gesten zu tadeln. Strahlen Sie Ihr Gegenüber an, suchen Sie einen Platz für Ihr Glas, halten Sie dabei Blickkontakt und reichen Sie dann locker die inzwischen frei gewordene Hand. Halten Sie sich vorbeugend in der Nähe eines Tisches oder einer Fensterbank auf. Vergessen Sie nicht Ihren Teller nach der Begrüßung wieder aufzunehmen! Trainieren Sie, in der linken Hand Glas und Teller gleichzeitig zu halten. Essen Sie nur Mini-Portionen und geben Sie Ihren Teller dann immer wieder ab. In der Rolle des umsichtigen Gastgebers stellen Sie genügend Tische bereit oder Sie bieten ausschließlich Fingerfood an, das mit einem Biss im Mund verschwinden kann. Servietten nicht vergessen.

Öffnet die Sinne

Ein Aperitif soll dem Wortlaut nach die Sinne öffnen, im Idealfall wählen Sie deshalb vor einem Essen **etwas Kühles mit Kohlensäure.** Unter den Schaumweinen haben Sie die Wahl zwischen Champagner, Sekt, Crémant, Cava oder den Frizzante, der aus der Prosecco-Traube gewonnen und deshalb so genannt wird – Ihr Budget entscheidet! Mit Cassis, dem Likör von der Schwarzen Johannisbeere, machen Sie aus einem leichten Weißwein – korrekt einem Aligoté von der Loire – einen Kir, aus einem Schaumwein einen Kir Royal. Mit Pfirsichmark veredeln Sie den Champagner zum Bellini. Derzeit ist Holundersirup im Trend, mit Prosecco oder auch für einen alkoholfreien Einstieg.

Abwechslung zum Schaumwein

Für **längere Aperitif-Sitzungen** können Sie **Long Drinks** auf der Basis von Gin, Wodka und Campari zaubern. Wer es kräftiger mag, bekommt einen Wermut, das ist ein mit Kräutern aromatisierter Wein aus Frankreich oder aus Italien. Wer **wenig Alkohol** trinken und sich auf eine Sorte beschränken möchte, trinkt gern zum Aperitif einen Schluck des Weins, der zum Essen gereicht wird.

Alkoholfreie Alternativen

Wer **keinen Alkohol** möchte, bekommt keinesfalls einen süßen Fruchtcocktail oder -saft. Denn der reduziert die geschmackliche Sensibilität. Eine alkoholfreie Caipirinha, ein Sanbitter oder eine Saftschorle mit etwas Zitrone sind zur **Vorbereitung der Geschmackspapillen** günstiger.

Passend zu jedem Essen

Auf ein **thematisch geprägtes Menü** stimmen Sie Ihre Gäste und sich selbst stilgerecht mit einem **regionalen Drink** ein: ein trockener Sherry zum spanischen Essen, ein Campari-Soda beim Italiener, ein salziges Lassi – ein Joghurtgetränk – beim Inder und warum nicht zur Vorbereitung auf einen deftigen Schweinebraten mit Knödeln ein zünftiges Pils.

173. Gehör verschaffen: Es soll ungeschickt sein, sich mit dem Klopfen eines Messers an sein Glas Gehör zu verschaffen. Stimmt das?

Nur ungeübte Redner haben solche Hilfsmethoden nötig. Streng genommen gilt: Wenn Sie sich nicht mit der Präsenz Ihres Körpers, der Kraft Ihrer Stimme und der Bedeutung Ihrer ersten Worte Gehör verschaffen können, haben Sie nicht verdient, dass man Ihnen zuhört. Das ist zugegebenermaßen in einer größeren, heiteren Runde nicht leicht. Und doch: Haben Sie den Mut, mit einem beherzten Schritt an einen zentralen, von allen einsehbaren Punkt zu treten und mit einem Blick in die Runde mit dem Sprechen zu beginnen. Im großen Kreis auf schwer einsehbarem Terrain bitten Sie zwei vertraute Personen, sich in dem Teil des Raums aufzuhalten, der Ihrem Standort diametral gegenüberliegt und Sie zu der von Ihnen geplanten Sprechzeit im Blick zu behalten. Während Sie Ihren Redepunkt einnehmen, also Ihre Bühne betreten, sorgen Ihre Vertrauten in ihrem direkten Umfeld für Ruhe. Das steckt an.

174. Trinken bei Rede: Während einer längeren Begrüßungsansprache darf ich doch trinken, oder?

Natürlich, als Redner dürfen Sie das, da müssen Sie vielleicht sogar Ihren Mundraum befeuchten. Für Gäste sind Trinken, Essen und Rauchen hingegen genauso tabu wie Telefonieren oder Plaudern mit der Nachbarschaft. Bedenken Sie bitte: Sie sind zu Gast und werden mit der Ansprache gewürdigt!

175. Wohin mit dem Aperitifglas: Was mache ich mit meinem Aperitifglas, wenn es an den Tisch geht?

Aperitif und Essen sind zwei getrennte Szenen einer Veranstaltung. Daher werden Speisen und Getränke nicht mit an den Tisch genommen, es sei denn, Sie würden dazu aufgefordert. Das ist hin und wieder der Fall, wenn beim ersten Gang das Getränk vom Empfang weiter serviert wird, etwa ein trockener Weißwein oder ein Champagner. Wurde der Aperitif an einer Bar eingenommen, lassen Sie Ihr Glas mit seinem restlichen Inhalt auf dem Tresen stehen. Nicht schnell noch den Rest in sich hineinschütten! Hinterlassen Sie niemals ein gebrauchtes Glas auf einem Tablett mit frischen Getränken, einem gedeckten Tisch, einer Fensterbank oder einem Bücherbord. Als Gastgeber geben Sie Ihren Gästen eine Orientierungshilfe. Platzieren Sie ein Tablett in der Nähe des Tischs, auf dem Sie als Erster sichtbar Ihr Glas abstellen.

176. An den Tisch gehen: Ich lade zwei befreundete Ehepaare ins Restaurant ein. Muss ich mich hier an das offizielle Protokoll halten?

Als Regie führende Person gehen Sie als Erste oder Erster in den Raum und auf den Kellner zu, der Ihnen Ihren Tisch zuweist. Geht er nun voraus, lassen Sie bis zum Tisch Ihren Gästen den Vortritt. Dort angekommen, nehmen Sie die Platzierung vor. Bei einem größeren Bankett gilt es, das Protokoll zu wahren – nicht der Form wegen, sondern weil damit die größtmögliche Sicherheit für alle Personen gegeben ist. Die Kellner erwarten die Gäste: »Es ist gerichtet.« Der Gastgeber geht mit dem weiblichen Ehrengast zuerst an den Tisch. Den beiden folgen – durch den Gastgeber oder seine Helfer eingewiesen – paarweise die übrigen Gäste. Im Idealfall haben die Gastgeber dafür gesorgt, dass sich die jeweiligen Tischherren und -damen während des Empfangs bereits gruppiert haben. Bei hochrangigen Veranstaltungen geschieht das mit Hilfe der Führkarte, auf der jeder

Orientierungshilfe

Das kennen Sie: Sie kündigen den Gang an den Tisch an und mehrere Gäste verschwinden, um schnell noch zu telefonieren oder sich die Hände zu waschen; die anderen müssen warten. Ersparen Sie sich das. Teilen Sie in Ihrer Begrüßungsrede mit, zu welcher Zeit es an den Tisch geht. Dann kann jeder disponieren und alle sind gleich- und rechtzeitig vor Ort.

Herr den Namen der Dame findet, die er zu Tisch geleiten soll. Sie alle bleiben hinter ihren Stühlen stehen, bis, als Letzte und um den Rahmen zu schließen, die Gastgeberin in Begleitung des männlichen Ehrengastes an die Tafel tritt. Erst dann darf Platz genommen werden.

Wird am Ende die Tafel aufgehoben, verlässt die Gastgeberin mit dem Ehrengast zuerst den Raum, darauf folgen die Gäste, abschließend geht der Gastgeber mit dem weiblichen Ehrengast hinaus. Nicht ganz so förmlich, doch sinngemäß entsprechend ist das Procedere, wenn Sie mit Ihren beiden Gästepaaren das Lokal verlassen. Nun kennen diese den Weg, Sie können ihnen getrost den Vortritt lassen. Entweder gehen die Damen zuerst, gefolgt von den Herren, oder aber es geht paarweise jeweils eine Dame vor dem Herrn. Die Herren halten den Damen die Türen auf. Der Gastgeber bildet den Abschluss und schließt die Tür hinter sich.

177. Tischkarten: »Dr. Jürgen Müller« oder »Onkel Jürgen« – was sollte im Familienkreis auf der Tischkarte stehen?

Tischkarten sind Platzhalter, entheben die Gastgeber aber nicht der Pflicht, die Gäste einzuweisen. Wie unangenehm ist es doch, als Gast um eine Tafel herumzulaufen und seinen Platz zu suchen. Bei großen Festen gibt es deshalb neben Tischkarten an der Eingangstür einen Sitzplan, damit die Gäste im Vorfeld wissen, mit wem sie wo an welchem Tisch sitzen und wo sich dieser Platz im Raum befindet. Andererseits sollen Tischkarten den Gästen helfen, sich untereinander korrekt anzusprechen. Selbst wenn sich die Tischnachbarn einander vorgestellt haben, hat schließlich nicht jeder jeden Namen noch im Ohr.

Kennen also alle den Herrn als »Onkel Jürgen«, ist diese Beschriftung richtig. »Jürgen Müller« ist im Familienkreis als bescheidenste die beste Variante – ohne den »Dr.«, der im gesellschaftlichen Rahmen dazukäme. Ganz förmlich: »Herr Dr. Jürgen Müller«, in konservativen Kreisen sogar ohne den

Vornamen. Ist der Herr nicht allen bekannt, beschriften Sie die Tischkarte auf beiden Seiten, damit auch die Personen gegenüber den Namen lesen können. Schreiben Sie schön, groß, deutlich und mit Tinte! Immer häufiger ist heute eine abgespeckte Form der Tischkarten zu sehen. Auf dem Tisch ist, z. B. auf einer Kreidetafel, die Liste mit den platzierten Personen ausgestellt. Der Tisch ist also fest, der Platz kann frei gewählt werden. Diese öffentliche Bekanntmachung, welcher Gast an welchen Tisch sitzt, mindert das Risiko, dass Gäste ihre Tischkarten frech auf andere Tische stellen.

178. Platzierung befolgen: Müssen Gäste sich an die Platzkarten halten?

Die Gastgeber wünschen sich, dass bestimmte Personen miteinander ins Gespräch kommen sollen; die Tischordnung spiegelt dieses Ziel wider. Selbst wenn Sie den Sinn Ihres Platzes nicht auf Anhieb verstehen: Es wäre unhöflich, die Absicht der Gastgeber zu durchkreuzen. Nach dem Dessert können Sie nach Absprache mit den Beteiligten Plätze tauschen.

179. Platzierung von Freunden: Ist es im Freundeskreis angebracht, Plätze zuzuweisen?

Auch Freunde haben das Recht auf eine gute Regieführung. »Ihr kennt Böhmers noch nicht – setzt euch doch zu ihnen.« So mag die Anregung bei einer Gartenparty klingen. Beim eleganten Fest begründen Sie z. B. so: »Ihr sollt euch untereinander besser kennen lernen, deshalb haben wir gemischt.«

180. Reihenfolge beim Hinsetzen: Ich lade als Frau einen Herrn ein. Wer setzt sich zuerst an einen Tisch – er oder ich?

Weisen Sie Ihrem Gast seinen Platz zu, lenken Sie ihn sanft: »Möchten Sie dort sitzen, Herr Voss?« Herr Voss sagt nicht nein! Als Gastgeberin setzen Sie sich erst, sobald er beginnt, Platz zu nehmen. Ein Kavalier der alten Schule wird Ihnen jedoch den Stuhl hinhalten.

So sitzen Ihre Gäste gern und richtig

Was Sie vom Protokoll lernen

Das **Protokoll** ordnet Personen gemäß der ihnen gebührenden **Wertschätzung;** das Geschlecht hat dabei eine untergeordnete Rolle: Begleitpersonen wird stets der Rang zugewiesen, der dem Partner gebührt.

Protokollarisch korrekt ist der **beste Platz** an einer Tafel **für eine Dame** rechts neben dem Gastgeber in der Mitte der Tischlängsseite mit dem Blick in den Raum; der beste Platz **für einen Herrn** wird rechts neben der Gastgeberin reserviert, den beiden anderen Personen gegenüber. In Deutschland sitzt er manchmal links von ihr. Je weiter die Gäste von diesem Zentrum entfernt sind, desto geringer ist ihr Status an diesem Tisch.

Vom Protokoll zu Ihrem Tisch

Wie setzen Sie dieses Wissen in Bezug auf Ihre Tischordnung so um, dass sie Ihnen die **Regieführung** bei Tisch erleichtert? Platzieren Sie die Personen an einer Tafel so, dass sie Lust haben, sich mit ihren Tischnachbarn auszutauschen. Das ist am ehesten der Fall, wenn Sie Lebenspartner weder nebeneinander noch direkt gegenüber setzen, aber doch so, dass sie einander sehen können. Überlegen Sie sich: **Wer kann mit wem** worüber **am leichtesten reden?** Bilden Sie entsprechende Grüppchen. An einem kleinen Tisch mit bis zu sechs Personen sollten Sie Ihren Gästen Gelegenheit bieten, sich unter Ihrer Gesprächsführung gemeinsam auszutauschen. Hier ist dann bunte Reihe angesagt.

Bei geschäftlich-gesellschaftlichen Essen sehen Sie heute eine Alternative: Da werden Paare zwar nebeneinander gesetzt, doch immer so, dass zwei Frauen nebeneinander sitzen. Der Hintergedanke: Frauen finden immer ein gemeinsames Thema und ziehen die Männer mit hinein.

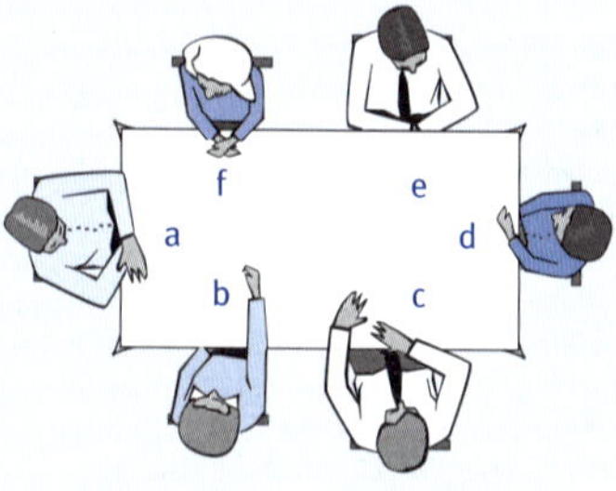

a. Gastgeber
b. Ehefrau 1
c. Gast 2
d. Gastgeberin
e. Gast 1
f. Ehefrau 2

Laden Sie als Paar zwei Paare ein, setzen Sie sich als Gastgeber einander gegenüber an die Stirnseiten des Tisches. Die weiblichen Gäste umrahmen den Gastgeber, die männlichen die Gastgeberin und zwar so, dass die Ehepartner nicht nebeneinander sitzen.

Ein anderes Beispiel: Sie bitten **als Geschäftsmann eine Geschäftspartnerin und einen Mitarbeiter** ins Restaurant. Ihr Vierertisch steht am Fenster. Als Gastgeber bieten Sie Ihrem Gast den Platz zu Ihrer Rechten und den Platz gegenüber Ihrem Mitarbeiter an. So ist Ihr Gast von Ihnen eskortiert und hat gleichzeitig ein Gegenüber.

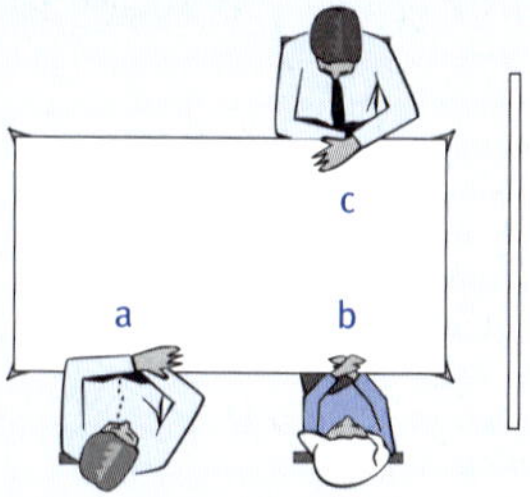

a. Gastgeber
b. Geschäftpartnerin
c. Mitarbeiter

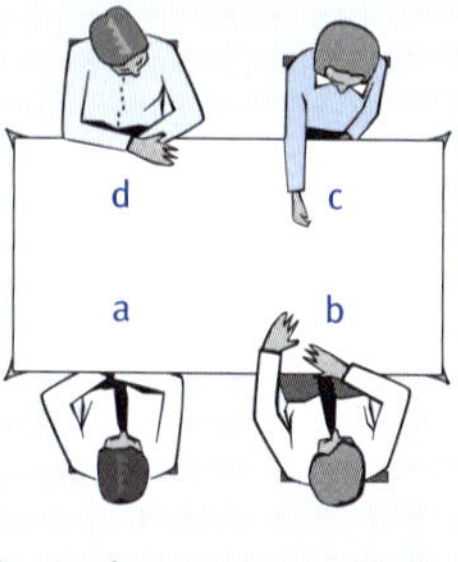

a. Gastgeber
b. Geschäftspartner
c. Mitarbeiterin
d. Assistent

Treffen Sie sich gemeinsam mit Ihrer Mitarbeiterin **mit einem Geschäftspartner und dessen Assistenten,** platzieren Sie den Geschäftspartner zu Ihrer Rechten. Ihre Mitarbeiterin sitzt ihm gegenüber und rechts neben ihr der Assistent.

Große Feste, viele Gäste

Bei großen Banketten müssen **mehrere Repräsentanten der Gastgeberseite** dafür sorgen, dass jeder Gast die ihm gebührende Anerkennung erfährt – wie etwa durch eine schnelle Platzierung und durch die gezielte Verteilung von Gastgebern unter den Gästen.

An runden Tischen läuft es rund

Eine besondere Herausforderung ist der Saal mit **mehreren runden Tischen,** an denen jeweils **acht bis zwölf Personen** Platz finden. Definieren Sie auch bei ansonsten freier Platzwahl an jedem Tisch mit einer Tischkarte den Platz für den Gastgeber. Die Gastgeber sollten untereinander von Tisch zu Tisch **Blickkontakt** haben und bei Bedarf – etwa bei einer Kundenveranstaltung oder einer Familienfeier – untereinander die **Plätze tauschen** können. Wandert beispielsweise das Brautpaar von Tisch zu Tisch, fühlt sich kein Gast aufgrund der Entfernung zum Ehrentisch düpiert. Wenn Sie die Tische durchnummerieren, bringen Sie ein Gefälle in die Gästeliste. Geben Sie den Tischen stattdessen Namen von Ländern, Städten, Farben oder Blumen, kann sich niemand brüskiert fühlen.

An die Tafel bitte

Wollen Sie den Überblick über Ihre Gäste behalten und die Räumlichkeiten erlauben dies, platzieren Sie alle an einer Tafel. Dann sind alle Gäste gebündelt, niemand kann sich

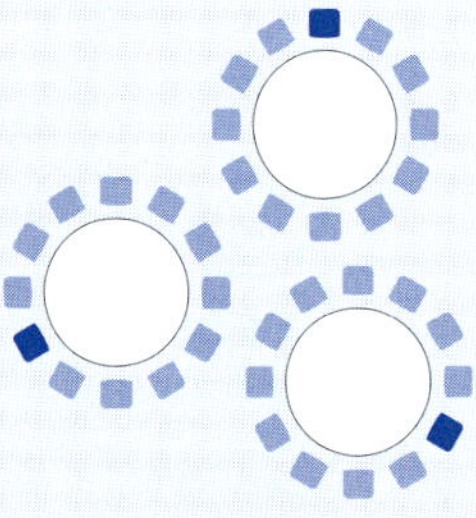

Runde Tische

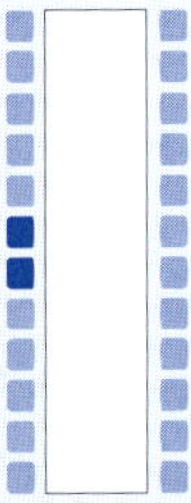

I-Tafel

durch die Abwesenheit des Gastgebers an seinem Tisch zweitrangig fühlen, und für Reden Ruhe herzustellen ist leicht. Ob Ihre Tafel die **Form eines I, eines T, eines U oder eines Kammes** hat – immer sitzt der Gastgeber zentral; immer können Gäste, die weit entfernt und/oder mit dem Rücken zum Zentrum sitzen, ihre Platzierung als mangelnde Wertschätzung interpretieren. Dem wirken Sie am leichtesten mit abgerundeten Stirnseiten entgegen, an denen Sie jeweils zwei bis drei Plätze herrichten. Wichtig ist auch hier, dass Sie kommunikativ starke Repräsentanten der Gastgeberseite unter die Gäste verteilen. **Ein I bietet 30 Plätze,** bis zu **40 Personen bringen Sie an einer T-Tafel** unter, zwischen **40 und 60 Personen** finden an einer **U- oder E-Tafel** Platz. Wenn es ganz groß hergehen soll, brauchen Sie eine **Kammtafel.** Sie ist beliebig erweiterbar und optisch am schönsten mit einer ungeraden Schenkelzahl. Und denken Sie daran, dass Feste für Kinder schrecklich langweilig sein können. Setzen Sie kleine Kinder zu ihren Müttern und größere unter pädagogisch geschulter Aufsicht an eine Ecke nahe dem Ausgang: Kinder brauchen Bewegung und frische Luft!

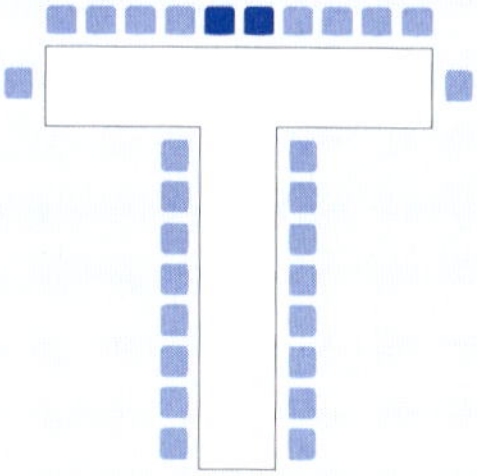

T-Tafel

U-Tafel

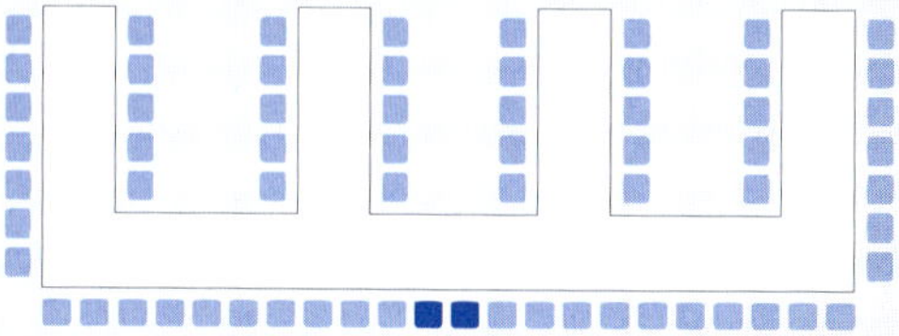

Kamm-Tafel

181. Platz für Handtasche: Wo lege ich meine Handtasche an einem eleganten Tisch ab?

Vielleicht kennen Sie Bars, an deren Tresen Haken für Damentaschen angebracht sind. Für die Situation bei Tisch ist noch keine Ideallösung erfunden worden. Meist ist neben Ihnen kein Stuhl frei, oft hat Ihre Tasche keinen Schultergurt, und wenn sie einen hat, bietet der Stuhlrücken keinen Halt. Da hilft nur dies: Nehmen Sie tagsüber eine Tasche mit, die groß genug und stabil ist, um auf dem Boden festen Stand zu haben. Nehmen Sie abends im Gegensatz dazu eine winzig kleine flache Etui-Tasche. Legen Sie sie auf Ihren Schoß unter die Serviette. Beim Aufstehen daran denken!

182. Kellner rufen: Ich werde mit meinem Kunden, den ich eingeladen habe, von der Bedienung ignoriert und sehe, dass sie an der Essensausgabe mit der Köchin plaudert. Was reagiere ich richtig?

Hier fehlt leider das Interesse am Gast. Eine wirkliche Verhaltensänderung kann nur der Vorgesetzte dieser Personen bewirken, betreiben Sie hingegen Schadensbegrenzung. Bitten Sie Ihren Gast um Entschuldigung und Geduld, gehen Sie zur Bedienung und sprechen Sie sie freundlich an: »Ich habe einen Gast und speise bei Ihnen, weil ich hier einen guten Service gewohnt bin. Bitte kommen Sie jetzt zu uns.« Nur wenn sich darauf hin kein zügiger Service einstellt, bitten Sie darum, den Geschäftsführer zu sprechen. Tun Sie auch das nicht vor den Ohren Ihres Gastes.

Selbst bei aufmerksamen Restaurantmitarbeitern kommt es vor, dass Sie einen Wunsch gerade dann haben, wenn keiner von ihnen in Ihrer Nähe ist. Gelingt es Ihnen nicht, über den Blick Kontakt aufzunehmen, heben Sie die Hand. Im Notfall rufen Sie »Herr Ober« in den Raum. Das weibliche Pendant »Frau Oberin« hat sich nicht durchgesetzt; »Fräulein« ist nicht zeitgemäß, »Bedienung« zu herrisch, »Entschuldigung« unpassend, da Sie nichts verschuldet haben. Da bleibt nur noch ein freundliches, doch lautstarkes »Bitte!«.

183. Professioneller Service: Woran erkenne ich als Gast, ob beim Service Profis am Werk sind?

In der gehobenen Gastronomie sind für Sie unter der Führung des Restaurantleiters in fallender Rangfolge Oberkellner – darunter ein für die Weine zuständiger Sommelier –, Chefs de rang, Commis und Auszubildende im Einsatz. In anderen Lokalen ist das Team weniger strukturiert, dafür multifunktional im Einsatz.

Checkliste: Sind Sie im richtigen Lokal?

- ☐ Werden Sie vom Wirt, doch nicht von einzelnen Kellnern per Handschlag empfangen?
- ☐ Wurden Ihre Reservierungswünsche berücksichtigt?
- ☐ Nimmt man Ihnen die Garderobe ab und werden Sie an Ihren Platz begleitet?
- ☐ Erhalten Sie auch als einzelne Dame einen angenehmen Tisch?
- ☐ Sind Tischwäsche, Dekoration sowie Kleidung und Hände der Mitarbeiter tadellos sauber?
- ☐ Zündet der Oberkellner umgehend die Kerze auf dem Tisch an?
- ☐ Wendet er sich bei jedem Angebot zuerst an den Gastgeber?
- ☐ Bleibt er sogar bei geringem Verzehr freundlich?
- ☐ Serviert man Ihnen Getränke und vorbereitete Teller von rechts, aber z. B. Brot und Gemüse von links?
- ☐ Werden leere Brotkörbe unverzüglich nachgefüllt, Aschenbecher flink ausgewechselt, abgebrannte Kerzen umgehend ersetzt?
- ☐ Hat der zuständige Kellner während Ihres Aufenthalts ein Auge auf alles, was an Ihrem Tisch passiert?
- ☐ Entspricht er einer Reklamation selbstverständlich und ohne zu diskutieren?

Dann sind Sie bestimmt im richtigen Lokal!

Benimm à la carte

Tischmanieren sind kein Selbstzweck; sie tragen vielmehr zum Wohlbefinden aller Beteiligten bei – durch praktisches und dezentes Handeln.

184. Bestellen: Wer bestellt im Restaurant die Getränke, wer die Speisen?

Es ist kaum vierzig Jahre her, da wählte ein Herr die Speisen und Getränke für die Dame aus, die die Speisekarte nicht einmal zu sehen bekam – heute kaum mehr vorstellbar. Heute gilt: Wer einlädt, zahlt; und wer zahlt, bestellt. Es wäre ein falsches Verständnis von Freizügigkeit, jeden Gast sein Essen selbst bestellen zu lassen. Vielmehr ist der Gastgeber Ansprechpartner der Restaurantmitarbeiter. Also sammelt er die Wünsche seiner Gäste und nennt sie dem Kellner. Im Biergarten kann er eine Sammelbestellung aufgeben: »Zweimal Weißwürste, dreimal Gulaschsuppe«. Im feinen Restaurant heißt die Entsprechung: »Für die Dame rechts das Lachscarpaccio, für die Dame links die Wildpastete« usw.

185. Keine Vorgabe durch Gastgeber: Wie soll ich mich verhalten, wenn der Gastgeber mir bei der Auswahl der Speisen keine Vorgaben macht?

Anstatt Ihren Blick mit erhöhtem Speichelfluss über die Speisekarte irren zu lassen – fragen Sie ihn: »Was empfehlen Sie mir?« Oder: »Was essen Sie?« Nennt er nur das Hauptgericht, suchen Sie sich eine Vorspeise und eventuell Nachspeise aus, nennen beides aber nur, wenn er selbst eine bestellt.

186. Auswahl steuern: Wie beeinflusse ich meine Gäste bei der Wahl der Speisen, ohne dass sie sich gegängelt fühlen?

In der Gewissheit, dass Ihre Gäste dankbar für einen Rahmen sind, können Sie ihn gelassen setzen: »Ich hoffe, Sie haben genügend Zeit für ein Vier-Gang-Menü mitgebracht.« Geben

Sie außerdem einen Hinweis auf Ihre Preisvorstellung. Aus Ihrer Aussage »Die Kartoffelsuppe ist hier lecker« können Ihre Gäste ein begrenztes Budget ableiten. Erläutern Sie »Das Rinderfilet ist hervorragend«, wissen sie um Ihre Großzügigkeit. Bedenken Sie schon bei der Restaurantwahl, dass ein generöses Angebot in einem Mittelklasselokal Ihnen mehr Respekt einbringt, als wenn Sie im Gourmettempel zittern, dass Ihr Gast das siebengängige Degustationsmenü wünscht. Besser noch: Lassen Sie sich vom Kellner vor den Augen Ihrer Gäste ein spezielles Menü zusammenstellen. Klugerweise haben Sie dessen Umfang und Preis natürlich zuvor mit dem Kellner abgesprochen.

187. Unbekannte Speise: Was mache ich, wenn ich mich bei einer Speise nicht auskenne?

Je nachdem an welcher Stelle das Problem auftritt, bitten Sie Ihre Tischnachbarn oder den Kellner um Aufklärung. Lassen Sie sich erklären, was bei einer Ihnen fremden Speise auf Sie zukommt, und zeigen, wie Sie einem unbekannten Tier oder Gemüse zu Leibe rücken. Das Leben ist zu kurz, um auf Genuss zu verzichten.

188. Vegetarier: Darf ich als Vegetarier Sonderwünsche anmelden?

Natürlich dürfen Sie! Ob Sie aus gesundheitlichen, Glaubens- oder Gewissensgründen bestimmte Dinge nicht essen, geben Sie das den Gastgebern fairerweise bekannt, wenn Sie die Einladung zum Essen annehmen. Sagen Sie nicht, was Sie nicht essen, sondern was Sie brauchen: »Ich kann jeden Salat und jedes Gemüse essen, auch mit Milchprodukten und Eiern zubereitet.« Oder »Es muss kein vegetarisches Menü sein. Wichtig ist nur, dass kein Fleisch, Fisch oder Geflügel enthalten ist.« Stellen Sie vor Beginn des Essens in jedem Fall sicher, dass Ihr Wunsch an das Restaurant weitergegeben wurde, um die Gastgeber nicht mitten im Essen zu stören, wenn Ihnen doch die falschen Speisen vorgesetzt werden sollten.

Pünktlichkeit adelt den höflichen Gast

»Von 10 bis 12«, »ab 16 Uhr«, »19 Uhr c.t.«, »20 Uhr s.t.« – die im Kopf der Gastgeber so eindeutigen Einladungen sind für Gäste gar nicht immer so klar. Verzichten Sie bitte auf unklare Angaben, nur so gehen Sie und Ihre Gäste sicher.

Was die Angaben bedeuten

Bei Empfängen, Cocktailpartys und Vernissagen wird ein Kommen und Gehen der Besucher vorausgesetzt. Die Angabe **»von – bis«** bedeutet hier, dass vom Gast innerhalb dieses Rahmens eine Anwesenheit von einer halben bis ganzen Stunde erwartet wird. Ist eine Ansprache vorgesehen, wird sie zur Kernzeit gehalten. Drücken Sie sich möglichst nicht davor. **»ab …«** impliziert einen losen Beginn und ein offenes Ende, diese Angabe ist bei After Work Partys üblich.

»c. t.« steht für das lateinische »cum tempore«, wird mit »akademisches Viertel« übersetzt und bedeutet, dass die Gäste exakt fünfzehn Minuten nach dem angegebenen Zeitpunkt auf ihren Plätzen sitzen. Das Gegenstück **»s. t.«** für »sine tempore« heißt, dass an diese Zugabe nicht gedacht ist. Beide Kürzel sind auf akademische Anlässe zu beschränken, bei einem Barbecue würden sie geradezu albern wirken.

Zur exakten Stunde

Sind Sie in ein Restaurant eingeladen, kommen Sie auf die Minute, in einem Haushalt erscheinen Sie circa fünf Minuten nach der angegebenen Zeit. Als Gastgeber bauen Sie einen zeitlichen Puffer zwischen offiziellem Beginn und dem Beginn des Essens ein. Ein Aperitif im Stehen ist ideal. Bietet Ihr Esszimmer nicht genügend Platz, weichen Sie in den Garten, in den Flur oder auf den Balkon aus. Eine halbe Stunde nach dem angegebenen Beginn gehen Sie zu Tisch; nur das entschuldigte Ausbleiben eines Ehrengastes könnte Grund genug sein, die pünktlich erschienenen Gäste warten zu lassen.

189. Gedeckkunde: Ich bin als Gast immer ganz irritiert, wenn so viele Teller, Gläser und Karten vor mir stehen. Wann mache ich was womit?

Ihr Terrain beginnt an Ihrer linken Seite mit dem Brotteller und endet mit dem äußersten Glas rechts. Orientieren Sie sich bei allen Handlungen an den Gastgebern. Bei einem Bankett legt die Gastgeberin die Serviette – auch eine Papierserviette – sofort nach dem Hinsetzen auf den Schoß, bei einem À-la-carte-Essen erst, nachdem die Bestellung aufgegeben ist. Für die Zwischenzeit legen Sie eine hoch aufgebaute Serviette einfach um. Das alles muss so früh geschehen, damit Sie sich vor dem ersten Zuprosten die Lippen abtupfen können und der Service z. B. des Amuse-gueule (des Appetitmachers) umgehend und ungestört verlaufen kann.
Die Tischkarte hat ihren korrekten Platz auf dem Tisch oberhalb des Gedecks. Dort deponieren Sie auch Dekorationsobjekte, die ursprünglich die Serviette schmückten. Die Menükarte bei einem Festessen ist zum Lesen gedacht; legen Sie sie nach der Lektüre ab, bei Platzmangel schieben Sie sie unter Ihren Brotteller. Sie dürfen sie gern mit nach Hause nehmen. Nehmen Sie Brot und Butter erst, wenn Sie dazu aufgefordert wurden und sich Ihre Nachbarn bedient haben. In förmlichen Kreisen ist das erst der Fall, nachdem die Vorspeise serviert wurde. Viel praktischer ist es jedoch, den Aperitif vor dem ersten Schluck Wein mit einem Stück Brot zu neutralisieren. Als Gastgeber machen Sie es Ihren Gästen leicht und reichen Brot sofort. Die Besteckteile für das Essen verwenden Sie von außen nach innen; das Besteck oberhalb des Tellers ist für das Dessert gedacht (▸ Seite 192).

190. Serviette: Was muss ich bei der Handhabung der Serviette beachten?

Die Serviette bleibt vom Anfang bis zum Ende des Essens auf dem Schoß und wird nur beim Verlassen des Tisches zwischen den Gängen sowie nach Beendigung des Essens auf dem Tisch abgelegt. Sie brauchen sie ständig – nicht nur um

Ihre Kleidung zu schützen, sondern um sich vor jedem Griff zum Glas die Lippen abzutupfen. Die eleganteste Art, das Mundtuch auf dem Schoß zu platzieren, ist diese: Sie öffnen die gefaltete Serviette nur so weit, dass sie in etwa halbiert oder zu einem Drittel auf zwei Drittel gefaltet bleibt. Die Falte legen Sie auf Ihre Knie, die beiden offenen Enden weisen dann zu Ihrem Schoß hin. So können Sie Ihre Lippen ins Innere der Serviette hinein abtupfen, nach außen bleibt sie tadellos rein. Dürfen Sie einen Serviettenzipfel in den Kragen stecken? Nur kleine Kinder, motorisch behinderte und sehr alte Menschen sowie Krebs-Esser dürfen da mit Nachsicht rechnen!

Am Boden

Ist Ihnen Ihre Serviette zu Boden gefallen, hebt ein umsichtiger Kellner in einem guten Restaurant sie auf und bringt Ihnen – aus Gründen der Hygiene auf einem Teller – eine neue. Notfalls bitten Sie ihn darum. Gibt es nicht so viel Personal, wie etwa im Gasthaus, heben Sie sie selbst auf und bitten um Ersatz.

191. Ellenbogen: Wann darf ich bei Tisch den Ellenbogen aufstützen?

Kurz und schmerzlos: nie! Sie halten Ihr Besteck so, dass Ihr Arm bis zum Puls auf dem Tisch liegt; auch wenn die linke Hand z. B. bei der Suppe nicht zum Einsatz kommt, bleibt sie dort. Nicht aufstützen, nicht mit dem Besteck fuchteln, nicht den Kopf zum Essen neigen! Führen Sie Ihr Essen bei gerader Sitzhaltung zum Mund.

192. »Guten Appetit«: Woher stammt die Sitte, dass »Guten Appetit« ungehörig ist? Was sage bzw. sage ich heute nicht, wenn das Essen beginnt?

»Die Gastgeberin nimmt ihr Besteck auf, blickt huldvoll und schweigend in die Runde und beginnt zu essen« – so lautet die traditionelle Regel für den Auftakt zum Essen. Sie gilt in gehobenen Kreisen weiterhin. Die Begründung: Ein »Guten Appetit« seitens der Dame des Hauses könnte als Mangel an Bescheidenheit interpretiert werden, eine Aufforderung seitens der Gäste als anmaßend. Diese Einschränkung gilt nicht für die Aufforderung des Gastgebers zum Trinken: »Zum Wohl« – aus seinem Mund! – ist in Ordnung. Da jedoch nicht alle Ihre Gäste diese aus den so genannten besseren Kreisen kommende Regel kennen, mag es im jeweiligen Fall geschickt sein, sie zu brechen und mit einem beherzten Wunsch das Essen zu beginnen.

193. Auf alle warten: Darf ich an einer großen Tafel und bei schleppendem Service wirklich erst zu essen beginnen, wenn alle etwas haben?

Da das Essen der Gemeinschaftsbildung dient, müssen Sie warten. Da es aber auch Genuss bieten soll und keine warme Speise lauwarm oder kalt schmeckt, können bei absehbar langer Wartezeit die Gäste, die noch warten, die Erlaubnis geben: »Bitte fangen Sie doch schon an.«

194. Probieren: Darf ich meine Partnerin von meinem Essen probieren lassen?

Sie sollen bei Tisch, das wissen Sie sicherlich, Ihr Terrain nicht verlassen, also nicht über den Tisch greifen. Als Gast in einem sehr förmlichen Kreis halten Sie sich an diese Einschränkung. Wie schön ist es aber, als Paar im Restaurant verschiedene Dinge zu bestellen, um die Vielfalt der Geschmäcker zu erleben. Und hin und wieder ist Ihre Partnerin vielleicht sogar froh, wenn Sie ihr helfen, ihre Portion aufzuessen. Wenn Sie dann Ihre Tauschgeschäfte diskret hinbekommen – nur zu! Die sind am leichtesten zu bewerkstelligen, wenn der Kellner Ihnen behilflich ist: »Bitte geben Sie meiner Partnerin auch etwas von dem Fasan, dafür nehme ich gern von ihrem Lamm …« Oder Sie behalten zum Hauptgang Ihren Brotteller. Bereiten Sie darauf die Probierportion für Ihre Partnerin zu und sie macht ihrerseits das Gleiche.

195. Nachsalzen: Mir sind die meisten Speisen zu schwach gewürzt. Darf ich nachsalzen?

In einem Restaurant greifen Sie ruhig zum Salzstreuer bzw. lassen ihn sich von der Person reichen, in deren Nähe er auf dem Tisch steht. Der Aberglaube besagt, dass Salz – es war einmal ein kostbares Gut – nicht weitergegeben werden durfte; deshalb haben die Gäste an sehr feierlichen konservativen Tafeln jeweils ihr eigenes Salzfässchen.

In einem Privathaushalt sollten Sie sehr behutsam vorgehen; wie leicht könnten die Gastgeber ein beherztes Nachsalzen als Geringschätzung ihrer Küche oder gar als Tadel empfinden. Was gar nicht geht: Nachwürzen, ohne vorher gekostet zu haben. Das würde einfach als schlechte Angewohnheit interpretiert. Auch aus gesundheitlichen Gründen könnten Sie erwägen, sich Schritt für Schritt an den ursprünglichen Geschmack von Produkten zu gewöhnen und so Ihren Geschmacksnerven zu einer erhöhten Sensibilität verhelfen.

Wenn Salz und Pfeffer fehlen

Da zwar Pfeffer zu den Gewürzen zählt, Salz aber nicht, finden Sie in manchen Lokalen ausschließlich Salz auf dem Tisch, in anderen weder das eine noch das andere. Das ist ein gutes Zeichen für das Selbstbewusstsein des Kochs: Er findet, er kocht so, wie Sie es mögen sollten! Nur beim Italiener erbitten Sie jetzt die Pfeffermühle. Ketchup verlangen Sie bitte nie. Im Fast-Food-Restaurant steht es schon da.

196. Auf dem Teller lassen: Was muss ich, was darf ich auf dem Teller zurücklassen?

Alles Essbare auf Ihrem Teller muss genießbar sein. Deshalb dürfen Sie jegliche Dekoration mitessen, das gilt sogar für Blüten. Im Gegenzug brauchen Sie keinen Anstandsrest zu hinterlassen. Genießen Sie, was Ihnen schmeckt; lassen Sie das übrig, was Sie nicht mögen – in Maßen bitte!

197. Schmeckt nicht: Darf ich Essen unberührt stehen lassen, wenn es mir nicht schmeckt?

Woher wissen Sie, dass Sie es Ihnen nicht schmeckt, wenn Sie es nicht probiert haben? Vielleicht haben Sie schlechte Erfahrungen mit bestimmten Grundprodukten gemacht. Dann essen Sie um diese Bestandteile herum. Ihre Gastgeber erwarten, dass Sie wenigstens ein paar Bissen nehmen, wenn Sie vorher keine Einschränkungen (▸ Seite 159) gemacht haben.

198. Gräte im Mund: Was mache ich, wenn ich eine Gräte oder einen Olivenkern im Mund habe?

Die Empfehlung könnte banaler nicht sein; sie lautet »raus wie rein«. Ist etwas, das Sie nicht schlucken können oder wollen, mit der Gabel in Ihren Mund gelangt, spucken Sie es diskret wieder auf diese zurück. Den Olivenkern beim Aperitif entsorgen Sie über die Hand, mit der er in den Mund kam, in eine Serviette.

199. Panne reklamieren: Ich finde ein Haar in meiner Suppe. Wie verhalte ich mich richtig?

Ob Sie einem Haar in der Suppe, einer Fliege auf den Nudeln oder einer Schnecke im Salat begegnen, es sollte Ihnen keine Laus über die Leber laufen. Ersparen Sie den Anwesenden einen Skandal. Sind Sie in einem Privathaushalt eingeladen, entfernen Sie den Störenfried dezent und essen um die Fundstelle herum, so gut es möglich ist, ohne dass es Ihnen übel wird. Nicht den Fund demonstrativ auf dem Tellerrand ablegen! Das gilt auch für fremde Lippenstiftspuren am Glas. Entweder Sie stellen das Trinken ein oder Sie drehen das Glas dezent so, dass Sie, ohne sich zu ekeln, trinken können. Für zahlende Gäste im Restaurant wäre derlei Zurückhaltung fehl am Platz. Winken Sie den Kellner herbei und weisen Sie ihn auf das Problem hin. Helfen Sie ihm, das Gesicht zu wahren. »Sehen Sie das?« sollte reichen. Kann er nicht umgehend für Abhilfe sorgen, dürfte es auch beim Bezahlen keine Diskussion geben: Dieses Essen bezahlen Sie natürlich nicht.

Eingeladen im Restaurant, können Sie bei hoher Frustrationstoleranz ähnlich schonend vorgehen wie im privaten Haushalt. Sie können aber auch diskret Kontakt zum Kellner aufnehmen und ihn um Ersatz bitten.
Beobachten Sie als Gastgeber, dass ein Gast nur zögernd isst, bitten Sie in großer Runde den Kellner, ihn nach dem Problem zu fragen: »Schauen Sie bitte mal diskret bei der Dame im weißen Kostüm vorbei.« In kleiner Runde stellen Sie die Frage selbst. Sind Sie selbst betroffen und Ihre Tischnachbarn haben das nicht bemerkt, bitten Sie den Kellner, unauffällig die Runde zu machen und zu prüfen, ob garantiert kein Gast von dem Problem betroffen ist. Ein Wutausbruch fiele auf Sie zurück, Sie haben schließlich das Lokal ausgesucht. Und übertriebene Demutsgesten würden Ihre Gäste in die delikate Situation bringen, Sie trösten zu müssen.

200. Schlechte Tischmanieren: Meine Kollegin hat schlechte Tischmanieren. Sollte ich sie darauf hinweisen?

Es kommt sowohl auf Ihre Rolle als auch Ihre Beziehung zu der betreffenden Person an: Kollegen gegenüber können Sie sich leichter äußern als zu Ihrem Chef. Ebenso wird eine Kollegin, mit der Sie einen freundschaftlichen Umgang pflegen, Ihre Worte eher annehmen als jemand, dem Sie nicht wohl gesinnt sind. Wichtig ist auch Ihr Ziel: Wollen Sie voller Schadenfreude Ihre Kollegin peinlich berührt sehen oder ihr weitere Peinlichkeiten ersparen? Nur dann werden Sie authentisch die passenden Worte finden.

201. Schlechte Manieren bei Kindern: In unserem Freundeskreis »glänzen« einige Kinder durch schlechte Tischmanieren. Wie kann ich das Problem ansprechen, ohne die Freundschaft zu gefährden?

In Ihrem Haushalt dürfen Sie in Abwesenheit der Eltern nicht nur bei fremden Kindern und Jugendlichen auf die Einhaltung der hier geltenden Spielregeln pochen; Sie sollten es im

Interesse Ihrer eigenen Glaubwürdigkeit auch tun: »Du, Kim, nimm doch bitte den Ellenbogen vom Tisch.« Verzichten Sie auf tadelnde Worte, beschreiben Sie konkret das erwünschte Verhalten. Je früher Sie eingreifen, desto niedriger bleibt der Pegel Ihres Ärgers.

Erwarten Sie keine Begeisterung, freuen Sie sich, dass Sie das erreichen, was Sie sich wünschen. Ganz nebenbei tun Sie sogar ein gutes Werk, wenn Ihre Freunde sich vor notwendigen erzieherischen Maßnahmen drücken. Sind die Eltern dabei, halten Sie sich im Moment des Vorfalls zurück; sprechen Sie unter vier Augen die Mutter oder den Vater des Kindes an. Teilen Sie ihnen Ihre persönliche Betroffenheit mit: »Ich achte bei meinen Kindern darauf, dass sie sich bei Tisch korrekt verhalten. Das ist für mich aber schwer durchzuhalten, wenn eure Kinder vor den unseren schmatzen, rülpsen usw. Könntet ihr mich bitte unterstützen und euren Kindern etwas sagen?« So schieben Sie Unterschiede im Verhalten auf – ganz normale – unterschiedliche Wertigkeiten und vermeiden eine Diskussion über Erziehung oder Umgangsformen an sich.

Hört das Fehlverhalten nicht auf, müssen Sie Ihre eigenen Kinder informieren – über Ihre Vorstellungen von Umgangsformen und Vorbildern.

202. Aschenbecher: Ist ein Aschenbecher auf dem Tisch ein Zeichen, dass ich hier rauchen darf?

Der Aschenbecher bedeutet, dass Sie in der Raucherzone sitzen und sich von etwaigen bösen Blicken vom Nebentisch nicht irritieren lassen müssen. Er bedeutet nicht, dass Sie als eingeladener Gast Ihre Zigaretten zücken dürfen, sobald Sie Platz genommen haben.

203. Wann rauchen: Wann darf ich bei Tisch rauchen und muss ich immer um Erlaubnis fragen?

Immer mehr Gastronomen bitten ihre Gäste darum, nicht nur auf das Rauchen von Pfeife und Zigarren im Speisesaal zu verzichten, sondern auch auf Zigaretten – oftmals verklausuliert im Kleingedruckten der Speisekarte: »Wir bitten Sie, während der Kernzeiten das Rauchen einzuschränken.« Bei einem Bankett sind Aschenbecher von Anfang an eingedeckt. Dennoch ist es gute Sitte, erst nachdem das Dessert abgeräumt ist, den Gastgeber bzw. die Tischnachbarn zu fragen, ob das Rauchen gestattet ist. Diese brauchen sich nicht genötigt fühlen, »ja« zu sagen. Sie sollten zu ihrem Bedürfnis stehen und können das freundlich, z.B. in eine Gegenfrage verpacken: »Würde es Ihnen sehr schwer fallen, hier auf das Rauchen zu verzichten?« Wird Ihre Bitte abgelehnt, haben Sie nicht das Recht zu schmollen. Können Sie auf Ihre Zigarette nicht verzichten, verlassen Sie den Tisch und rauchen an der Bar oder notfalls vor der Tür.

204. Zwischendurch aufstehen: Warum stehen manche Herren auf, wenn ich den Tisch verlasse? Ich fühle mich gar nicht wohl dabei!

Der Kavalier der alten Schule hat gelernt: Er sitzt nicht, während eine Dame steht. Darum stehen in sehr feinen Kreisen alle Herren an einer Tafel auf, wenn eine Dame sich vom Tisch entfernt und wenn sie wieder zurückkehrt. Auf etwas weniger förmlichem Terrain stehen nur die beiden Herren jeweils zu ihrer Rechten und Linken auf und erleichtern ihr so aufzustehen und sich wieder zu setzen. Gefällt Ihnen das nicht, bitten Sie die Herren einfach: »Ich gehe jetzt mal hinaus, bitte bleiben Sie sitzen.« Selbst am Biertisch, wo üblicherweise die Gesten der Höflichkeit nur reduziert zur Anwendung kommen, sagen Sie bitte, dass Sie gleich wiederkommen, wenn Sie gehen.

205. Bezahlen: Kann ich einen Gast am Tisch warten lassen, um nicht vor seinen Augen zu bezahlen?

Er würde auch warten, wenn Sie zur Toilette gingen. Bitten Sie den Kellner, Ihnen die Rechnung z.B. am Tresen zu geben, und zahlen Sie dort. Als Frau laufen Sie Gefahr, dass ein männlicher Gast versucht, Ihnen zuvorzukommen. Informieren Sie den Kellner rechtzeitig, wenn Sie das nicht wünschen.

Auf Ihr Wohl!

Ist Alkohol der Gesundheit schädlich oder fördert er sie? Derzeit wird zum Verzehr in Maßen geraten. Jenseits aller gesundheitlichen Empfehlungen wird ein schönes Essen im netten Kreis erst durch das richtige Getränk zum vollendeten Genuss.

206. Wasser- oder Weinglas: Im Restaurant sind zwei Gläser eingedeckt, ich soll Wasser einschenken. Welches Glas nehme ich?

Das ist eine Frage der Relation. Haben Sie Rotwein bestellt, ist das größere Glas dafür vorgesehen, für Weißwein das kleinere. Das Glas vor der Spitze des Hauptgang-Messers ist für den Wein gedacht – wenn der Tisch von geschultem Personal gedeckt wurde. Nehmen Sie das andere.

207. Glas halten: Wie fasse ich Sekt- und Weingläser richtig an?

Die hin und wieder geäußerte Einschätzung, ein Glas am Kelch – an der »Cuppa« – anzufassen wirke locker, ist genauso falsch wie die, es sei »cool«, die Hände in der Hosentasche zu vergraben. Ein Glas mit Stiel am Stiel anzufassen, hat Stil. Ausnahmen sind Gläser mit kurzem Stiel und großem Kelch wie Pils- und Cognacgläser.

208. Gläser anstoßen: Bei welchen Gelegenheiten wird heute noch angestoßen?

Eleganterweise wird im Alltag heute auf das Anstoßen verzichtet. Der Ursprung der Sitte, Trinkgefäße vor dem Trinken aneinander zu stoßen, liegt im Mittelalter. Durch das kräftige Anstoßen der Humpen gegeneinander sollten die Inhalte sich mischen. Dadurch wurde sichergestellt, dass wirklich beide Humpen das Gleiche enthielten und nicht einer dem andern Gift ins Getränk gemischt hatte. Diese Sicherheitsprüfung war immer auf kalte Getränke beschränkt, Tee und Kaffee gab es hier noch nicht, als diese Konvention eingeführt wurde, und Milch wurde von Damen und Kindern getrunken. Daher ist noch nie mit Heißgetränken angestoßen worden. Es jedoch auch falsch, wenn generell untersagt wird, dass Bier- und Weintrinker miteinander anstoßen oder dass mit alkoholfreien Getränken überhaupt angestoßen würde. Bei besonderen Gelegenheiten ist das Anstoßen nämlich sehr wohl gang und gäbe: Wenn Gäste auf das neue Jahr trinken oder einem Jubilar gratulieren.

Bitte beachten: Trinken Ihre Gäste auf Ihr Wohl, dürfen Sie natürlich nicht mittrinken. Sie können schließlich nicht auf Ihre eigene Gesundheit anstoßen! Es ist also immer klüger, einen Toast »auf den Abend« oder »auf die Zukunft« als »auf unsere Gastgeberin« auszubringen!

209. Getränkealternativen: Muss ich meinen Gästen zu einem Menü immer Weißwein und Rotwein anbieten oder welche Getränke eignen sich noch?

Von Weiß- zu Rotwein übergehen – das ist die gängige Variante; Sie können aber zu einem umfangreichen Menü auch verschiedene Getränke servieren: Sie beginnen nach dem Aperitif z. B. mit einem edelsüßen weißen Wein zur Gänseleber. Darauf folgt zur Suppe ein Sherry; erst dann geht es weiter mit weißen und roten Weinen, dem Dessertwein und dem Digestif. Sie können je nach Speisenfolge nur einen Weißen oder einen Roten anbieten. Beschränken Sie sich bei alkoholfreien Angeboten auf säuerliche Apfel- oder Johannisbeer-Schorle und Wasser. Es wird als hohes Maß an Feingefühl gewertet, wenn Gastgeber Wasser sowohl mit als auch ohne Kohlensäure bereithalten. Als Alternative zum Wein servieren Sie Bier das ganze Essen hindurch. Das ist immer angesagt, wenn Ihre Gäste ausgewiesene Biertrinker sind oder wenn Sie ein deftiges Essen wie Bratwurst oder Schweinebauch reichen. Und bei scharfen Gerichten z. B. aus der indischen oder Thai-Küche löscht Bier nicht nur den Durst. Auch bei einem Rendezvous können Sie sich auf ein einziges Getränk beschränken: zum Candle Light Dinner ist Champagner angesagt. Am besten passt da die sehr trockene »extra brut«- oder die etwas weniger, aber doch noch herbe »brut«-Variante.

210. Kork im Wein: Wie stelle ich fest, ob ein Wein Kork hat oder nicht?

Die Korkeiche ist rar geworden, gute Korken gibt es immer seltener. Derzeit haben bis zu zehn Prozent der Flaschen einen »Fehlton«, d. h. der Wein schmeckt nach Kork. Deshalb werden immer mehr Weine mit Stopfen aus anderem Material wie Kunststoff oder Glas oder aber mit einem Schraubdeckel verschlossen. Monieren Sie also nicht unbesehen. Seien Sie beim Reklamieren von offenem Wein vorsichtig. Weine im Glasausschank stammen meist aus Flaschen mit Schraubverschluss!

Checkliste: Ist der Wein in Ordnung?

- ☐ Hat Ihr Wein eine klare Farbe?
- ☐ Ist er frei von Schwebteilen?
- ☐ Bilden sich bei einem kräftigen Wein Schlieren – die »Kirchenfenster« – an der inneren Glaswand?
- ☐ Ist der Geruch typisch für Rebe, Region und Alter?
- ☐ Ist der Geruch rein, frei von unerwarteten, vielleicht muffeligen Untertönen?
- ☐ Ist der Wein richtig temperiert?
- ☐ Ist er, wenn Sie einen guten Schluck im Mund bewegen, frei von Korkgeschmack?
- ☐ Hat er keinen anderen Fehlton – wie den fauligen Geruch der Schwefelwasserstoffverbindung Böckser?
- ☐ Ist er im trinkbaren Alter, das heißt nicht madeirisiert, also überaltert?
- ☐ Schmeckt er als reifer Wein vollmundig?
- ☐ Hat er den richtigen Geschmack, auch wenn er nicht so ganz nach Ihrem persönlichen Gusto ist?

Treffen alle Aspekte zu, ist Ihr Wein in Ordnung.

Ein harmonisches Duo: Wein & Speisen

Trinken Sie am liebsten den trockenen Weißen, der vor Ihrer Haustür wächst? Oder den lieblichen Roten, den Ihr italienischer Winzer immer so günstig über die Alpen schickt? Trinken Sie ihn – wann und wo immer Sie mögen. Sind Sie jedoch für das **Wohl von Gästen** verantwortlich, sollten Sie nicht voraussetzen, dass diese Ihre subjektiven Genüsse teilen. Verlassen Sie sich lieber auf das **Wissen von Fachleuten** und auf deren Empfehlungen zu den Kombinationen von Wein und Speisen und zur Abfolge von Weinen untereinander, die üblicherweise als angenehm empfunden werden.

Expertenrat für Ihren Wein

Ein Gehirn empfindet es als harmonisch, wenn es zuerst mit leichten, dann mit kräftigen Reizen konfrontiert wird. Auf diesem Expertenwissen beruht der Rat, **zuerst junge leichte** und **danach gehaltvolle ältere Weine** zu trinken, sowie **zuerst kühle, dann temperierte** und **zuerst weiße, dann rote Weine** zu genießen. Des Weiteren wissen die Experten über die Volksweisheit »Sauer macht lustig« hinaus, dass Säure fetten Speisen (Bratwurst vom Meter) die Schwere nimmt und sich neben einer süßen Speise (Dessert, Karotten) verstärkt. Weine mit geringem Säuregehalt mildern den bitteren und/oder scharfen Geschmack verschiedener Gemüsesorten.

Geschickt kombinieren

Wollen Sie das Beste aus Ihrem Essen machen, wählen Sie einen **Wein, der geschmacklich korrespondiert.** Bevor Sie im Restaurant einen Wein wählen, müssen Sie also nicht nur das Grundprodukt kennen. Sie müssen wissen:

- Wie ist es zubereitet? Ob es gebacken, gebraten, gekocht ist – das macht einen Unterschied.
- Von welcher Sauce wird es begleitet? Riesling, Schalotten, Knoblauch – dazwischen liegen Welten.

- Welche Gemüse sind im Spiel? Artischocken und Oliven sind bitter, Möhren süßlich usw.
- Von welcher Sättigungsbeilage wird es begleitet? Tagliatelle mit Trüffeln schmecken milder als Bratkartoffeln.

Da Sie für Ihre Wahl all das wissen müssen, steht all das in genau dieser Reihenfolge auf einer korrekt geführten Speisekarte. Stimmen Sie dann Ihren Wein mit der intensivsten Geschmackskomponente der jeweiligen Speise ab.

Was trinken Sie wozu?

Vorspeisen	**Salate**	Zu Salatsauce passt kein Wein; wählen Sie den Wein, der zur Beigabe wie geräuchertem Fisch usw. passt.
	Austern	kühler Muscadet
	Krustentiere, Räucheraal, Lachs	kraftvolle Weiße ohne viel Säure
	Gänseleber	zur Terrine: edelsüße Weine gebraten: Gewürztraminer, Spätlese
	Suppe	kein spezieller Wein, bleiben Sie beim Wein des Vorgängers oder trinken Sie den Wein, der zum nächsten Gericht passt
Hauptgerichte	**Fisch**	pochiert, gekocht: den Wein, in dem er »schwimmt«; gebraten: Weiß- oder Grauburgunder, Chardonnay, leichter Rotwein
	Huhn	gekocht: Riesling und Silvaner; gebraten: Weiß- und Grauburgunder, leichter Rosé
	Gans und Ente	je nach Zubereitungsart: gehaltvolle Weiße, bis hin zu roten Weinen
	Kalb	je nach Zubereitungsart: Weiß- oder Grauburgunder, ein leichter Roter
	Lamm, Rind	je nach Zubereitungsart und persönlicher Vorliebe: mehr oder weniger kräftige Rote
	Wild, Wildgeflügel	kräftige Weine von Grau- bis Spätburgunder
Nach dem Hauptgang	**Käse**	ein Wein aus der gleichen Region wie der Käse – weiß oder rot
	Dessert	Wein süßer als das Dessert, Champagner nur in der demi-sec-Version, zu Schokolade nur hoch konzentrierte süße Weine

Richtig temperiert

»Nicht zu warm, nicht zu kalt« – das sind keine objektiven Messwerte für die Lagerung und Vorbereitung von Getränken. Da jedes Bouquet bei einer individuellen Temperatur am besten zur Geltung kommt, sollten Sie Ihre Getränke **in der jeweils geeigneten Trinktemperatur servieren.** Das heißt nicht, dass Sie sie in dieser Temperatur an den Tisch bringen dürfen. Schließlich steigt die Temperatur im Glas in Minutenschnelle; ziehen Sie für die Aufbewahrung vor dem Servieren von den hier angegebenen Werten jeweils zwei Grad ab.

	–21–	
	–20–	
	–19–	Sherry Cream, Milk, Oloroso
Schwere, alte, körperreiche Rotweine	–18–	
	–17–	Vintage Port, Vintage Character, Late bottled Vintage
körperreiche Rotweine	–16–	
	–15–	andere versetzte Weine (Zirkaangabe)
Leichte, junge Rotweine	–14–	
	–13–	
	–12–	Gereifte, gehaltvolle, körperreiche Weißweine, Prädikatsweine, trockene und halbtrockene Sherrys, White Port, Wermut
	–11–	
	–10–	
Junge, frische Roséweine und Weißweine	–9–	
	–8–	
	–7–	Champagner
	–6–	
	–5–	Sekt
	–4–	
	–3–	
	–2–	
	–1–	
	–0–	

Letzte Rettung: Frappieren

Der Besuch kam zu früh und/oder trank zu viel? Haben Sie nicht genügend Wein kalt gestellt? Anstatt an die nächste Tankstelle zu rennen, geben Sie in einen Weinkübel (oder heimlich in einen Putzeimer) **Eis, Wasser und Salz.** Drehen Sie darin die Flasche mit sehr schnellen Bewegungen. Das Eis schmilzt, die Kälte gelangt in den Wein, im Handumdrehen ist die Trinktemperatur erreicht.

Einschenken, nicht abfüllen

Großzügig anbieten, nicht zum Trinken nötigen – so verhalten sich Gastgeber im Idealfall. Schenken Sie in kleinere Gläser **bis an die bauchigste Stelle des Glases** ein, bei großen Kelchen einen guten **Achtelliter.** Rechnen Sie bei einem Menü pro Person mit einer halben bis einer ganzen Flasche Wein.

Schenken Sie wie ein Service-Fachmann im Lokal einem Gast über dessen **rechte Schulter** so ein, dass er das Etikett sehen kann. Niemals berührt die Flasche das Glas; um Tropfenbildung zu verhindern, drehen Sie die Flasche leicht ab. Dabei bleibt das Glas auf dem Tisch stehen. Nur große Rotweinkelche heben Sie sicherheitshalber zu sich hoch, um hinter der rechten Schulter des Gastes einzuschenken. Wollen Sie Ihrem Tischnachbarn im Sitzen nachschenken, stellt er sein Glas so ab, dass Sie leichten Zugang haben. Das Signal eines Gastgebers sollte eindeutig sein: Ein Gast, der noch bleiben soll, muss bis zum Digestif immer Wein im Glas haben.

Für besondere Fälle: das Dekantieren

Wollen Sie Ihre Gäste mit einem **wertvollen Wein** verwöhnen? Ersparen Sie ihm jegliche Erschütterung, tragen Sie ihn Stunden vor dem Essen in einem Dekantierkorb aus dem Keller. So kann er sich zwecks voller Entfaltung an die Umgebung gewöhnen und die bei alten Weinen vorhandenen Ablagerungen bleiben auf dem Flaschenboden. Früher füllte man ausschließlich alte Bordeaux-Weine in eine Karaffe um. Heute setzt man auch bei jüngeren Burgundern und gehaltvollen Weißen durch das Umfüllen Aromen frei.

211. Kork nicht bemerkt: Der Gastgeber hat nicht bemerkt, dass der Wein korkt. Wie kann ich als Weinkennerin helfen?

Retten Sie den Ruf des Gastgebers und Ihren eigenen und ermöglichen Sie allen Beteiligten den Genuss. Als Weinkennerin wissen Sie: Je wärmer ein Wein wird, desto klarer tritt sein Bouquet zutage. Der Probeschluck, der dem Gastgeber eingeschenkt wurde, war gut gekühlt, also weniger aromastark als der Wein, den Sie nun nach mehreren Minuten zum zweiten Mal in die Hand nehmen (beim ersten Mal sagen Sie klugerweise nichts). Nun trinken Sie, zögern, riechen ... und sagen: »Anfangs hat er mir sehr gut gefallen, doch wo er jetzt mehr Blume entwickelt, bin ich mir nicht mehr so sicher ...« Der Gastgeber wird Ihren Wink verstehen und Ihnen danken, dass Sie ihm aus dem Fettnäpfchen herausgeholfen haben, anstatt ihn bloßzustellen.

212. Kork entfernen: Gibt es einen Trick, um Korkgeschmack aus dem Wein herauszubekommen?

Einen sehr schwachen Korkton bekommen Sie heraus, indem Sie den Wein mit einem Stück Frischhaltefolie in eine Karaffe geben und den Wein eine Weile damit ziehen lassen. Ist der Korkgeschmack stark und Sie können den Wein nicht umtauschen, gibt es nur einen Ort für ihn: den Ausguss.

213. Kein Alkohol: Wie vertusche ich, dass ich keinen Alkohol trinke?

Wollen Sie das Risiko vermeiden, nach den Gründen für Ihren Alkoholverzicht gefragt zu werden, hilft nur: so tun als ob. Schaumweine lassen sich durch eine leichte Apfelschorle im Sektglas ersetzen, Weißweine durch gezielt verdünnten Apfelsaft und Rotwein durch Johannisbeersaft im Rotweinglas. Den unverdünnten süßen Saft wollen Sie aber zum feinen Essen wahrscheinlich nicht gern trinken. Sie können sich daher ohne Not Wein einschenken lassen, das Glas beim Zuprosten wie alle anderen Gäste erheben und an den Mund führen. Dass Sie daran nicht einmal nippen, fällt niemandem auf. Nur ein sehr spitzfindiger Nachbar würde bemerken, dass Ihr Glas immer die gleiche Menge enthält. Bei Bier gibt es keine Ersatzhandlung. Da müssen Sie beichten, dass Sie es nicht trinken; bestellen Sie stattdessen ein Wasser – oder einen Wein, den Sie dann nicht trinken.

214. Trockener Alkoholiker: Einer meiner Bekannten ist trockener Alkoholiker. Dürfen andere Gäste in seiner Anwesenheit keinen Alkohol trinken?

Einerseits sollten Sie Ihren Bekannten nicht in Versuchung führen; andererseits ist er, wenn er wirklich trocken ist, so stark, dass der Anblick von Alkohol keine Versuchung für ihn darstellt. Er könnte sonst nicht aus dem Haus gehen! Wichtiger ist: Sie müssen garantieren, dass kein Alkohol im Essen – und zwar von allen Personen – versteckt ist. Wenn Sie ihm Extraportionen vorsetzen, würden Sie damit die Thematik unnötig zur Schau stellen. Schenken Sie ihm alkoholfreie Getränke in Weingläser, ist er zumindest optisch in die Trinkrituale integriert. Sie brauchen andere Gäste nicht einfühlsam vorzuwarnen, dass da ein trockener Alkoholiker am Tisch sitzt. Der Betroffene hat gelernt, mit unsensiblen Fragen umzugehen. Der Versuch, sein Problem für ihn zu lösen, würde ihn unmündig machen.

215. Alkohol als Glaubensfrage: Ich habe muslimische Gäste ins Restaurant eingeladen. Wie soll ich mich verhalten?

Informieren Sie das Restaurant rechtzeitig, dass nur Speisen und Getränke ohne Alkohol angeboten werden dürfen. Warum Sie diese Gäste anders behandeln als den trockenen Alkoholiker? Weil der einzelne Gast eine Ausnahme darstellt, das kulturelle Umfeld der Muslime Alkohol jedoch generell untersagt. Sie hören im Tischgespräch schon heraus, ob da nicht doch jemand von Ihren Gästen gern den Wein der Region probieren möchte.

216. Angetrunkener Gast: Darf ich bei einem Fest einen angetrunkenen Gast vom Alkoholnachschub abschneiden?

Das kommt auf Ihre Rolle bei Tisch und Ihren Status gegenüber dem Betroffenen an. Als Tischnachbar können Sie sich auf den Standpunkt stellen »Soll ich meines Bruders Hüter sein?« und das Ganze ignorieren. Ist das jedoch – z.B. aus moralischen Gründen – nicht Ihr Ding, können Sie dem Herrn immer wieder Wasser nachschenken und ihm mit Ihrem Wasserglas zuprosten. Offensiver schneiden Sie das Thema Heimweg an: »Ich habe beschlossen, nur mit null Promille zu fahren und mir die Nummer der Taxizentrale notiert. Wie kommen Sie nach Hause? Kann ich Sie mit dem Taxi ein Stück mitnehmen?« Flunkern ist in diesem Fall eine lässliche Sünde: Erzählen Sie von einem guten Bekannten, der erst neulich seinen Führerschein wegen so eines dummen Glases zu viel abgeben musste.

Geht es Ihnen weniger um die Sicherheit im Straßenverkehr als darum, ausfällige Bemerkungen einzuschränken, warten Sie auf eine Gelegenheit, die Person z.B. auf dem Weg zur Toilette allein abzupassen, und erinnern Sie sie freundlich, aber bestimmt an die Spielregeln: »Ich fände es fair unseren Gastgebern gegenüber, wenn Sie...« Einem guten Freund halten Sie den Spiegel vor: »Du hast jetzt genug.« Nehmen Sie ihm die Autoschlüssel weg und schicken Sie ihn ins Bett.

Als Gastgeber können Sie einen Alliierten – die Ehefrau, den Kollegen – um Unterstützung bitten. Vor allem aber schenken Sie dieser Person nur millimeterweise Wein nach bzw. bitten den Kellner, das zu tun. Achten Sie im Lokal auf den allgemeinen Verzehr. Bei größeren Veranstaltungen besprechen Sie mit dem Oberkellner, ab welcher Anzahl ausgeschenkter Flaschen er mit Ihnen das weitere Vorgehen besprechen muss: Soll er tüchtig Wein nachschenken oder beim Wasser großzügig sein und beim Wein trödeln?

Im schlimmsten Fall ist die angetrunkene Person Ihr Chef, ein wichtiger Kunde oder Geschäftspartner. In solch einem

Fall müssen Sie seine Heiterkeit aushalten, aber auch seinen Durst. Reden Sie so lange auf ihn ein, bis Sie ihn überredet haben, mit dem Taxi nach Hause zu fahren und sein Auto besser stehen zu lassen.

217. Digestif statt Kaffee: Der Gastgeber bietet zum Schluss des Menüs einen Kaffee an. Ich vertrage aber keinen Kaffee, darf ich mir stattdessen einen Digestif bestellen?

Das dürfen Sie leider nicht; bleiben Sie als Gast im Rahmen der angebotenen Kategorie, die einen Hinweis auf das Budget des Gastgebers gibt. Sie können einen Tee bestellen – Eisenkraut ist beispielsweise zur Verdauung ideal. Oder Sie bleiben beim Wasser.

218. Digestif »vom Haus«: Muss ich einen vom Kellner ausgegebenen Digestif trinken, obwohl ich ihn nicht mag?

Als dankbarer Mensch müssten Sie das Geschenk annehmen; andererseits sind Sie Kunde und damit König. Am häufigsten kommen derartige Angebote in italienischen Lokalen vor, dort wird Ihnen gerne eine Grappa angeboten. (Beeindrucken Sie Ihren Italiener und bestellen Sie »eine« Grappa – im Italienischen ist dieses Getränk nämlich weiblich.) Grappa ist klar, durchsichtig, farblos und ermöglicht Ihnen diesen Trick: Sie heben das Glas auf das Wohl des Kellners und gießen dann den Inhalt in Ihr Wasserglas. Bei Cognac, Pflaumenwein oder Likör geht das nicht. Findet sich da kein Tischnachbar, der sich für Sie opfert, gießen Sie das ungeliebte Getränk nicht in die Dekoration. Lassen Sie es, nachdem Sie so getan haben, als ob Sie daran nippen, stehen. Beim nächsten Mal beugen Sie vor: »Sie meinen es immer so gut mit uns; doch heute bitte keine Grappa. Ich würde lieber einen Ramazzotti trinken. Den zahle ich natürlich.« Oder: »Da ich noch Autofahren muss, ist es besser, wenn ich keinen Absacker trinke, das ist mir zu gefährlich! Aber trotzdem vielen Dank.«

Das richtige Getränk zum guten Schluss

Im Lokal dürfen Sie zum Abschluss eines Menüs mit dem Angebot rechnen: »Kaffee, Espresso, Cappuccino? Einen Digestif vom Wagen vielleicht?«

Kaffee für die Verdauung

Bevor Sie sich entscheiden, bedenken Sie, warum Sie nach einem Essen Kaffee trinken. Es ist der Bitterstoffe wegen, die den Transit der Speisen durch Ihren Verdauungstrakt beschleunigen. Ein vorwiegend auf Milch basierendes Getränk dient diesem Zweck jedoch nicht; das brauchen Sie, wenn Sie jetzt noch hungrig sind. Ein sensibler Gastgeber unterstellt also: »Mein Gast bestellt einen Cappuccino, einen Latte macchiato, einen Milchkaffee? Er ist bei mir nicht satt geworden.« Nun ist nicht jeder Gastgeber so feinfühlig, zum Glück. Dennoch: Tun Sie sich selbst einen Gefallen, wählen Sie einen **Kaffee, einen Mokka oder einen Espresso**.

Nicht nur »wer Sorgen hat, hat auch Likör«

Zu Großmutters Zeiten zogen sich die Herren zu Weinbrand und Zigarre in das Raucherzimmer oder die Bibliothek zurück, die **Damen nippten sorglos im Salon an ihrem Likör.** Liköre sind derzeit nicht so recht im Trend, doch mancher trinkt zum Abschluss eines Essens ganz gern etwas Süßes, das meist aus einer klösterlichen Geheimrezeptur entsteht und neben Alkohol ein Bündel Kräuter enthält. Machen Sie es dagegen wie die Briten, trinken Sie zum Käse als letztem Gang einen Portwein und bleiben nun dabei.

Der Weinbrand: Klassiker unter den Digestifs

Franzosen essen ihren Käse vor dem Dessert, trinken zum Dessert einen Dessertwein oder gar nichts und beschließen ihr Menü mit einem Weinbrand. So ist das auch in Deutschland gängig. Entscheiden Sie sich für einen guten Cognac mit hohem Nuancenreichtum und Ausdrucksfülle, die Buchstaben **»V.S.«** (very special) sollten Sie schon auf dem Etikett lesen. Besser noch: **»V.S.O.P.«** (very special old pale), **»V.V.S.O.P.«** oder **»Grande Réserve«.** Kaum zu bezahlen und sündhaft gut: ein Cognac **»Hors d'âge«** (jenseits jeden Alters) oder **»X.O.«** (extra old). Der Armagnac ist auch geografisch dem Cognac verwandt – beide stammen aus dem französischen Südwesten.

Im Trend: Rum und Malt Whisky

Als absolutes **In-Getränk gilt feiner, aromareicher Rum,** der nicht unbedingt aus der Karibik stammen muss; besonders schick ist Rum aus Australien oder Afrika. Für einen Whisky-Gourmet ist ein **Single Malt das Nonplusultra,** er muss gar nicht der Tradition gemäß aus Schottland stammen. Bieten Sie ruhig einmal einen Whisky aus Japan an. **Vorsicht aber mit Blended Scotch!** Der Verschnitt garantiert zwar gleich bleibenden Geschmack. Doch der wahre Gourmet des gälischen »Lebenswassers« (das bedeutet »Whisky«) wird ihn verschmähen – wie wahrscheinlich auch den amerikanischen Bourbon, den Sie mit »e« schreiben: »Whiskey«.

Hell und klar

Ein »Wasser« ist ein Obstbranntwein: Sein Name beruht nicht etwa auf einem als zu niedrig eingeschätzten Alkoholgehalt, sondern auf der Tatsache, dass er durch die Lagerung in Glas- oder Steinzeugbehältern – nicht in Holz – klar und farblos bleibt. Im Unterschied zum Obstler werden aus Getreide oder Kartoffeln hergestellte farblose Spirituosen – **Aquavit, Korn, Wodka – gekühlt** getrunken.

Aufbewahren und genießen

Lagern Sie in Ihrer Hausbar alle Flaschen stehend, sonst zerfrisst der Alkohol auf Dauer die Korken. Beim Servieren gilt: Je **hochwertiger** das Getränk, desto **größer** darf das Glas sein. Trinken Sie einen einfachen Weinbrand aus einem voluminösen Cognac-Schwenker, merken Sie sofort, welche Aromen dort besser nicht enthalten wären!

Wie essen Sie was?

Die Anthropologen halten das Essen mit Stäbchen für die zivilisierteste Form der Nahrungsaufnahme, weil hierbei keine Waffen zum Einsatz kommen. Doch mit ein wenig Geschick ist auch mit Messer und Gabel ein friedvoller Umgang möglich. Richtig eingesetzt, lässt sich so jede kulinarische Herausforderung meistern.

219. Besteck zuordnen: Woran erkenne ich, welches Besteckteil für welche Speise gedacht ist?

Das Dessertbesteck liegt, wenn es überhaupt zu Beginn des Essens schon eingedeckt ist, oberhalb des Tellers und kommt logischerweise zuletzt zum Einsatz. Alle anderen Besteckteile nehmen Sie von außen nach innen. Meist – aber nicht immer – ist ein Besteckpaar für einen Gang gedacht.

220. Linkshänder: Darf ich als Linkshänderin mein Besteck umwechseln?

Ja, doch drehen Sie nicht beim Hinsetzen Ihr gesamtes Gedeck um. Nehmen Sie zum Trinken ein Glas von rechts, stellen Sie es links ab. Drehen Sie Ihre Besteckteile bei Gebrauch. Denken Sie dabei an Ihren linken Tischnachbarn. Am besten sitzen Sie an der Stirnseite des Tisches oder einer linken Ecke.

221. Besteckspräche: Gibt es eine Besteckspräche?

Die Besteckspräche ermöglicht als nonverbaler Code eine elegante Kommunikation zwischen Gästen, Gastgebern und Service-Mitarbeitern. Stellen Sie sich vor, Ihr Teller sei das Zifferblatt einer Uhr, die Gabel sei der Stunden- und das Messer der Minutenzeiger. Dann bedeutet die Ablage auf der Uhrzeit »zwanzig nach vier«: »Ich bin mit diesem Gang fertig.« Als Gastgeber/in legen Sie Ihr Besteck erst so ab, wenn der letzte Gast diesen Gang beendet hat. Jetzt weiß der Kellner: abräumen bitte! Machen Sie hingegen eine Pause, legen Sie das Besteck auf »zwanzig nach sieben« ab; jetzt weiß jeder, dass Sie noch weiteressen möchten. Immer liegt das Messer rechts, auch bei Linkshändern, immer liegt die Schneide zur Gabel hin, immer liegt das Besteck in den Teller hinein, damit es, wenn es rutschen sollte, das Tischtuch nicht beschmutzt.

Ohne Besteck: eine Sprache für sich

Eine Wasserschale, ein Zitronentuch und eine Manschette an einem Knochen sprechen ebenfalls eine eindeutige Sprache: Hier dürfen Sie mit den Fingern essen; Sie müssen aber nicht! Die Serviette an der Fingerbowl ist zum Abtupfen der nassen Fingerspitzen gedacht.

222. Geheimsprache: Stimmt es, dass es ein Zeichen dafür gibt, wenn mir etwas nicht geschmeckt hat?

Ein so kompromittierendes Zeichen darf es gar nicht geben. Sind Sie als zahlender Gast in einem Lokal, müssen Sie reklamieren, wenn etwas nicht in Ordnung ist. Für den geladenen Gast ist aus Höflichkeit klar: Es hat Ihnen immer geschmeckt!

223. Kein neues Besteck: Was mache ich, wenn der Kellner mir beim Nachservice oder nach meinem erneuten Gang ans Büfett kein neues Besteck bringt?

Vermissen Sie bei Ihrer Rückkehr vom Büfett Ihr Besteck, müssen Sie ihn darauf ansprechen. Nimmt er Ihnen beim Nachservice Ihren alten Teller mit Besteck weg, lächeln Sie ihn an. Er weiß, er hätte zuvor nachdecken müssen! Reagiert er nicht, bitten Sie ihn, Ihnen ein neues Besteck zu bringen.

224. Zahnstocher: Wann darf ich bei Tisch einen Zahnstocher benutzen?

Selbst wenn Sie nur geschwind ein Petersilienstück von Ihren Schneidezähnen entfernen müssen – der auf dem Tisch ausgestellte Zahnstocher kommt ausschließlich im stillen Kämmerlein zum Einsatz. Gehen Sie zur Toilette und korrigieren Sie Ihr Erscheinungsbild dort.

Kleine Besteckkunde

Sie werden mit Getier aus Fluss, Meer und Garten konfrontiert und wissen nicht, wie Sie ihm zu Leibe rücken? Weichen Sie den **»Angstgegnern«** auf dem Teller nicht aus, im Gegenteil: Nutzen Sie die Gelegenheit zu einer ersten kulinarischen Begegnung. Und nehmen Sie dabei das richtige Werkzeug zur Hand. Essen Sie à la carte, wird das Spezialbesteck eingedeckt, nachdem Sie bestellt haben. Bei einem Bankett liegt es an der Stelle, an der das entsprechende Gericht in der Menüabfolge auftaucht.

Schauen Sie sich bei geübten Personen die korrekte Handhabung ab und fragen Sie im Notfall einen Service-Mitarbeiter, wie Sie das Gourmetbesteck benutzen sollten. Hier erfahren Sie schon einmal alles Wichtige über den Umgang mit Krebsgabel, Schneckenzange & Co.

Spezialbestecke und ihre Verwendung

Krebsgabel und Krebsmesser
Flusskrebse sind wieder im Kommen, da Bäche und Flüsse sauberer werden. Sie brauchen kräftige Hände und Werkzeuge dafür. Die Gabel liegt links, das Messer rechts – das gilt auch für das Krebsbesteck – Linkshänder natürlich auch hier ausgenommen. Das **Loch im Krebsmesser hilft beim Aufbrechen** des harten Panzers, mit der stabilen zweizackigen **Krebsgabel** ziehen Sie **das feste Fleisch aus dem Panzer heraus. Vorsicht: Spritzgefahr!** Deshalb sind Sie hier mit einer großen Serviette oder einem Latz gut bedient. Und denken sie an Ihre direkten Nachbarn. Es ist nicht unklug, den Verzehr von Krebsen in einem einfachen Fischlokal zu üben, bevor Sie sie in einem Nobelrestaurant bestellen.

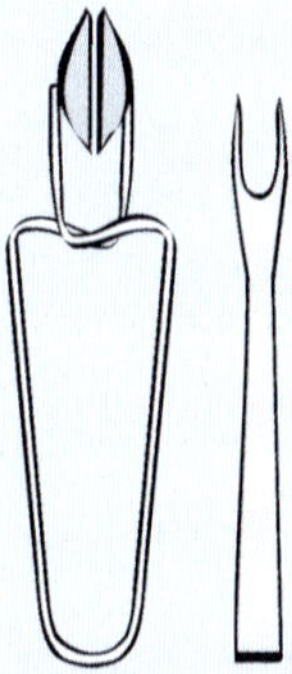

Schneckenzange und Schneckengabel
Es ist nicht üblich, Schnecken im Häuschen in einem Menü zu servieren; sind Schnecken ausgelöst und z. B. überbacken, essen Sie sie mit Messer und Gabel. Schneckenbesteck wird darum erst eingedeckt, nachdem Sie Schnecken im Haus bestellt haben. Mit der **Schneckenzange in der linken Hand** heben Sie das Schneckenhaus aus der Schneckenpfanne, die möglichst auf einem Rechaud steht, und halten es gut fest. Mit der zweizackigen kleinen **Gabel in Ihrer Rechten holen Sie das Tier aus seinem Haus** und legen es auf einen Suppenlöffel, den Sie in einem tiefen Teller stabilisiert haben. Der ist für das Schneckenessen genauso wichtig wie das Spezialbesteck. Denn in ihn lassen Sie die Sauce bzw. die Kräuterbutter rinnen. Ob Sie dann zuerst die Schnecke mit der Gabel essen und dann das Baguettebrot in die Butter tunken oder Schnecke mit Butter zum Mund führen, ist Ihrem Geschmack überlassen.

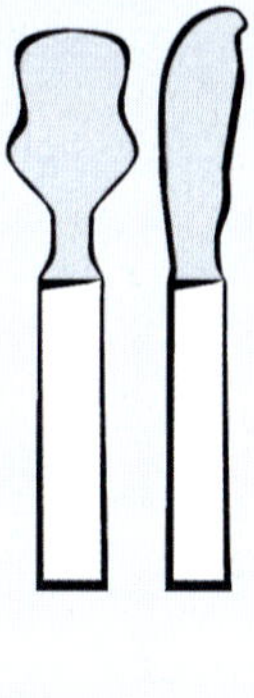

Kaviarschaufel und Kaviarmesser
Kaviarmesser und -schaufel sind, um **Geschmacksverfälschungen auszuschließen, aus Perlmutt oder Horn.** Sie werden meist kurz vor dem Gang eingedeckt. Sie legen sich den Kaviar mit der Schaufel vor und verteilen ihn dann mit dem Kaviarmesser auf dem Blini. Manchmal wird Kaviar auch mit dünnem, gebuttertem und geröstetem Melba-Toast serviert. Ihr Vorgehen bleibt gleich.

Bitte beachten: Die feinen Störeier nicht quetschen! Nicht mit Zitronensaft beträufeln! Kombinieren Sie sie höchstens mit Crême fraîche und gehacktem Ei.

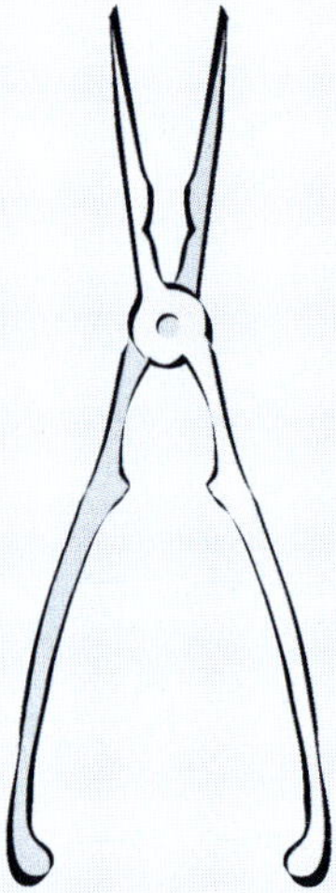

Hummerzange und Hummernadel
Die Hummerzange ist lang und kräftig wie ein Nussknacker, die Hummernadel ist zweizackig, lang und schmal. **Knacken Sie die Hummerscheren in der Mitte** mit der Hummerzange, ziehen Sie an beiden Enden. Mit etwas Glück haben Sie damit schon den Panzer vom Fleisch gelöst. **Ansonsten ziehen Sie mit der Hummernadel das restliche Fleisch heraus.** Versuchen Sie nicht, mit der Hummernadel das Fleisch aus den Beinen zu ziehen; hier hilft nur: mit den Händen brechen und auslutschen. Für den halbiert und geöffnet servierten Hummerschwanz benötigen Sie kein Spezialbesteck. Sie lösen mit Ihrem Vorspeisenbesteck das Fleisch aus dem Schwanz des Tieres heraus und essen ihn direkt aus dem Panzer. Oder Sie heben das Schwanzende, das den Hauptteil des essbaren Tiers ausmacht, heraus, bevor Sie es mit Messer und Gabel verspeisen. Sind die Hummerscheren schon vom Koch geöffnet, benötigen Sie nur die Hummernadel, sie hat dann meist auf der rechten Seite Ihres Gedecks ihren besonderen Platz.

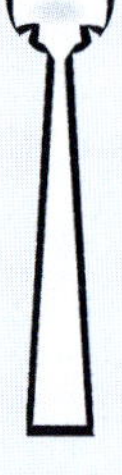

Austerngabel
Klein, stabil und dreizackig ist die Austerngabel. Sie wird aus optischen Gründen beim Gedeck schräg rechts neben das Messer des darauf folgenden Gangs gelegt. Austernbrecher und Austernhandschuh haben bei Tisch nichts zu suchen; Sie benötigen sie in der Küche, wenn Sie Austern zu Hause öffnen wollen. Vorsicht! Bei Tisch nehmen Sie eine Auster in die linke Hand und lösen mit der Austerngabel den Bart – die Stelle, an

der die Auster angewachsen ist – von der Schale. Entweder Sie **nehmen die Auster mit der Gabel aus der Schale** und trinken das Austernwasser hinterher oder Sie **schlürfen die Auster** – lautlos – mit dem Wasser aus. Wollen Sie erst noch prüfen, ob rohe Austern überhaupt die richtige Speise für Sie und Ihre Gäste sind, behelfen Sie sich fürs Erste mit einer Kuchengabel. Sind Sie entschieden: Austerngabel kaufen!

Für Muscheln können Sie die Austerngabel nicht verwenden, da brauchen Sie Ihre Hände und eine Fingerschale. Essen Sie aus einer **Muschelschale** mit Hilfe der eingedeckten Gabel das Fleisch heraus, benutzen Sie diese danach **als Zange für die weiteren Tiere.** Deponieren Sie leere Schalen auf dem Abfallteller, auch geschlossene Muscheln (die sind nicht in Ordnung) gehören dorthin. Den Sud essen Sie mit dem Suppenlöffel.

Gourmetlöffel
Der Gourmetlöffel ist als **Saucenlöffel** gedacht und wurde von den **Nouvelle-Cuisine-Päpsten Jean und Pierre Troisgros** und **Paul Bocuse** entworfen, damit ihr Leibgericht, die Lachsschnitte in Sauerampfersauce, als Gesamtkomposition genossen werden konnte. Viele benutzen ihn heute zum Zerteilen von Fischfilet – und weichen Desserts. Sie dürfen ihn daher zum Mund führen. Er liegt im Gedeck rechts und wird in der rechten Hand gehalten. Ein Fischmesser erübrigt sich dann. Wird Fisch mit grünem Spargel serviert, kommen Sie mit dem Gourmetlöffel und seiner stumpfen Kante nicht weit. Wurde nicht in weiser Voraussicht für das Gemüse ein Fleischmesser eingedeckt, verlangen Sie eines. Wenn Sie die Sauce eines Fleischgerichts nicht mit den Beilagen aufnehmen konnten, sie dennoch genießen wollen, verlangen Sie einen Löffel. In einem edlen Lokal bringt man Ihnen dann in der Regel einen Gourmetlöffel.

225. Frühstück: Ich soll mein Frühstücksei nicht köpfen. Was ist beim Frühstück sonst noch verboten?

Das Verbot, ein Ei mit dem Messer zu berühren, ist eine veraltete Regel. Darum gilt noch lange nicht, dass »alles geht«. Vermeiden Sie es, sich eilig an einen nicht frisch eingedeckten Tisch zu setzen und schon auf dem Weg dahin Kaffee oder Tee zu ordern. Am Büfett beweisen Sie keine kulinarische Kompetenz, indem Sie Ihre Teller überladen und Fleisch, Käse, Ei und Süßes nebeneinander türmen. Gehen Sie mehrmals hin. Es ist ebenfalls verpönt, am Büfett Saft zu trinken oder schon einmal ins Croissant zu beißen. Wenn Sie einen Apfel mitnehmen, brauchen Sie ihn nicht in Ihrer Tasche verschwinden zu lassen. Sich ein Lunchpaket zu richten, ist jedoch tabu.

226. Brot brechen: Ist es wirklich so schlimm, wenn ich im Restaurant mein Brötchen aufschneide oder ein Stück in die Sauce tunke?

Nein! Beim Frühstück müssen Sie Ihr Brötchen sogar halbieren; wie könnten Sie es sonst mit Wurst- und Käse-Aufschnitt belegen? Sie können allerdings auch da ein Brötchen auf einen Extrateller legen und es Stück für Stück z. B. mit einem Rührei oder einer Scheibe Schinken oder Lachs genießen.
Ist ein Brötchen oder ein Baguette-Stück jedoch als Beigabe zu einer Speise gedacht, wird es gebrochen. Die alte Sitte ist gültig, obwohl der Grund dafür – das Teilen – längst auf der Strecke geblieben ist. Brechen Sie also jeweils kleine Stücke ab und geben Sie die angemessene Menge Butter darauf, auf Wunsch auch etwas Salz. Dünnere Schnitten z. B. von Schwarz- oder Toastbrot sollten Sie halbieren und buttern. Brioche und Blini, die man Ihnen zu Gänseleber und Kaviar reicht, werden als Beilagen gewertet und haben ihren Platz nicht auf Ihrem Brot-, sondern auf dem Vorspeisenteller.
Bekommen Sie zwar Brot, aber weder Butter noch einen Brotteller, legen Sie das Brot auf die Tischdecke. Streng genommen dürfen Sie Sauce nicht mit Brot aufsaugen. Aber im vertrauten Kreis werden Sie sich das doch nicht nehmen lassen!

227. Suppe: Wie esse ich Suppe richtig?

»Etikette ist das Geräusch, das man nicht macht, wenn man Suppe isst.« Jenseits dieser Definition gelten weitere Einschränkungen. Streng genommen heben Sie Ihren Teller nicht an, um den letzten Suppentropfen zu erwischen, sondern üben Verzicht; weniger streng genommen dürfen Sie den Teller zur Tischmitte hin leicht anwinkeln. Suppentassen bleiben stets auf ihrem Unterteller stehen – mit einer Ausnahme: Sie haben aus einer klaren Suppe die Einlage herausgegessen und noch einen Rest Brühe in der Tasse. Dann dürfen Sie diese am linken Henkel hochheben und den Rest austrinken. Nicht den Inhalt auf den Löffel gießen! Elegant führen Sie nicht den Löffel mit der Spitze voran in den Mund, sondern lassen die Suppe vom Rand über Ihre Lippen rinnen. Bei Esspausen und zum Schluss legen Sie den Löffel in den Suppenteller oder neben die Suppentasse auf den Unterteller.

228. Spaghetti & Co.: Die Frage ist banal, und doch: Wie esse ich Pasta richtig?

Das Thema ist keinesfalls banal: Essen Sie nämlich Spaghetti falsch, ernten Sie nicht nur spöttisches Schmunzeln von Italienern. Weit schlimmer: Sie laufen Gefahr, Ihre Kleidung und Ihren Tisch zu bekleckern. Am einfachsten und damit saubersten geht es so: Sie rollen mit der Gabel – als Rechtshänder in der rechten Hand – circa zwei Spaghetti auf, nehmen dabei den Tellerrand als Widerstand und führen das hoffentlich festgezurrte Päckchen – möglichst aufrecht sitzend – zum Mund. Der Löffel bleibt unbenutzt neben dem Teller liegen. Die

Spaghetti als Beilage

Auf flachen Tellern haben Sie es schwer. Spaghetti können Sie gegen den Teller drehen, notfalls nehmen Sie dazu die Gabel in die rechte Hand. Schwieriger sind flachere und breitere Nudeln wie Tagliatelle. Machen Sie es wie bei Penne oder Makkaroni, die Sie auch nicht drehen können: Zerteilen Sie sie mit der Gabel mundgerecht.

Klebefähigkeit der Nudeln können Sie durch Parmesankäse erheblich steigern; den nehmen Sie aber nicht dazu, wenn Fisch und Meeresfrüchte im Spiel sind. In diesem Fall vertrauen Sie auf Ihr Geschick. Abbeißen der Spaghetti gilt nicht, einsaugen natürlich auch nicht. Sie können aber ein überhängendes Ende mit der Gabel nachschieben.

229. Spargel: Wie esse ich Spargel richtig?

Nach alter Sitte essen Sie die Königin der Gemüse lauwarm als Vorspeise ohne Beilage. So können Sie den Spargel problemlos an seinem Ende mit drei Fingern der rechten Hand anfassen und den Kopf in die Sauce tunken. Heben Sie den nun mit Sauce benetzten vorderen Teil der Stange mit der Gabel an und beißen Sie stückweise ab. Zur Reinigung der Fingerspitzen benötigen Sie eine Wasserschale (englisch: *Fingerbowl*). Sie dürfen auch Stange für Stange von vorn nach hinten, das heißt von links nach rechts schneiden, die Köpfe liegen nämlich traditionell an Ihrem linken Tellerrand. Erst alle Enden essen und zum Schluss alle Spitzen – das ist zwar so nicht vorgesehen, aber die kulinarisch genussreichste Variante. Knackigen grünen Spargel müssen Sie schneiden.

230. Was schneiden: Man hört gegensätzliche Aussagen: Darf ich denn nun Kartoffeln, Nudeln und Salat inzwischen schneiden oder nicht?

Der Grund für das Verbot, bestimmte Speisen mit dem Messer zu zerteilen, stammt aus alter Zeit: Säure, Stärke und Ei lassen Silber- und einfaches Stahlbesteck anlaufen. Um nun nicht überflüssigerweise viele Besteckteile mühsam mit Schlämmkreide reinigen zu müssen, wurde der Einsatz auf das Minimum, nämlich die Gabel, beschränkt. Das ist zur Zeit von Edelstahlbestecken und Spülmaschinen ein alter Zopf: Jedoch gilt es immer noch als vornehm, sein Messer möglichst wenig zum Einsatz zu bringen. Lassen Sie es, wenn Sie es nicht benötigen, einfach auf der Tischdecke und legen Sie es zum Schluss zum Abräumen mit auf den Teller.

Der Messereinsatz im Überblick

Kartoffeln	Sie dürfen sie schneiden; an der glatten Oberfläche können die Stücke aber kaum Sauce aufnehmen.
Knödel	Ein Knödel muss atmen und wird deshalb gerissen, nicht geschnitten.
Nudeln	Der Italiener wendet sich mit Grausen ab, wenn Sie Pasta schneiden. Überbackene Pasta-Gerichte hingegen müssen Sie schneiden.
Blätterteigpasteten	Für die Füllung brauchen Sie Gabel und evtl. Löffel, für den Boden zum Schluss dazu ein Messer.
Risotto	Nur notfalls mit dem Messer auf die Gabel schieben.
Eier	Messereinsatz ist möglich, außer beim Spiegelei aber überflüssig. Eier im Glas löffeln Sie aus.
Gemüse	Sie dürfen schneiden, müssen das aber meist gar nicht.
Salat	Klein gerissene Stücke essen Sie mit der Gabel, sperrige Blattwerke wie Rucola, Chicoree oder Feldsalat schneiden Sie, anstatt sich bei vergeblichen Faltversuchen zu bekleckern.
Fisch	Zum Zerlegen benötigen Sie ein Fischmesser mit stumpfer Schneide, damit Ihnen nicht versehentlich zerkleinerte Gräten im Halse stecken bleiben. Für Fischfilet reicht ein Gourmetlöffel. Geräucherter oder marinierter Fisch wird mit Vorspeisenbesteck gegessen.

231. Fisch selbst filetieren: Darf ich den Kellner bitten, mir einen Fisch zu filetieren, oder muss ich das selbst tun?

Wenn Sie gern Fisch essen, sollten Sie jede Gelegenheit nutzen, das Filetieren zu trainieren; so schwer ist es nicht. Bei den meisten Fischen trennen Sie zuerst vorsichtig die Rücken- und Bauchflossen ab und entfernen mit ihnen schon die ersten Gräten. Dann machen Sie entlang dem Scheitel auf der Oberseite einen sanften Einschnitt, der es Ihnen im nächsten Schritt ermöglicht, die freigelegten Filets von der Mittelgräte wegzuschieben, und zwar vom Kopf zum Schwanz, damit Sie nicht gegen die Gräten arbeiten. Das gesamte freigelegte Grätenskelett inklusive Kopf und Schwanz heben Sie ab, um es auf Ihrem Resteteller zu entsorgen. Der Kellner in einem noblen Lokal würde es nicht anders machen. Ihn können Sie bitten, das Filetieren eines Ihnen unbekannten Fisches zu übernehmen; im Gasthaus wäre das zu viel verlangt.

232. Obst und Desserts: Beim Essen von Dessert bin ich immer unsicher. Welches Besteck nehme ich zum Dessert oder wie esse ich z. B. Pfirsiche, Pflaumen oder Trauben richtig?

Wird das Dessert- oder Obstbesteck nicht gesondert vom Servicepersonal zusammen mit der Speise gereicht, liegt es zu Beginn des Essens vor Ihrem oberen Tellerrand. Zieht der Kellner das Besteck vor dem Servieren der Nachspeise nicht zu Ihnen heran, nehmen Sie selbst den Löffel bzw. das Obstmesser – bei Bedarf, beispielsweise wenn frische Birnen oder Pfirsiche angeboten werden – in die rechte Hand, die Gabel in die linke Hand und zerteilen das Obst wie in der Tabelle beschrieben. Sie können den Löffel oder die Gabel zum Zerteilen und Schieben von Kuchen, Cremes, Eis usw. nutzen. Streng genommen führen Sie dann nur jeweils das andere Besteckteil zum Mund. Schlecken Sie weder Löffel noch Gabel genüsslich ab. Und dekorative Schokoladen-Zeichnungen auf dem Teller müssen Sie nicht unbedingt minutiös abkratzen.

Fruchtige Genuss-Regeln

Äpfel	1. Zum Schälen (fakultativ) halten Sie den Apfel mit der Gabel senkrecht auf dem Teller fest. Ziehen Sie die Schale mit dem Obstmesser ab. 2. In dieser Position senkrechte Scheiben abschneiden, bis Sie zum Kerngehäuse vorstoßen, und essen. Alternativ, wenn Sie eine Fingerbowl haben: Den Apfel in die Hand nehmen, vierteln und das Gehäuse entfernen.
Bananen	Die Banane legen Sie auf den Teller. Mit dem Obstmesser durch zwei Längsschnitte einen Deckel abtrennen, mit Messer und Gabel abheben, die Frucht aus der Schale ziehen. Alternativ: von Hand schälen. In beiden Fällen Stück für Stück abschneiden und mit dem Besteck essen.
Birnen	wie Äpfel
Erdbeeren	in die Wasserschüssel tauchen, notfalls mit Dessertbesteck herausfischen, auf Wunsch in Zucker stippen
Kirschen	wie Erdbeeren; Steine diskret mit der linken Hand auf den Teller legen
Kiwis	entweder wie Äpfel oder quer halbieren und auslöffeln
Orangen	wie Äpfel
Pampelmusen	quer halbieren und auslöffeln
Pfirsiche	wie Äpfel
Pflaumen	mit den Fingern aufbrechen und den Kern vorsichtig entfernen, diesen auf einen Abfallteller legen, die Hälften einfach in den Mund stecken
Trauben	portionsweise mit den Fingern – besser mit der Traubenschere – von der großen Traube abtrennen, wie Erdbeeren säubern, in den Mund schieben

Heikle Angelegenheiten

Wegsehen, schweigend daneben stehen, trösten oder tatkräftig zupacken? Wer – als Freundin, Kollege, Nachbar – von einem Schicksalsschlag indirekt betroffen ist, fragt sich oft nach dem angemessenen Verhalten. Dabei würden die von Krankheit Betroffenen oder die Hinterbliebenen vor allem eines brauchen: Ihren Zuspruch.

Am Krankenbett

Ob nach einem freudigen Ereignis, nach einem Unfall oder bei langem Siechtum – im Krankenzimmer gehen die Uhren anders. Hier ist ein noch höheres Maß an Sensibilität gefordert als im Alltag.

233. Besuch am Wochenbett: Wann besuche ich eine junge Mutter, um ihr Neugeborenes zu bewundern?

Auch wenn es sich bei einer Niederkunft wahrlich nicht um eine Krankheit handelt, sind unangemeldete Besuche tabu. Ausnahmen sind enge Verwandte und Freunde, die die Erlaubnis zu Stippvisiten ausdrücklich erhalten haben und die seitens der Mutter – nicht nur während des Baby Blues – als echte Bereicherung angesehen werden. Es wäre ungeschickt, die Stillzeit zu stören, und mehrere Besucher auf einmal würden Aufruhr verursachen und das Kind (und die Mutter) überfordern. Als Motivation sollte nicht Ihre Neugier Vorrang haben, sondern das Bedürfnis der Mutter, das Baby stolz und somit in bester Verfassung zu präsentieren. Ihre Zurückhaltung sollte sich räumlich ausdrücken: Außer auf expliziten Wunsch der Mutter müssen Sie das Kind nicht unbedingt anfassen, und wenn es schon sein sollte: vorher Hände waschen!
Bitte beachten: Wenn die Geburtsanzeige längere Zeit nach der Geburt immer noch nicht in der Zeitung stand, ist das möglicherweise ein Hinweis auf ein Problem. Vielleicht aber waren die glücklichen Eltern einfach nur zu sehr beschäftigt. Oder sie haben gar nicht vor, eine Annonce zu schalten. Erkundigen Sie sich bei guten Freunden oder engsten Familienmitgliedern, bevor Sie um die Besuchserlaubnis bitten.

234. Geschenk zur Geburt: Was bringe ich meiner Nachbarin zum »Babygucken« mit?

Je vertrauter Ihr Verhältnis zur Nachbarin ist, desto persönlicher darf das Geschenk sein. Klassiker sind z. B. Kinderkleidung, Spielzeug, Besteck, Geschirr und Dekorationsobjekte wie Mobiles, die die Aufmerksamkeit des Babys anziehen. Auch ein selbst gebasteltes Türschild fürs Kinderzimmer, eine hölzerne Messlatte sowie, für schöne Erinnerungen, Bilderrahmen, Fotoalbum und Tagebuch werden willkommen sein. Gutscheine sind geeignet, vielleicht für eine Fotoreportage im Verlauf des ersten Lebensjahrs – Sie sind ja nah genug dran. Gern gesehen ist ein Gutschein für einen Abend Babysitten. Denn, so verliebt die jungen Eltern in ihren Nachwuchs sind – sie werden sich bald über eine Abwechslung von Abenden daheim und über ein paar Stunden allein zu zweit freuen.

235. Krankenbesuch zu Hause: Mein früherer Arbeitskollege liegt krank zu Hause. Ist da ein Besuch angebracht?

Gesundheitsreform und Fallpauschale haben den Patienten kurze Liegezeiten gebracht. Viele werden zwar behandelt, aber nicht vollständig geheilt entlassen und müssen zu Hause ihre Genesung selbst in die Hand nehmen. Lebt Ihr Kollege allein, wird er Ihnen für einen Besuch dankbar sein. Auch wenn er betreut wird, ist Abwechslung willkommen. Bei einem Langzeitkranken wäre Ihr Besuch auch für dessen Betreuer eine wahre Entlastung. Fragen Sie in diesem Fall telefonisch, wann Ihr Besuch willkommen ist. Erkundigen Sie sich nach der Entwicklung des Befindens von Patient und Betreuer. Und bieten Sie der betreuenden Person an, sie für ein paar Stunden zu entlasten. Ob sie dann dringende Besorgungen macht oder sich einfach einmal entspannt in ein Café setzt, um ein Buch zu lesen – Sie tun ein doppelt gutes Werk!

236. Kollegin im Krankenhaus: Darf ich als Mann meine Kollegin im Krankenhaus besuchen?

Vielleicht möchte Ihre Kollegin sich nicht die Blöße geben, sich Ihnen ungeschminkt zu zeigen. Vielleicht würde die Freude die Scham überwiegen, selbst wenn sie in der Gynäkologie liegt. Am besten rufen Sie die Familie der Kollegin an oder Sie beauftragen eine andere Kollegin, die Lage zu sondieren.

237. Mitbringsel am Krankenbett: Ich darf im Auftrag der Abteilung unseren Chef in der Klinik besuchen. Was bringe ich ihm mit?

Sie dürfen ruhig einem Mann Blumen schenken, ein bisschen frischer Wind kommt dadurch garantiert ins Krankenzimmer. Bedenken Sie dabei, dass

- wegen der Infektionsgefahr nur Schnittblumen im Krankenhaus erlaubt sind,
- die 13 als Unglückszahl interpretiert wird,
- weiße Blumen als Friedhofsblumen verstanden werden können – hier ein absolutes Tabu,
- ein Strauß durch eine schöne Vase aufgewertet wird, die Sie in einer Klinik nicht unbedingt finden,
- starker Duft nicht jedermanns Sache ist,
- Sie den Strauß im Blickfeld des Patienten platzieren und
- der Aberglaube besagt: »Wer seine Blumen aus dem Krankenhaus nach Hause nimmt, kehrt bald dorthin zurück.« Schicken Sie bei einem kurzen Aufenthalt den Strauß lieber an die Privatadresse.

Zwar wurde schon früher von Alkoholika und Tabakwaren bei Krankenbesuchen dringend abgeraten, doch frische Früchte, Obstsäfte und Süßigkeiten waren beliebt. Das ist heute anders: Die Patienten sind in der Regel in der Klinik in punkto Qualität und Abwechslung bestens versorgt und können auf Nahrungsergänzungen gut verzichten. Das gilt in verschärfter Form, wenn Diätvorschriften einzuhalten sind; und so mancher Patient nutzt den Klinikaufenthalt, sich mit Reduktionskost des einen oder anderen Pfunds zu entledigen. Und nicht jede Krankenschwester legt auf die Pralinen Wert, die die Patienten an sie weiterreichen.

In den meisten Kliniken haben die Patienten einen Fernseher, aber nicht immer ein TV-Programm; bringen Sie Ihrem Chef eine Fernseh-Zeitschrift mit. Die hat zudem den Vorteil, dass er selbst bei mangelnder Konzentration darin blättern und sich interessante Artikel auswählen kann. Ähnliches gilt für Rätselhefte und Kurzgeschichten. Von umfangreichen

Romanen und schwerer Lesekost ist abzuraten. Zu oft wird die Lektüre unterbrochen, weil der Tagesablauf Behandlungen, Visiten und Gespräche mit sich bringt. Hat Ihr Chef sich jedoch ein bestimmtes Buch gewünscht, sollte sein Wille Ihnen – wie im Alltag – Befehl sein.

238. Dauer des Krankenbesuchs: Wie lange darf/muss ich bleiben?

Der von den therapeutischen Maßnahmen geprägte Tagesablauf hat Vorrang vor externen Einflüssen. Bieten Sie an hinauszugehen, sobald medizinisches und Pflegepersonal den Raum betritt. Die Gesamtdauer Ihres Besuchs hängt vom Befinden des Patienten ab und sollte eine halbe bis eine Stunde nicht wesentlich überschreiten.

239. Themen am Krankenbett: Ich würde im Prinzip gern eine schwer kranke Vereinskollegin besuchen, doch worüber kann ich denn bloß mit ihr reden?

Was gibt es Wichtigeres für eine Schwerkranke als ihre Genesung, und wenn es nur die Hoffnung darauf sein sollte? Fragen Sie sie nach den Ereignissen vor und nach den Behandlungsmaßnahmen während des Krankenhausaufenthalts. Fragen Sie sie nicht nur nach ihren Einschätzungen, lassen Sie sie möglichst konkret berichten: Wie war das? Wie ist das? Wer macht was? Halten Sie sich mit Jubel oder Klagen aus Ihrer etwaigen eigenen Patientenzeiten zurück: Die Patientin steht im Zentrum des Interesses, nicht Sie.
Interessiert sie sich wiederum für Ereignisse aus Ihrem Alltag, sind Sie mit Informationen gefragt. Ihr Beruf, Ihre Kinder, Ihr Hobby, Ihr Urlaub – alles kann Thema sein. Halten Sie sich kurz, beobachten Sie gut, ob sie ein Thema schmerzen könnte, führen Sie das Gespräch immer wieder auf den Erlebnisbereich der Patientin zurück. Vielleicht interessiert sie sich für aktuelle Nachrichten, geben Sie ihr die gewünschten Informationen. Klatsch und Tratsch bleiben selbstverständlich außen vor.

Ist die Dame verhältnismäßig mobil, bieten Sie ihr einen kleinen Spaziergang an, notfalls im Rollstuhl. Auf Ihrem Weg werden Sie zu weiteren Themen inspiriert. Ist sie hingegen sehr geschwächt, macht es nichts, wenn Sie innehalten, Pausen machen, ihr die Gelegenheit geben, über das Besprochene nachzudenken. Gemeinsames Schweigen verbindet, Sie brauchen sich nicht davor zu fürchten.

240. Todkranken besuchen oder nicht: Ein Kollege ist dem Tod geweiht. Soll ich ihn besuchen oder ihn lieber in guter Erinnerung behalten?

Was könnte das Ziel Ihres Besuches sein? Wollen Sie mit sich im Reinen sein und den Kollegen Ihren Heldenmut beweisen? Das wäre ein egoistisches Motiv und der Besuchte würde es an Ihrem Verhalten spüren: Extremsituationen machen extrem sensibel. Oder wollen Sie Ihrem Kollegen, ganz altruistisch, eine – vielleicht letzte – Freude machen, ihm Ihre Wertschätzung übermitteln, ihm Ihre Verbundenheit vor dem allerletzten Geleit persönlich mitteilen, ihm durch die Gewissheit, Spuren zu hinterlassen, den Abschied von der Welt erleichtern? Dann fragen Sie ihn oder nahe Angehörige, ob ihm Ihr Besuch willkommen ist. Ist das der Fall, machen Sie sich umgehend auf den Weg. Sagt man Ihnen nein, hören Sie die Position hinter den Worten heraus: Will der Kollege Ihnen den schweren Gang ersparen? Oder fürchtet er, Ihr Anruf sei Anzeichen dafür, dass Sie nicht wirklich kommen wollen? Hat er Angst vor Ihrer Angst? Sind Sie jedoch von Ihrer guten Absicht authentisch überzeugt, kann er es ebenfalls sein. Insistieren Sie. Dass dieser Besuch kein leichter Gang sein wird, wissen Sie. Wappnen Sie sich mit der guten Einsicht, dass Sie hier einem vertrauten Menschen einen Dienst tun, um den sich viele andere drücken. Suchen Sie sich im Familien-, Freundes- oder Kollegenkreis eine Ansprechperson, mit der Sie anschließend über Ihre eigenen Ängste sprechen können. Das mag ein hoher Preis für eine gute Tat sein. Zu hoch ist er auf keinen Fall.

Todesfälle

Niemand sieht sich gern anlässlich eines Todesfalls mit der eigenen Endlichkeit konfrontiert. Das sollte kein Grund sein, sich vor dem Kontakt mit Hinterbliebenen zu drücken. Vielleicht ist er sogar eine Chance.

241. Blumenspende: Muss ich, wenn ich einen Trauerbrief erhalten habe, Blumen oder sogar einen Kranz schicken?

Je enger das Verhältnis ist, desto aufwändiger sollte Ihr Beitrag zur Beerdigung sein. Im Regelfall werden Blumen, Gestecke und Kränze im Vorfeld bestellt, an den Friedhof geliefert und vor der Kapelle ausgestellt, um den Trauergästen einen Überblick zu verschaffen. Vorsicht mit Spitznamen auf Schleifen, die wären dem ernsten Anlass nicht angemessen. Banken erweisen hin und wieder mit einer Widmung auf der Schleife eines Kranzes offensichtlich guten Kunden die letzte Ehre. Das ist nicht nur ein Verstoß gegen das Bankgeheimnis, sondern als Werbung für das Unternehmen absolut geschmacklos. Selbst bei weniger diskreten Geschäftskontakten nennen Sie auf der Schleife nicht Ihren Firmennamen, sondern reale Personen, beispielsweise: »Corinna Meister im Namen aller Mitarbeiterinnen und Mitarbeiter.« Sie können persönlich an der vorgesehenen Stelle einen Kranz ablegen, Sie können einen Strauß aus Ihrem Garten binden, Sie können ihn sogar im Grab auf den Sarg bzw. auf die Urne legen. Fürchten Sie, dass Ihr Grabschmuck bei einer großen Beerdigung untergeht, bleibt es Ihnen freigestellt, Ihren Beitrag als persönliche Geste bei einem späteren Friedhofsbesuch zu leisten. In manchen Regionen ist es üblich, Geld in die Trauerpost zu legen, um die Hinterbliebenen bei der Gestaltung des Grabs finanziell zu unterstützen. Wird statt Blumen um eine Spende für einen guten Zweck gebeten, müssen Sie dem auf jeden Fall nachkommen; das jedoch in der Kondolenzpost zu erwähnen, wäre kleinlich.

242. Ohne Einladung zur Beerdigung: Mein Bruder und ich sind seit Jahren zerstritten, jetzt ist er verstorben, ohne dass wir uns vorher ausgesprochen haben. Die Frage, ob ich zu der Beerdigung gehen darf, bereitet mir schlaflose Nächte. Wie soll ich mich verhalten?

Davon abgesehen, dass niemand Ihnen die Teilnahme an einer öffentlichen Beisetzungsfeier verbieten kann, könnten Sie diese Gelegenheit als Chance nutzen, mit Ihrem toten Bruder Frieden zu schließen. Vielleicht ergibt sich sogar die Möglichkeit, Ihrer Schwägerin im Angesicht der Vergänglichkeit wenigstens im übertragenen Sinn die Hand zu reichen. Gehen Sie ohne Ankündigung zur Feier, verhalten Sie sich dort diskret und gehen Sie mit ans Grab. Schaut Ihnen die Schwägerin ins Gesicht, gehen Sie auf sie zu. Wendet sie sich ab, ist das vielleicht Zeichen ihrer Ablehnung; vielleicht ist sie in diesem Augenblick nur überfordert. Dann wird sie sich bei Gelegenheit bei Ihnen melden.

243. Schwarze Kleidung: Ist bei einer Beerdigung schwarze Kleidung Pflicht?

In konservativen Kreisen gehen alle Anwesenden meist ganz in Schwarz: Mantel, Hut, Schuhe, für die Herren schwarzer Anzug mit weißem Hemd und schwarzer Krawatte, für die Damen ein schwarzes Kleid oder ein Kostüm mit schwarzem Oberteil und schwarzen Strümpfen. Immer häufiger beschränken sich zumindest die Trauergäste auf Kleidung in gedeckten Farben und zurückhaltenden Formen. Je größer Ihre Distanz zum Verstorbenen ist bzw. war, desto eher kleiden Sie sich in Anthrazit oder tiefes Dunkelblau, als Dame wählen Sie eine schlichte weiße Bluse zum dunklen Kostüm. Jeans und T Shirt, Anorak und bunter Schirm bleiben im Schrank.

Ist jedoch bei der Einladung von einer »Abschieds-« statt »Trauerfeier« die Rede und Alltagskleidung gewünscht, sollten Sie dem entsprechen. Kurze Ärmel, nackte Beine, auffallender Schmuck sind immer tabu.

Ein Kind und ein Todesfall

Kinder haben feine Antennen. Es wäre fatal, bei einem Todesfall so zu tun, als sei nichts gewesen, und sie aus den Ereignissen im Familien-, Freundes- oder Nachbarschaftskreis herauszuhalten. Jüngere Kinder geben sich sogar **die Schuld an negativen Stimmungen.** Derartige Missverständnisse sollten Sie Ihren Kindern ersparen!

Kinder brauchen nach einem Todesfall **ihrem Alter entsprechende Informationen,** die darauf reduziert sind, was sie nachvollziehen können – Details zu Krankheitsverlauf und Todesstunde wären überflüssig. Geben Sie Ihnen aber die Möglichkeit, Anteil zu haben – vielleicht beim Besuch im Leichenhaus, auf jeden Fall bei der Beisetzungsfeier. So manchem Kind erleichtert es die Trauerarbeit, wenn es einen **Abschiedsbrief ins Grab werfen darf.**

Verstecken Sie Ihre Traurigkeit nicht. Es kann von Ihrer Art, damit umzugehen, viel lernen. Beteiligen Sie Ihr Kind an den notwendigen Tätigkeiten. Einen Jugendlichen können Sie zur Bank mitnehmen, bei einem Grundschüler wird es sich vermutlich eher darauf beschränken, die Briefmarken auf die Trauerpost aufzukleben. Geben Sie Heranwachsenden die Möglichkeit, ihrer Trauer Ausdruck zu verleihen. Ein 15–Jähriger mag sich dafür zum Musikhören in sein Zimmer einschließen, tadeln Sie ihn jetzt nicht wegen seines Musikgeschmacks. Kindergartenkinder malen Geschichten und Erlebnisse um die verstorbene Person herum, werten Sie sie nicht. Besorgen Sie Bilderbücher und für Ältere Lektüre zum Thema Tod. Vergessen Sie nicht, weitere **Bezugspersonen Ihrer Kinder** wie Lehrerinnen, Trainer oder Erzieher zu informieren. Wenn Ihr Kind betroffen ist, wird sich das auf sein Verhalten auswirken. Die Pädagogen sollten das einordnen können und gegebenenfalls mit Ihrem Kind sprechen. Ein professionelles pädagogisches Vorgehen kann Ihnen zu Hause sogar eine große Hilfe sein.

244. Stecktuch bei Beerdigung: Was mache ich bei einer Trauerfeier mit dem weißen Stecktuch in meinem Jackett?

Lassen Sie es verschwinden. Bei einer Beisetzung ist die Konzentration auf den traurigen Anlass gefordert. Es ist nicht akzeptabel, das Augenmerk auf schmückendes Beiwerk zu legen. Das gilt für Sie als Herr sowie für Damen und generell für Hinterbliebene wie für Trauergäste.

245. Am Grab: Ich nehme zum ersten Mal an einer Beerdigung teil. Wie verhalte ich mich korrekterweise am Grab?

Als Hinterbliebene folgen Sie dem Verstorbenen zum Grab und bleiben, während der Sarg bzw. die Urne in die Erde gesenkt wird, direkt dort stehen. Nach den Segens- oder Abschiedsworten von Pfarrer oder Redner werfen Sie, genau wie er, eine Schaufel voll Erde hinein – »Asche zu Asche« – oder, im ewigen Gedenken, ein Sträußchen Immergrün. Dann treten Sie zurück, um den übrigen Trauergästen die Gelegenheit zu geben, ihrerseits Abschied zu nehmen. Als Hinterbliebene bleiben Sie so lange stehen, bis alle Trauergäste am Grab waren. Nur im Ausnahmefall – z. B. bei körperlicher Schwäche – verlassen Sie das Grab, bevor alle Gäste gegangen sind. Sind Sie Trauergast, müssen Sie bei großen Beerdigungen Schlange stehen; sich in dieser Zeit mit anderen Gästen zu unterhalten wäre unangebracht. Halten Sie, wenn Sie an der Reihe sind, eine kleine Weile am Grab inne, gehen Sie dann vor wie die Hinterbliebenen.

246. Keine Beileidsbezeigungen: Darf ich mit ans Grab gehen, wenn in der Todesanzeige steht »Von Beileidsbezeigungen ist abzusehen«?

Diese Bemerkung schließt aus, dass Sie den Hinterbliebenen die Hand drücken. Nehmen Sie spätestens fünf Minuten vor Beginn der Feier Ihren Platz im Saal bzw. in der Kapelle ein, folgen Sie dem Verstorbenen zum Grab, nehmen Sie dort diskret und persönlich Abschied von ihm.

247. Beileidsäußerung: Mir fehlen beim Kondolieren die Worte, sodass ich mich oft drücke. Gibt es eine Alternative zu »mein Beileid«?

Sie können »meine Anteilnahme« sagen, Sie können auch »Es tut mir so Leid« sagen. Empfinden Sie auch diese Worte als für sich nicht passend, ist selbst das nicht schlimm. Es kommt weniger auf den Wortlaut als auf Ihre echte Empathie an. Sie müssen nicht sprechen, um Ihr Mitgefühl zu zeigen. Drücken Sie den Hinterbliebenen einfach stumm die Hand. Sie können sogar sagen: »Mir fehlen die Worte, ich bin aber in Gedanken bei Ihnen.« Das wird als aufrichtiger empfunden als jede hübsch formulierte, dabei inhaltsleere Floskel.

248. Einladung zum Leichenschmaus: Muss ich wirklich die Einladung zum Kaffeetrinken nach der Trauerfeier annehmen?

Eine Einladung ist generell keine Verpflichtung, und wenn Sie keine Zeit haben oder es nicht für angemessen halten, ist es völlig in Ordnung, wenn Sie unmittelbar nach der Beerdigung wieder gehen. Meist wird um Anmeldung nicht gebeten, sodass Sie Ihre Ablehnung gar nicht vorher mitteilen müssen. Das ist bei Nachbarschafts- oder Geschäftskontakten am ehesten der Fall; bedenken Sie dabei aber die Ehre, in den Familienkreis gebeten zu werden, und die Ehre für die Familie, wenn Sie die Einladung annehmen. In zerstrittenen Familien ist das Bedürfnis, sich miteinander um einen Tisch herum zu versammeln, nicht bei allen gleich groß. Jedoch bietet der Abschied von einem Verwandten und die damit verbundene Grenzsituation die Chance, das Kriegsbeil zu begraben.

249. Lachen beim Leichenschmaus: Ist es nicht deplatziert, beim Leichenschmaus zu lachen?

Sinn des Leichenschmauses ist es, den Zusammenhalt der Verbleibenden in der Zukunft zu bekräftigen. Zum andern blicken Sie auf die guten Seiten des Verstorbenen und die gemeinsamen Zeiten und vielleicht sogar fröhliche Stunden mit ihm zurück. Da können schon heitere Aspekte zur Sprache kommen. Stören Sie sich also nicht daran, wenn hier und da gelacht wird.

250. Kondolenzbuch: Was bedeutet die Information »Kondolenzbuch liegt auf«?

Die Hinterbliebenen möchten selbst bei einer Trauerfeier mit vielen Gästen wissen, wer dem Verstorbenen die Ehre seiner Anwesenheit erwiesen hat. Deshalb schreiben Sie in das Kondolenzbuch leserlich Ihren Namen und gegebenenfalls weitere Angaben zu Ihrer Person, beispielsweise Ihren Wohnort.

251. Kondolenzbesuch: Ich möchte eine gute Kundin besuchen, deren Mann verstorben ist. Was sollte ich bei dem Kondolenzbesuch beachten?

Nur wenn Sie mit der Dame sehr vertraut sind, können Sie sie vor der Beisetzung aufsuchen, andernfalls warten Sie zwei Wochen, bevor Sie telefonisch nach der Erlaubnis fragen. Gehen Sie auf keinen Fall unangemeldet zu ihr. Schlagen Sie einen Zeitraum außerhalb der Essenszeiten vor, erwarten Sie keine Verpflegung und bleiben Sie nicht länger als 30 Minuten. Gehen Sie, wenn die Dame allein lebt, nicht mit Kollegen zu ihr. Tragen Sie gedeckte Kleidung, verzichten Sie auf grelle Farben und aufreizende Stücke. Zu einem Kondolenzbesuch bringt man in der Regel keine Geschenke mit. Wollen Sie Ihre Anteilnahme mit Blumen- oder Kranzspenden ausdrücken, konzentrieren Sie sich auf die Beisetzungsfeier.

252. Zeitspanne zum Kondolieren: Früher gab es das Trauerjahr. Wie lange nach einem Todesfall muss ich denn heutzutage noch kondolieren?

Der Ausdruck Ihres Mitgefühls erfolgt idealerweise umgehend, sobald Sie von dem Todesfall erfahren. Erhalten Sie eine Todesmitteilung und können nicht zur Beisetzung gehen, schreiben Sie eine Karte oder einen Brief. Das enthebt Sie nicht der Pflicht, bei der ersten Begegnung mit den Hinterbliebenen, die nach der Nachricht erfolgt, auf den Verlust zu sprechen zu kommen. Ob es sich um Nachbarn handelt, Geschäftspartner, ehemalige Lehrer oder Sportfreunde – Sie können bei einer derart existenziell prägenden Situation nicht so tun, als sei nichts gewesen. Selbst wenn Sie nur aus der Zeitung oder zufällig im Gespräch von dem Todesfall erfahren haben, ist es klug, Ihr Mitgefühl bei der ersten Begegnung anzusprechen; andernfalls stünde immer etwas Unausgesprochenes zwischen Ihnen und der betroffenen Person. Die Kleidung und die zurückgezogene Lebensweise im Trauerjahr dienten einer Witwe oder einem Witwer zum Schutz vor unbedachten Handlungen und Worten anderer. Heute wird Trauer weniger offensichtlich und weniger lange gezeigt; das heißt nicht, dass die Wunden verheilt sind. Machen Sie darum die Art und Weise Ihrer Kondolenz nicht nur vom Zeitpunkt, sondern vor allem vom Ort der Begegnung, vom Verhalten der Person und von weiteren anwesenden Personen abhängig. Treffen Sie beispielsweise erstmalig eine Witwe Monate nach dem Todesfall bei einem Fest in froher Runde, schreiben Sie ihr lieber an einem der nächsten Tage einen Brief, als die Stimmung zu stören.

Nichts vom Todesfall gewusst

Der Sohn beantwortet Ihre Frage nach dem Befinden des Vaters mit der Gegenfrage: »Wussten Sie denn nicht, dass er verstorben ist?« Logischerweise ist beiden Beteiligten diese Situation nicht angenehm. Anstatt sich durch Scham in eine Sackgasse zu manövrieren, sagen Sie, wie es ist: Sie wussten das nicht und bedauern Ihre Frage zutiefst. Lassen Sie den Sohn nun berichten, was geschah, fragen Sie ihn gegebenenfalls, wie die Mutter die Situation meistert und wie er den Tod des Vaters verkraftet. Bieten Sie eventuell Ihre Hilfe an: »Falls ich Ihnen und Ihrer Mutter irgendwie helfen kann, lassen Sie es mich bitte wissen.«

In stiller Verbundenheit

Trauerpost wird wieder und wieder gelesen, es gibt Hinterbliebene, die sie noch nach Jahren hervorholen. Sorgen Sie also dafür, dass Ihre Wertschätzung dauerhaft und einprägsam bleibt. Die **häufigsten Fehler** bei Kondolenzpost sind a. zu **Papier mit schwarzem Rand** zu greifen, b. mit dem **Computer** ein paar Zeilen auf Geschäftspapier zu drucken und zu verschicken oder c. leere **Phrasen** zu formulieren, die nichts mit der verstorbenen Person zu tun haben.

Die passende Gestaltung

Verzichten Sie auf gängige Trauerkarten, verwenden Sie einen **weißen Papierbogen** und schreiben Sie in blauer oder **schwarzer Tinte persönliche Worte.** Das gilt auch bei Geschäftsverbindungen: Es ist schließlich nicht die Firma, die kondoliert, sondern die Geschäftsführerin oder Kollegin.

Die richtigen Worte

Beantworten Sie auf einem Notizblatt folgende Fragen:

1. Wie hat Sie die Nachricht erreicht?
2. Wie erleben Sie den Todesfall?
3. Welchen Eindruck hat die verstorbene Person bei Ihnen für immer hinterlassen?
4. Was wünschen Sie dem Adressaten/Hinterbliebenen?
5. Was bieten Sie ihm an?

Gestalten Sie nun, nach der Anrede, einen Text daraus. Sie haben die Nachricht dem Trauerbrief oder einer Annonce entnommen. Sie sind überrascht oder bestützt oder erschüttert oder Sie haben zwar aufgrund der Krankheit mit der Nachricht gerechnet, jedoch noch nicht so bald. Sie werden den Verstorbenen als eine fröhliche/aufrechte/mutige Person in Erinnerung behalten. Möglicherweise hat er Sie und Ihre Einstellung zum Leben als Ihr Vorgesetzter/Kollege/Lehrer geprägt. Sie wünschen den Hinterbliebenen Kraft/Mut/Trost. Verzichten Sie auf Schlussformeln mit Grüßen. Hier ist ein persönliches »Ich denke an Sie/In stiller Verbundenheit« angebracht, darauf folgt Ihre Unterschrift.

Brief- und Telefon-Etikette

Die elektronischen Medien haben das Kommunikationsverhalten revolutioniert. Wer sie klug nutzt, wählt sie nicht als Ersatz, sondern als Ergänzung zu den traditionellen Kommunikationsformen. »Zeit ist Geld«, das gilt immer mehr. Darum wird gerade eine Investition an Zeit vom Empfänger als Wertschätzung empfunden. Differenzieren Sie Form, Material, Weg und Stil. Das kommt garantiert an.

Auch die Verpackung zählt

Nicht jeder Briefkasten quillt täglich über, nicht jeder muss sekundenschnell selektieren: öffnen oder wegwerfen? Bei jedem Empfänger aber beeinflusst der Umschlag die Lust, zum Brieföffner zu greifen.

253. Adresse: Was kann ich eigentlich bei der Adresse falsch machen?

Wenn Sie Geschäftsbogen und Fensterbriefumschlag verwenden und sich an die moderne Korrespondenzlehre nach DIN 5008 halten, geht alles so gut wie von selbst. Sie legen das DIN-5008-Typometer an Ihren DIN-A4-Briefbogen an und beginnen mit der Anschrift sechs Zentimeter unter dem oberen Blattrand. So landet die Adresse exakt in dem im Umschlag vorgesehenen Ausschnitt. Der wiederum lässt neun Zeilen für das Adressfeld frei.

Müssen Sie diese Vorgaben respektieren oder drucken bzw. schreiben Sie die Anschrift auf den Umschlag? Sie sollten folgende Punkte beachten, um die Wahrscheinlichkeit zu erhöhen, dass Ihr Brief innerhalb einer akzeptablen Frist den Empfänger erreicht und von ihm gern geöffnet wird:

- Anredewort: »Frau/Herr« ist ein Muss.
- Titel und Grade: Gemäß dem Gesetz der Höflichkeit finden sich hier alle Bestandteile versammelt: »Frau Prof. Dr. Dr. Anne Hold«.
- Vornamen: Nur mit Vor- und Nachnamen sind Vollständigkeit und Unverwechselbarkeit garantiert.
- Postfach bzw. Straße und Hausnummer: Fehlerhafte Angaben wirken schlampig.
- Postleitzahl vor dem Ort: Ohne kommt der Brief vielleicht niemals an!

Zu den von den Korrespondenz-Experten empfohlenen Neuerungen zählt zum einen, dass die Anrede »Herrn« durch ein schlankes »Herr« im Nominativ ersetzt wird. Wer denkt auch noch daran, dass der Akkusativ (»Herr« mit -n) auf der

Formulierung »An Herrn...« basierte? Im Sinne der Entschlackung ist das Wörtchen »Firma« ersatzlos gestrichen: »Kramer GmbH & Co. KG« reicht. Auch die Leerzeile vor der Ortsangabe entfällt, was den Maschinen das Lesen der Adresse erleichtern soll. Ausländische Städte und die Länderangaben werden weiterhin in Großbuchstaben verfasst, das Länderkennzeichen ist überflüssig.

Kreativ, aber praktikabel

Die Sortiermaschinen beginnen ihren Entzifferungs-Parcours rechts oben auf dem Umschlag und gehen von dort im Uhrzeigersinn weiter. Die erste längere Zahl, die sie erfassen, muss die Postleitzahl der Empfängeranschrift sein. Schreiben Sie entsprechend Ihren Absender entweder links oben auf den Umschlag oder auf die Rückseite. Die kreative Gestaltung des Umschlags darf die Praktikabilität nicht beeinträchtigen.

254. Handschriftliche Adresse: Stimmt es, dass ein von Hand beschrifteter Umschlag eher geöffnet wird als ein bedruckter?

Ja. Eine handschriftliche Adresse weckt die Erwartung auf ein persönliches Schreiben und erhöht die Wahrscheinlichkeit, dass ein Brief vom Empfänger vorrangig behandelt wird. Dieses Wissen machen sich die Absender von professionellen Massen-Mailings zunutze.

255. Adressaufkleber: Ich bereite für meine Urlaubsgrüße mit dem PC die Adressen auf Aufklebern vor. Ist das stilgerecht?

Zum einen gilt die Regel: Je mehr von Hand, desto persönlicher. Andererseits ist das Vorgehen komfortabel und erhöht die Wahrscheinlichkeit, dass Sie beim Versand Ihrer Ansichtskarten niemanden übersehen. Auf Umschlägen signalisieren Aufkleber garantiert: Massenabfertigung.

256. Anschrift für Familie: Wie sieht die zeitgemäße Anschrift für Ehepaare und Familien aus?

Die gute Nachricht vorweg: Die Anschrift »Eheleute Heinrich Hinze« ist veraltet. Die schlechte: Sie sehen sie tatsächlich immer noch und das nicht nur bei Post von Ämtern. Es scheint sich nicht herumgesprochen zu haben, dass Frauen a. mitreden und mitlesen dürfen, b. einen Vornamen haben und c. möglicherweise einen anderen Nachnamen als die jeweiligen Ehemänner haben. Weitere früher übliche Formen, bei denen die Frauen gerade einmal als Anhängsel erwähnt wurden, wie »Herr und Frau Otto Schreiner« oder »Herr Otto Schreiner und Frau« sind ebenfalls verpönt.

Die Bandbreite der Anschriften ist heute groß. Sie können trennen und, auf zwei Zeilen verteilt, beide Namen vollständig schreiben: »Herr Michael Gut/Frau Karin Gut-Schmidt«. Sie können »Herr und Frau« in die erste Zeile schreiben und in die zweite »Michael Gut und Karin Gut-Schmidt«. Sie können bei gleich lautendem Nachnamen einmal den Familiennamen weglassen: »Herr Horst und Frau Hanna Anders«. Sie können das drehen: »Frau Hanna und Herr Horst Anders«. Akademische Grade kommen an die entsprechende Stelle: »Frau Prof. Dr. med. Karla Brandt/Herr Dr. jur. Horst Brandt«. Die Ihnen näher stehende Person nennen Sie jeweils zuerst.

Schreiben Sie eine komplette Familie mit Mutter, Vater und Kindern an, sollten Sie auf die alte Formulierung »Familie + Name des Familienoberhaupts« verzichten. Sie dürfen es sich einfach machen und sich auf die Anrede »Familie Endres« beschränken. Sind die Kinder klein, können Sie die Eltern mit vollem Namen nennen: »Frau und Herr/Inge und Karsten Groß/Lisa und Max«. Können die Kinder selbst lesen, listen Sie alle Beteiligten jeweils in einer Zeile auf: »Frau Kirsten Wild/Herr Karsten Rehbein/Anna Rehbein/Moritz Rehbein«. Kinder und Heranwachsende mit »Schüler« oder »Kind« anzuschreiben ist nicht mehr üblich, beschränken Sie sich auf das, was Erwachsenen gegenüber höflich wäre: den jeweiligen Namen. Eine gängige Alternative besteht darin, auf dem Umschlag nur die Eltern zu erwähnen und die Kinder im Innenteil auf der Karte oder dem Brief mit besonderen Grüßen zu bedenken.

257. Unverheiratetes Paar: In unserem Freundeskreis leben zwei Frauen als Paar zusammen. Wie schreibe ich sie an?

Postalisch sind verheiratete und unverheiratete Paare gleich gestellt: Jeder Adressat wird mit vollem Namen erwähnt, die Beziehungen der Personen untereinander sind irrelevant. Hätte Ihr Schreiben einen geschäftlichen Hintergrund und die beiden Damen wären z. B. Geschäftsführerin und Assistentin, würde die Ranghöhere zuerst erwähnt. Im Privaten gelten weder Rang noch akademische, Adels- oder Ehrentitel als Unterscheidungsmerkmale. Ist die eine Dame mindestens eine Generation älter als die andere, wird sie zuerst erwähnt. Bei gleichem Alter schreiben Sie die Ihnen näher stehende Person als erste an. Trifft keines der Kriterien zu, kann als Sortierungshilfe außer dem Wechsel – mal die eine zuerst, mal die andere – nur noch das Alphabet helfen.

258. »a. D.« in der Anschrift: Muss ich unsere ehemalige Bürgermeisterin mit »a. D.« betiteln?

Sie schreiben und sprechen einen ehemaligen Mandatsträger mit seinem neuen Titel oder in dessen Ermangelung mit dem Namen an. Wenden Sie sich gerade wegen ihres früheren Amts an Ihre frühere Bürgermeisterin, schreiben Sie zuerst den Namen und in die folgende Zeile »Bürgermeisterin a. D.«.

259. c/o und z. Hd.: Wann verwende ich »c/o« im Unterschied zu »z. Hd.«?

Die beiden Begriffe sind Gegenstücke: »z. Hd.« bedeutet, dass innerhalb einer Gruppe das Schriftstück »zu Händen« der in der Adresse anschließend erwähnten Einzelperson geht. »c/o« ist hingegen korrekt, wenn Sie an eine Person schreiben, die wie z. B. ein Au-pair-Mädchen nur vorübergehend unter der Obhut (»care of«) einer Familie steht und deshalb auf deren Briefkasten nicht vermerkt ist. Heute werden beide Begriffe für überflüssig erachtet. Soll ein Brief an einen bestimmten Mitarbeiter eines Unternehmens gehen, setzen Sie seinen Namen in die erste Zeile vor den der Firma. Wohnt eine Person eine Weile bei einer anderen, verwenden Sie die deutsche Wendung »bei…«. Eine mehr als nette Geste ist es, wenn die Familie für ihren Gast für die Dauer seines Aufenthalts ein Namensschild auf dem Briefkasten anbringt. Doch als Absender können Sie nicht wissen, ob das der Fall ist.

260. Vertraulich: Wie kann ich sicher stellen, dass mein Brief von einem bestimmten Mitarbeiter einer Firma geöffnet wird?

Eine hundertprozentige Garantie, dass nur Ihre Zielperson den Umschlag öffnet, bietet nur der Einschreibebrief mit Rückschein. Sie reduzieren das Risiko des ungewünschten Blicks, indem Sie ein gut sichtbares »PERSÖNLICH« über Namen und Firma setzen.

261. Briefmarkensprache: In meiner Kindheit war die Briefmarkensprache ein besonderer Code; gibt es sie noch?

Heute werden die Briefmarken selbst – nicht die Art sie zu kleben – als Symbole gelesen. Es wäre geschmacklos, einen Clown auf einer Trauerkarte zu verwenden. Sonderbriefmarken erhöhen die Wahrscheinlichkeit, dass der Empfänger Ihren Brief als persönlich interpretiert.

262. Absender: Muss ich immer meinen Absender auf dem Umschlag erwähnen?

Niemand kann Sie dazu verpflichten; jedoch wird der Empfänger Ihren Absender für die Entscheidung zu Rate ziehen, wann und in wessen Anwesenheit er Ihren Brief öffnen wird. Bei mit wenig Text versehenen Wunschkarten sind Absender weniger üblich als bei privaten und geschäftlichen Briefen.

Schreib mal wieder – aber richtig

Ein Adressat braucht gerade einmal zwanzig Sekunden, um sich einen ersten Eindruck von einem Schreiben zu machen – das ist für den, der diesen Eindruck gestalten will, geradezu Luxus verglichen mit der Viertelsekunde, in der ein Gesprächspartner bei einer Begegnung bewertet wird.

263. Anredeformen: Es gibt heute so viele unterschiedliche schriftliche Anredeformen; welche kommt garantiert am besten an?

Eine Garantie gibt es nicht, es gibt nur Wahrscheinlichkeiten. Die neue Korrespondenzlehre rät generell: »Schreib wie du sprichst.« Da Sie Ihren Adressaten bei einer Begegnung zuerst einmal grüßen würden, lautet die Empfehlung für den Einstieg in Ihren Brief »Guten Tag Frau Sauer« oder, bei einer vertrauten Beziehung, »Hallo Rolf«, wohlgemerkt ohne Komma zwischen Gruß und Name. Vorsicht mit »Guten Morgen« – wer weiß, wann der Brief geöffnet wird! Die neue Anrede würde ältere und/oder konservative Leser befremden, sie würden sie sogar als unterkühlt interpretieren. Für diesen Personenkreis sowie für mehr oder weniger Fremde, deren Geschmäcker und Gepflogenheiten Sie nicht einschätzen können, bleiben Sie besser beim konventionellen »Sehr geehrte Frau Schuster, sehr geehrter Herr Schuster«. Kurze Zeilen sind leichter zu erfassen als lange; darum schreiben Sie die beiden Anreden untereinander.
Im Freundes- und Familienkreis gilt weiterhin »Liebe Feli, lieber Jörn« als gängig. Können Sie sich nicht zwischen konventionell und modern entscheiden, steht Ihnen folgender Kompromiss zur Verfügung: »Guten Tag, sehr geehrte Frau Dr. Schultes.« Zwischen Gruß und Ehrung findet nun das Komma Eingang. Jetzt bleibt noch der Klassiker »Verehrte Gräfin Hugenpohl«. Aus der Hand eines konservativen Herrn an eine ebenfalls den Traditionen verbundene Dame sieht das akzeptabel aus. Nur dort.

264. Anrede »lieb«: Darf ich an einen Beamten »Lieber Herr Meier« schreiben?

Sie scheinen das Bedürfnis zu haben, Ihre Vertrautheit zu Herrn Meier zu dokumentieren. Vielleicht aber wäre es Herrn Meier lieber, wenn ein Dritter, der das Schreiben in die Hand bekäme, nicht gleich auf Ihre gute Beziehung schließen könnte. Unter guten Geschäftspartnern dagegen ist »lieb« nicht ungewöhnlich. Antwortet der Adressat ebenfalls mit »Liebe Frau Kohlrausch«, haben Sie mit Ihrer Anrede in jedem Fall den richtigen Ton getroffen.

265. Name unbekannt: Was schreibe ich, wenn ich den Adressaten nicht namentlich kenne?

»Sehr geehrte Damen und Herren« ist eine Notlösung; wundern Sie sich nicht, wenn der Zuständige Ihr Anliegen nicht sonderlich motiviert behandelt. Schlimmstenfalls landet Ihr Brief im Papierkorb. Versuchen Sie lieber, telefonisch den Namen des Adressaten herauszubekommen.

266. Mann oder Frau: Wie schreibe ich eine Person an, von der ich zwar den Nachnamen kenne, aber nicht das Geschlecht?

Die Sitte, nur mit dem Nachnamen zu unterschreiben, stammt aus der Zeit, als Schriftverkehr ausschließlich unter Männern geführt wurde. Wer sich so unzeitgemäß verhält, darf sich nicht wundern, wenn Sie mit »Sehr geehrte Frau oder Herr Jürgens« beginnen.

267. Unterschiedlicher Bekanntheitsgrad: Was schreibe ich, wenn ich einen der Adressaten wesentlich besser kenne als den andern?

Sie können differenzieren: »Sehr geehrte Frau Schüller, lieber Wolfgang« und im Text entsprechend dem Zusammenhang zwischen »du« und »Sie« jonglieren. Den Brief an die näher stehende Person zu verfassen und den Partner mit herzlichen Grüßen zu bedenken, ist leichter zu schreiben – und zu lesen.

Briefe mit leser-freundlichem Design

Untersuchungen mit der Augenkamera haben ergeben: Ein Leser geht nach einem **Zehn-Punkte-Programm** vor, um in Sekunden die Übersicht über ein Schreiben zu gewinnen.

1. Er betrachtet den Briefkopf, um den **Absender** zu identifizieren. 2./3. Er prüft **Name** und **Anschrift,** um sicher zu sein, dass er wirklich der Adressat ist. Gleichzeitig prüft er die **Genauigkeit** des Schreibers, die aus seiner Sicht auch auf Wertschätzung beruht. 4. Mit dem Blick auf die **Betreffzeile** eruiert er die Bedeutung des Schreibens für ihn selbst. 5./6. **Anrede** und **Briefanfang** zeigen ihm den Ton an. 7. Das **Briefende** signalisiert ihm, was er tun soll. 8. Anfang und Ende von **Absätzen** geben einen groben Einblick in die Sache. 9. Hierbei helfen ihm auch **Hervorhebungen.** 10. Die **Unterschrift** schließlich gibt einen Hinweis auf die Persönlichkeit des Absenders. Erst wenn diese Einordnung gegeben ist, wird der Brief als Ganzes gelesen.

Qualität lässt grüßen

Wählen Sie eine gute **Papierqualität,** für die Geschäftsausstattung bevorzugt in klarem oder gebrochenem Weiß, bei personalisiertem Bogen eine **schlichte Gestaltung** von Namenszug und Briefkopf. Ein schlichtes, doch wohl überlegtes Design ist von Vorteil für Ihr jeweiliges Anliegen. Stimmen Sie grundsätzlich **Umschlag** und **Bogen** aufeinander ab, als Geschäftsfrau auch Ihre **Visitenkarte.**

Was das Lesen erleichtert

Schreiben Sie nicht zu klein, verfassen Sie überschaubare Sätze, ohne sich auf den Standard-Stil Subjekt – Prädikat – Objekt zu beschränken; Abwechslung tut schon dem Auge gut. Diese erreichen Sie auch durch **Hervorhebungen** in fetter Computerschrift. Einschübe mit **Klammern** und **Gedankenstrichen** hingegen unterbrechen den Lesefluss.

Ein Brief – ein Beispiel

6 cm Platz lassen

Frau Janina Kurz *Anschrift*
Office heute
Murgstraße 200–212
76539 Forsbach
leer
leer
28. November 2005 *Datum*
leer
leer
Seminar für unsere Assistentinnen – Ihr Angebot vom ... *Betreff*
leer
leer
Guten Tag Frau Kurz, *Anrede*
leer
Sie haben ein detailliertes Angebot für eine Korrespondenz-Schulung unserer Mitarbeiterinnen in Sekretariat und Assistenz *Text* für uns ausgearbeitet. Dafür danke ich Ihnen sehr.
leer
Herr Frank Mörmann, der Geschäftsführende Direktor unseres Unternehmens, hat nun entschieden, dass nicht alle Damen ein solches Seminar besuchen sollen. Die Mehrzahl der Assistentinnen hat aktuell einen größeren Bedarf an Schulungen in Protokollführung und Veranstaltungsmanagement.
leer
Wir legen Wert darauf, dass Sie diese Schulungen durchführen, brauchen intern aber noch einige Wochen, um den Bedarf im Detail zu ermitteln. Darum bitte ich Sie um Geduld, ich melde mich Anfang Februar bei Ihnen.
leer
Ich bitte Sie um Ihr Verständnis für diese Entscheidung und freue mich auf die Zusammenarbeit im nächsten Jahr.
Herzliche Grüße nach Forsbach. *Gruß*
leer
Füller GmbH & Co KG *Unternehmen*
leer
Katrin Lang *Unterschrift*
leer
Katrin Lang *Name gedruckt*
leer
Anlage: Unsere neue Firmenbroschüre zu Ihrer Information *Anlage*

268. Druckschrift: Darf ich einen Brief in großen Druckbuchstaben schreiben?

Ist Ihre Handschrift so unleserlich, dass Sie sie keinem Adressaten zumuten wollen, sind große Druckbuchstaben (Versalien) vielleicht eine gute Lösung. Bedenken Sie jedoch, dass die Anhäufung von Versalien schwer lesbar ist und Druckschrift am Stück sehr kindlich wirkt – es sei denn, Sie wären gestalterisch besonders geschickt!

269. Geschlechtsneutral: Muss ich immer geschlechtsneutral formulieren?

Manche verstehen Ihre Entscheidung für oder gegen geschlechtsneutrale Formulierungen als politische Aussage. Sie können doppeln: »jede Bürgerin, jeder Bürger«, allgemeine Begriffe wählen wie »die Wählenden«, Sammelbegriffe wie »das Wahlvolk« oder das feministisch angehauchte Binnen-I benutzen: »WählerInnen«. Sie können aber auch auf das alles verzichten: Sie haben die Wahl!

270. Rechtschreibung alt/neu: Meine Eltern sind gegen die neue Rechtschreibung, unsere siebenjährige Tochter hat nur die gelernt. Wie soll sie ihnen schreiben?

Die Form der Rechtschreibung adressatengerecht zu wählen, ist klug, doch von einem Grundschulkind nicht zu verlangen. Ihre Eltern sollten sich so weit in die Materie einarbeiten, dass sie es schätzen, wenn Ihre Tochter ihnen in diesem Modus fehlerfrei schreibt.

271. Briefschluss: Ich schreibe oft an die gleichen Adressaten; welche Varianten für den Briefschluss gibt es?

»Der letzte Eindruck bleibt« – mit einem ansprechenden Schluss bleiben Sie in Erinnerung. Darüber hinaus werten Ihre Leser es äußerst positiv, wenn Sie sich die Mühe machen, dabei zu variieren. Im familiären und Freundeskreis werden

Sie mit einer spontanen, herzlichen Formulierung schließen: »Ich umarme dich/Fühl dich gedrückt/Lass mich nicht vergebens warten!« Darauf folgt mit großer Wahrscheinlichkeit ein »dein/deine + Unterschrift«. In distanzierteren, vielleicht geschäftlichen Beziehungen können Sie derlei persönliche und konkrete Wendungen zwar nicht benutzen, Sie können aber aus ihnen lernen. Und: Schauen Sie sich künftig die Briefe an, die Sie erhalten, und nehmen Sie die besten Wendungen in Ihre »Best-of«-Briefschluss-Liste auf.

Zum guten Ende

Überholter Standard	Individuelle Varianten
Es wäre nett, wenn Sie sich melden könnten.	Haben Sie Fragen? Rufen Sie mich an!
Ihrer baldigen Antwort entgegensehend …	Ich bitte Sie um Ihre Antwort noch im Lauf der Woche.
Mit freundlichen Grüßen Ihr	bei engem Verhältnis: Herzliche / Liebe Grüße / In Freundschaft Ihr sonst: siehe unten
Für heute verbleibe ich mit den besten Grüßen	Viele Grüße an Sie ganz persönlich Ihr
Wir sind mit freundlichen Grüßen Ihre Meier GmbH	Viele Grüße Ihr Karsten Ott
Beste Grüße aus Dresden	Das Ziel ist wichtiger als der Startpunkt: Beste Grüße nach Leipzig
Sportliche Grüße aus dem nebligen Coburg ins hoffentlich sonnige Cottbus	Schlank ist schick: Ich wünsche Ihnen ein sonniges Wochenende; viele Grüße nach Cottbus

Schreiben leicht gemacht

Wann haben Sie zuletzt einen Brief in der Hand gehalten, den Sie jenseits seines Inhalts richtig **gern gelesen** haben? Dann ist Ihnen vielleicht sogar in Erinnerung geblieben, warum er Ihnen so gut gefiel. Wahrscheinlich lässt sich Ihre positive Bewertung in die Worte »ansprechend«, »klar«, »nicht um den heißen Brei geredet« fassen.

Das Ziel bestimmt den Weg

Im Deutschunterricht haben Sie sie vielleicht gehasst, die Gliederungen für Deutschaufsätze; in Ihrer Korrespondenz können Sie das Prinzip wieder gut gebrauchen. Stellen Sie sich einfach diese Fragen – und bitte in dieser Reihenfolge: 1. Was soll der Leser nach der Lektüre **fühlen/denken/tun?** 2. In welchen **logischen Schritten** führe ich ihn zu meinem Ziel? 3. Wie **verknüpfe** ich diese Schritte miteinander? 4. Wie fasse ich das Ziel in einen **Schlusssatz**? 5. Wie öffne ich Auge und Ohr des Adressaten im **ersten Satz** für dieses Anliegen?

Gut strukturiert ist halb gewonnen

Schreiben Sie nun Ihren Brief vor, von Hand auf einem Notizzettel oder im Computer. Dort fertigen Sie eine Kopie an, mit der Sie weiterarbeiten. Nun folgt der Prüfvorgang: Folgen die **Gedankenschritte schlüssig** aufeinander? Haben Sie zeitliche Abfolgen, Fakten und Einschätzungen, Beweise, Gegensätze, Schlussfolgerungen klar voneinander getrennt und aufeinander bezogen? Kommen Ihre **Kernbotschaften klar heraus?** Muss jede Aussage sein oder sind **Kürzungen möglich?** In Zeitungsredaktionen wird gern gespottet: »Der Text ist zu lang, der Autor hatte keine Zeit zum Kürzen.« Dieser Vorwurf sollte auf Ihre Texte niemals zutreffen!

Seien Sie direkt

Prüfen Sie Ihre **Wortwahl,** gerade Personalpronomen sind gute Prüfkriterien. Verzichten Sie auf das Wörtchen »man«. Manchmal dient der schwammige Ausdruck nur dazu, dass der Autor selbst nicht Farbe bekennen muss. Ähnlich unspezifisch wird oft »wir« verwendet. Differenzieren Sie genau, ob Sie mit »wir« den Adressaten und sich selbst oder nur sich selbst oder sich und Ihre Firma/Familie meinen. **Nennen Sie Ross und Reiter,** unterscheiden Sie zwischen »Sie« und »ich«. Üben Sie sich darin, diese Wörter eher als Subjekt eines Satzes denn als Objekt zu verwenden. Schreiben Sie nicht: »Die Ankündigung der Mieterhöhung hat Überraschung ausgelöst.« Sondern: »Sie beabsichtigen, die Miete für meine Wohnung zu erhöhen. Das verstehe ich nicht.«

DOs und DON'Ts in Briefen

DON'Ts	DOs
verschachtelte Konstruktionen Mit Hinweis auf Ihr Schreiben vom ... zum Thema ... erlaube ich mir, Ihnen nach Rücksprache mit ... mitzuteilen, dass	**transparente Sätze** Sie haben mir ... geschrieben, darüber habe ich mich mit ... unterhalten. Das Ergebnis lautet ...
Wolkenwörter ▪ sobald als möglich ▪ Im Voraus für Ihr Verständnis dankend, verbleibe ich mit dem Ausdruck meiner tiefen Verbundenheit	**Klartext** ▪ vor dem Monatsende ▪ Ich hoffe sehr auf Ihr Verständnis und bitte um Ihre Antwort bis ... Herzliche Grüße Ihr
Substantivierte Verben und Nominalschlangen ... lassen Sie mich Sie bereits heute von der Ankündigung der Verabschiedung und Verleihung der Anton-von-Ohr-Medaille an ... durch die Geschäftsführung in Kenntnis setzen.	**Verben in ganzen Sätzen** ... verlässt das Unternehmen zum Jahresende und erhält zu diesem Anlass die Anton-von-Ohr-Medaille. Meine Mitarbeiter und ich möchten dies gemeinsam mit Ihnen feiern.
Bürokratenwörter ▪ unter Bezugnahme auf... erwägen wir ▪ oben/unten stehende Liste ▪ beigefügt wird dargelegt, dass ▪ in der Anlage wird Ihnen erläutert ▪ aufgrund der Tatsache, dass	**gesprochenes Deutsch** ▪ Sie haben ..., wir handeln so ▪ die Liste ▪ auf Seite 2 finden Sie ▪ in der Broschüre sehen Sie ▪ weil/deshalb

Besondere Anlässe – besondere Post

Außergewöhnliche Anlässe wie der Übergang in eine neue Lebenssituation verlangen bei Einladungen und guten Wünschen eine besondere Aufmerksamkeit. Das gilt auch für Grüße zu Festtagen, die sich Jahr für Jahr wiederholen – vielleicht sogar ein wenig mehr.

272. Inhalt einer Einladung: Geht nicht die Spannung verloren, wenn die Gäste schon auf der Einladungskarte alle Details erfahren?

Eine Einladung sollte keine Überraschung vorwegnehmen, sie sollte aber vor unliebsamen Überraschungen schützen. Schließlich sind die dort gegebenen Informationen Entscheidungskriterien bei der Frage: Gehe ich hin oder nicht?
Sie muss Angaben enthalten über:

- den oder die Adressaten – Einzelperson, Paar, Familie;
- den Anlass – Hochzeit, Geburtstag oder einfach so;
- den Ort – Adresse, Parkmöglichkeiten, gegebenenfalls Haltestellen/Linien von öffentlichen Verkehrsmitteln;
- den Beginn – volle oder halbe Stunden bieten sich an, akademische Zeiten nur bei akademischen Veranstaltungen;
- bei Brunch, Cocktailparty, Vernissage auch das ungefähre Ende;
- die Verpflegung – festliches Diner, kleiner Imbiss, ein Glas Sekt;
- gegebenenfalls das Programm – Vortrag, Konzert, Bootsfahrt (Verzichten Sie jedoch auf detaillierte Zeitangaben hierzu, Sie würden sich nur unter Druck setzen.);
- die erwünschte Kleidung – tun Sie den Gästen den Gefallen, sich optisch in den Gästekreis einfügen zu können.

Je weniger verschnörkelt Sie formulieren, desto eher wird Ihre Einladung angenommen: »Wir laden Sie, Herr Dr. Petz, sehr herzlich ein und würden uns freuen, zu diesem Anlass Ihre Frau und Ihre Tochter kennen zu lernen.« Je lösungsorientierter Sie denken, desto attraktiver das Fest: »Wir hoffen sehr, dass unsere Einladung in Ihren Terminplan passt.« Je umsichtiger Sie vorgehen, desto mehr Wertschätzung empfinden die Gäste: »Für die Menüplanung möchten wir wissen: Essen Sie Meeresfrüchte – oder lieber nicht? Geben Sie uns bitte im Lauf des Monats Bescheid.«

273. Karte selbst gestalten: Ich feiere meinen 50. Geburtstag im kleinen, aber eleganten Kreis. Muss ich unbedingt Karten drucken lassen oder kann ich sie selbst schreiben oder mit dem Computer gestalten?

Eine Einladung ist etwas sehr Persönliches. Wenn Sie eine schöne Handschrift haben, wählen Sie ein wertvolles Papier und schreiben Sie Ihre Einladungen von Hand – jede einzeln und mit Federhalter und Tinte!

Haben Sie nicht genug Zeit, um alle Karten von Hand zu schreiben, mischen Sie: Drucken Sie die Fakten wie Datum und Ort und fügen Sie die persönliche Anrede und jeweils einen individuellen Gruß händisch ein. Ob von Hand oder maschinell: Achten Sie auf die Lesbarkeit! Eine Serifenschrift oder »Antiqua« wie diese hier ist bei längeren Texten besser lesbar als eine serifenlose »Groteskschrift« wie die Helvetica. Schreiben Sie die Buchstaben innerhalb eines Wortes nah beieinander, lassen Sie dafür zwischen den Wörtern mehr Raum. Buchstaben mit kleinen Ober- und Unterlängen sind leichter zu erfassen als solche mit großen Hochs und Tiefs. Von Computerschriften, die wie Handschriften aussehen, sollten Sie ganz Abstand nehmen. So zu tun als ob – das würde den Wert Ihrer Einladung schmälern, die Gäste würden daraus Schlüsse auf das Fest ziehen. Als Schriften eignen sich am besten traditionelle Typen wie Garamond und Times, die nüchterne Univers oder moderne Klassiker wie Rotis und Optima. Seien Sie sehr vorsichtig mit Mischungen. Bleiben Sie lieber bei einer Schriftart in maximal zwei Typengrößen. Es reicht, wenn die Überschrift ins Auge sticht. Ein Zitat können Sie durch Kursivschrift oder Rechtsbündigkeit bei sonst linksbündigem Text aus dem Textkörper hervorheben. Vorsicht mit unterschiedlichen Zeilenabständen! Die Einladung sollte ganz aus einem Guss sein. Wird sie von einem guten Grafiker gestaltet, ist das (natürlich) selbstverständlich.

274. Kürzel: Sind Kürzel wie »U.A.w.g.«, »R.s.v.p.« und »p.m.« akzeptabel?

Der Sinn eines Kürzels ist Platzersparnis, nicht Verwirrung. Verwenden Sie diese Codes nur, wenn Sie sichergehen können, dass alle Adressaten sie dechiffrieren können. Nicht jeder weiß, dass »R.s.v.p.« (Répondez s'il vous plaît) die Entsprechung von »U.A.w.g.« gleich »Um Antwort wird gebeten« ist und »p.m.« die Erinnerung an eine bereits erfolgte Einladung (pour mémoire).

275. Bitte um Antwort: Wie formuliere ich die Bitte um eine Antwort korrekt?

»Um Antwort wird gebeten« ist Standard; sicherer ist der Zusatz zum gewünschten Zeitrahmen und Weg, also »... bis 31. März 2006 auf beigefügtem Faxformular«. Zu einem informellen Einladungstext passt ein Appell besser: »Bitte rufen Sie bis ... unter ... an.«

Bei größeren Veranstaltungen behalten Sie den besten Überblick, wenn Sie den Rückmeldeweg schriftlich und einheitlich vorgeben: Bereiten Sie ein Faxformular oder eine – adressatengerecht bereits frankierte – Antwortkarte vor.

Sie wollen es korrekt machen? Fangen Sie bei der Überschrift an: Das häufig zu lesende Wort »Rückantwort« gibt es nicht. Die Vorgabe »Ich komme mit ... Personen« führt zu Verwirrung. Wie viele Menschen kommen, wenn der Adressat »zwei« einfügt: er plus zwei oder zwei insgesamt, und wer sind die Personen? »Ich komme gern/kann leider nicht teilnehmen« ist ebenfalls ungeschickt. Mit Adverbien Gefühlsäußerungen vorzugeben ist geradezu vermessen. Machen Sie es besser – z. B. so:

Antwort auf die Einladung zum Abendessen am 15. April 2006
Bitte bis 31. März 2006 an Frau Charlotte Meister senden
Fax 0761 / 123 45 67
Ihre Einladung zum Abendessen
☐ nehme ich an in Begleitung von Frau/Herrn ....
☐ kann ich nicht annehmen.
Bestimmte Speisewünsche: ....
Zur Information:
☐ Ich habe mir ein Zimmer im Waldhotel gebucht.
☐ Ich fahre nach dem Essen nach Hause.
Datum ....
Name ....

Unterschrift ....

Bei sehr großen Festen nummerieren Sie die Antwortbögen vorher, das erleichtert das Heraussuchen beim Eintreffen.

276. Vorlauf für Einladungen: Wie lange im Voraus sollte ich die Einladungen zu einer Geburtstagsparty aussprechen?

Klären Sie als Erstes ab, ob Ehrengäste – bei Ihrem runden Geburtstag vielleicht Ihre Großeltern oder die Freunde aus Kanada – zu einem geplanten Termin abkömmlich sind, das hängt von deren Einbindung in ein Zeitkorsett ab. Es gibt Menschen, deren Kalender über Monate durch geschäftliche Anlässe blockiert ist. Ist das geklärt, laden Sie die übrigen Gäste ein. Dabei liegt auf der Hand: Je früher Sie einladen, desto sicherer gehen Sie, dass Ihren Gästen – und damit Ihnen – kein anderer Termin dazwischenkommt. Einladungen Wochen und Monate vor einem Fest unterstreichen daher die Bedeutung, die Sie den Gästen und dem Fest beimessen. Vorsicht aber: Die Erwartungen steigen entsprechend. Für ein Abendessen im Freundeskreis ohne besonderen Anlass sind zwei Wochen ausreichend, für einen Drink auf dem Balkon ein paar Tage.

Keine Reaktion?

Legen Sie bei einem größeren informellen Anlass keinen besonderen Wert auf die Teilnahme dieser Personen, ignorieren Sie ihr Schweigen. Andernfalls sprechen Sie sie an, ohne sie zu tadeln; vielleicht ist die Einladung ja verloren gegangen: »Ich finde Ihre Antwort noch nicht, hoffe aber doch sehr auf Ihre Zusage.« Natürlich sollte ein Gast, der seine Zu- oder Absage nicht definitiv geben kann, Ihnen einen Zwischenbescheid geben.

277. Geschenkwunsch Geld: Zur Silberhochzeit wünschen wir uns von den Gästen keine Sachgeschenke, sondern Geld. Wie formulieren wir diesen Wunsch so, dass er richtig ankommt?

Bei jungen Leuten und bei Brautpaaren ist der Wunsch nach einem Geldgeschenk akzeptabel: »Wir sparen für unser Traumgeschirr und wären über euren Beitrag dazu froh.« Vielleicht sind manche Ihrer Gäste froh, sich keine Gedanken machen zu müssen. Die meisten Gäste aber würde der Wunsch empfindlich stören, da sie Ihnen mit einem persönlichen Geschenk ihre Wertschätzung demonstrieren wollen. Sie können die Verwunderung etwas dämpfen, indem Sie den Verwendungszweck nennen: eine Reise, einen Brunnen im Garten, einen Weinschrank. Eine Alternative: »Anderen geht es nicht so gut wie uns. Daher bitten wir statt Geschenken um eine Spende für den Freundeskreis Indien.« Kontonummer und Bankleitzahl nicht vergessen!

278. Förmlich gratulieren: Die Frau meines Chefs wird 60, ich kenne sie nicht gut, will ihr aber gratulieren. Wie mache ich das richtig?

Sind Sie zu ihrer Geburtstagsfeier eingeladen, brauchen Sie nicht unbedingt schriftlich zu gratulieren, da reicht eine Karte am Geschenk. Findet das Fest nicht am Tag des Geburtstags statt, sollten Sie schriftlich gratulieren.

Die Dame wird es mit Sicherheit nicht als Grenzüberschreitung werten, wenn Sie einen etwas persönlicheren Stil wählen und Ihre Glückwünsche z. B. um ein Zitat herum drapieren. Wünsche für eine gesunde, glückliche Zukunft, vielleicht Freude mit den Enkelkindern oder bei der – z. B. nach der Pensionierung verstärkten – Gartenpflege machen Ihre Wünsche konkret und authentisch.

279. Karte oder Telefon: Kann ein Anruf zum Geburtstag oder zu Weihnachten nicht sogar besser als eine Karte sein?

Haben Sie ein lockeres Verhältnis zum Adressaten und können einschätzen, zu welcher Uhrzeit ein Telefonat willkommen sein könnte? Dann rufen Sie einfach an. Das bietet Ihnen die Gelegenheit, etwas über das Befinden zu erfragen, die vergangenen Wochen Revue passieren zu lassen und sogar ein Wiedersehen zu vereinbaren. Wenn Sie vergessen haben, Ihre Wünsche rechtzeitig abzuschicken, ist ein Anruf allemal besser als eine E-Mail in letzter Minute. Ein schön gestaltetes Schriftstück in der Hand zu halten, ist allerdings etwas Besonderes und dadurch etwas Wertvolles, vorausgesetzt, dass Sie es mit persönlichen Wünschen versehen.

280. Jahresbrief: Statt Weihnachtskarten bekommen wir von Freunden immer häufiger einen Jahresbrief. Muss ich in der gleichen Form antworten?

Weihnachtsgrüße und gute Wünsche zum Jahreswechsel sollen den Fokus auf den Adressaten legen und sind nicht als Transportmittel von Selbstdarstellungen gedacht. Ginge es um die Adressaten, würden die Schilderungen nicht in Kopie versandt, sondern nach Interessenlage selektiert. Meist sind in Jahresbriefen aber vorwiegend positive Dinge von nur geringem Interesse geschildert. Ausnahmen bestätigen die Regel: Könner verfassen Jahresberichte mit Witz und von hohem Nutzwert, z. B. mit Rezepten. Fühlen Sie sich dazu berufen? Antworten Sie mit Jahresbriefen!

Kreativität ist gefragt – Einladungen gestalten

Umschlag und Karte sollten optisch einladend sein und beim Anfassen das richtige **Gefühl für das Fest** vermitteln, daher ist handelsübliches Schreibpapier ausgeschlossen.

Das geeignete Papier

Hochwertiges Papier finden Sie im Fachgeschäft, im gut sortierten Kaufhaus und im Internet bei www.papierunion.de für größere und www.papierdirekt.de für kleinere Auflagen. Kaufen Sie zuerst einmal ein paar Muster für **Testdrucke**, um sich böse Überraschungen wie Verschmieren oder Abblättern von Farbe zu ersparen. Denn nicht jedes Papier ist für jeden Drucker oder Kopierer geeignet. Bedenken Sie auch das Gewicht und die daraus folgenden Portokosten.

Die Farben – weniger ist mehr!

Die Designer sagen: »Je größer die Palette, desto kleiner der Künstler.« Gehen Sie in eine Buchhandlung, lassen Sie sich z. B. von Bildbänden über die Region, die Ihnen als **Motto** für Ihr Fest dient, inspirieren. Gehen Sie von der Gesamtanmutung der Farben- und Formensprache aus und bestimmen Sie dann Ihre persönlichen Details. Sie können auch das Wissen um die **psychologische Wirkung** von Farben einbeziehen: Gelb regt an, Rot wirkt dynamisch, Blau sachlich, Braun warm. Entsprechend wählen Sie im Hinblick auf das Motto des Festes und den Gästekreis Papier und Druck.

Ein Bild statt tausend Worte?

Die Einladungskarte soll Lust machen, keine Einzelheiten vorwegnehmen. Je reduzierter Sie Ihre Informationen optisch gestalten, desto mehr Spielraum haben Sie. Clip Arts aus dem Internet sind absolut tabu. Das Ergebnis steht in keinem Verhältnis zum Rechercheaufwand. Bevor Sie sich da abmühen, beauftragen Sie lieber einen professionellen Grafiker und lernen von ihm die Basics der Gestaltung.

Mit technischen Mitteln

Handy, Fax- und E-Mail-Verkehr sind praktisch, weil schnell und überall einsetzbar. Doch Schnelligkeit und Kürze sollten nicht zu Lasten von Form und gewissen Regeln gehen. Denken Sie auch hier stets an den Adressaten.

281. Brief oder Fax: Ist ein Fax nicht inzwischen dem Brief gleich gestellt?

Ein Fax hat den Vorteil der Schnelligkeit und kann inhaltlich einen Brief ersetzen, doch dessen Wertigkeit entspricht es nie. Daher können Sie einen Brief mit eiligen bedeutenden Informationen – auch Rechnungen – als Fax vorab schicken. Glückwünsche per Fax sind bestenfalls im Freundeskreis akzeptabel, für Trauerpost ist ausschließlich Briefpost angemessen. Ihr Fax kommt im direkten Vergleich zu liebevoll ausgesuchten Karten schlecht weg. Wollen Sie ausschließen, dass Ihr Fax in falsche Hände gerät, rufen Sie den Adressaten an, sodass er sich neben das Gerät stellen kann. In Privathaushalte schicken Sie Faxe nicht am späten Abend und, je nach Gewohnheiten der Empfänger, nicht zu Ruhezeiten am Tag: Ein Faxton kann recht laut sein.

Falscher Empfänger!

Ein Absender muss sich dessen bewusst sein, dass der Weg seines Faxes nicht hundertprozentig sicher ist. Er ist Ihnen dennoch dankbar, wenn Sie ein Schriftstück, das Sie fälschlich erhalten haben, nicht ausgiebig studieren. Geht ein Irrläufer bei Ihnen ein, lesen Sie bitte nur den Absender, nicht den gesamten Text. Rufen Sie an oder, wenn keine Telefonnummer des Absenders auf dem Schreiben vermerkt ist und Sie in Zeitnot sind, schicken Sie das Fax mit der Bemerkung »Irrläufer« an den Absender zurück.

Dos und Don’ts im Netz

Da der Verkehr auf der Datenautobahn sich quasi aus dem Nichts entwickelt hat, wurde als Straßenverkehrsordnung sehr schnell eine »Etikette für das Netz«, die **Netikette,** entwickelt. Sie besagt z. B. über das Chatten: Während Sie an der einen Stelle im Internet ausführlich über alles Mögliche plaudern können, verstoßen Sie damit woanders, z. B. in einem IT-Forum, gegen die Regeln und sind unerwünscht.

Neun Regeln für E-Mails

1. Fallen Sie nicht mit der Tür ins Haus: Die **Betreffzeile** muss aussagekräftig sein, eine fehlende Anrede wird außer bei täglich mehrfachem Mail-Wechsel als unhöflich aufgefasst.

2. Die international übliche **Kleinschreibung** konnte sich in Deutschland nicht generell durchsetzen.

3. Rechtschreibfehler irritieren jüngere Leser und stören laut einer EMNID-Umfrage vor allem Menschen mit höherem Bildungsniveau. Führungskräfte leisten sich **Tippfehler** statistisch gesehen häufiger als ihre Mitarbeiter.

4. Geschwindigkeit gilt nicht als Entschuldigung für **Satzfragmente** und **unklare Abkürzungen.**

5. Vergebliches Warten auf eine **Antwort-Mail** ist ein Ärgernis. Nutzen Sie bei Abwesenheit eine Weiterleitung oder die automatische Antwortfunktion – und zwar mit Gruß und Dank.

6. Da **Attachments** häufig einem gesonderten Prüfverfahren unterzogen werden, verzichten Sie wenn möglich darauf.

7. Nutzen Sie die aus der Briefpost bekannten Mittel, Ihre E-Mails **leserfreundlich** zu gestalten: Beschränken Sie sich auf das Notwendige. Gliedern Sie den Text in Sinnabschnitte.

8. Leiten Sie Adressen nur mit dem **Einverständnis** des Absenders weiter, machen Sie gegebenenfalls die Herkunft einer weitergeleiteten Mail unkenntlich.

9. Vergessen Sie niemals **Gruß und Unterschrift** am Schluss. Sie können sich eine entsprechende Signatur erstellen.

282. Fax per Hand: Darf ich ein Fax von Hand schreiben, wenn es nicht privat ist?

Gedruckte Texte wirken geschäftsmäßiger als von Hand geschriebene, dennoch können Sie z. B. Aufträge oder ein Begleitschreiben zu einem gedruckten Text handschriftlich verfassen. Bedenken Sie dabei, dass die Übermittlung die Schrift beeinträchtigt. Ihre Buchstaben sollten einer Computerschrift von mindestens 12 Punkt entsprechen, schwarz und dunkelblau in fetten Lettern kommen leserlich an. Bedenken Sie beim Layout den Einzugsbereich an den Rändern. Wird nur ein kurzes OKAY von Ihnen verlangt, vergessen Sie nicht, einen Gruß hinzuzufügen. So viel Zeit muss sein.

283. Zeitraum Faxantwort: Wie schnell muss ich auf ein Fax antworten?

Faxe werden, weil der E-Mail-Austausch der derzeit schnellste Weg ist, Informationen auszutauschen, immer seltener versandt. Dennoch erwartet der Absender eines Faxes, dass Sie schnellstmöglich reagieren – idealerweise im Lauf des Tages. Das ist nicht anders als bei E-Mails. Gehen Sie daher mehrmals am Tag zu Ihrem Faxgerät.

284. E-Mail-Flut beherrschen: Wie bekomme ich die tägliche E-Mail-Flut in den Griff?

Ein Spam-Filter ist der erste Schritt, reicht aber nicht aus – weder um sich vor den vielzähligen Nachrichten nach dem Urlaub zu schützen noch im Alltag. Je größer Ihr Kunden- und Freundeskreis, desto mehr Post geht ein. Sie können Ihre Freunde bitten, Ihnen nur relevante Informationen zu schicken. Im externen Businessverkehr geht das nicht, intern jedoch sollten Sie effektive Spielregeln entwickeln. Denn je größer das Unternehmen, in dem Sie arbeiten ist, desto höher ist erfahrungsgemäß der Abstimmungsbedarf zwischen Ihnen und Ihren Kollegen. Damit Sie in der E-Mail-Flut nicht ertrinken, arbeiten Sie Ihre Mailbox zeitnah durch und schieben das Postaufkommen nicht von Tag zu Tag weiter.

Lassen Sie sich umgekehrt nicht ständig von eingehenden E-Mails von der Arbeit abhalten, rufen Sie sie nur zu festen Zeiten ab, bearbeiten Sie sie am Stück. Entwickeln Sie eine effektive Ablagestrategie. Lagern Sie externe Mails nicht im Posteingang, sondern in Ordnern und mit elektronischen Markierungen versehen. Manche Unternehmen verpflichten schon die Absender zu Markierungen, die dem Empfänger das Verarbeiten erleichtern. Muss er handeln? Ist die Information für ihn wichtig? Oder wird sie ihm nur zur Kenntnisnahme geschickt? Diese Kennzeichnungspflicht hilft nicht nur dem Empfänger, Unwichtiges von Wichtigem zu unterscheiden, sie ist für den Absender pädagogisch äußerst wirksam.

285. Du und Sie bei Massenmails: Ich schicke oft kollektive E-Mails an Kollegen, die ich duze, andere duze ich nicht. Wie soll ich mich verhalten?

Vermeiden Sie Sprünge von »du« zu »Sie« oder Doppelungen wie »du/Sie«. Wer es mit der Form genau nimmt, könnte Ihnen beim generellen »du« eine Grenzüberschreitung unterstellen. Bleiben Sie deshalb beim förmlich-korrekten »Sie« für alle.

286. Smileys: Sind Smileys und andere Zeichen eher angebracht oder verpönt?

Ihren privaten und kollegialen Austausch dürfen Sie ruhig damit versehen. Die einzige Bedingung: Sie sollten sicher sein, dass Ihre Adressaten diese lesen können. Klären Sie beiläufig den Informationsstand Ihrer potenziellen Adressaten.

287. »MfG«: Warum stören sich manche an dem Schluss-Kürzel »MfG«?

Verkürzungen sparen Zeit, Beziehungspflege kostet Zeit, diese Zeit wird vom Gegenüber als Wertschätzung empfunden. Nehmen Sie sich deshalb die Zeit, Ihre Grüße auszuschreiben; denn »MfG« bedeutet neben »Mit freundlichen Grüßen« auch: »Die Sekunde, meine Grüße auszuschreiben, sind Sie mir nicht wert.«

Emoticons und ihre Bedeutung

Emoticons sind Piktogramme (icons) zum flinken – und witzigen – Ausdruck von Emotionen und Kommentaren. In der Geschäftskorrespondenz sind sie daher zu informell. Meist stehen sie für **um 90 Grad gedrehte Gesichter**. In der Grundform symbolisiert der Doppelpunkt die Augen, der Bindestrich die Nase und die Klammer den Mund. Davon sind die anderen Zeichen abgeleitet. Verdoppelung bedeutet Intensivierung. Wenn Sie sie nicht auf Anhieb erkennen, neigen Sie Ihren Kopf um 90 Grad nach links.

Gefühlszustände

- :-) gut gelaunt (Basis-Smiley)
- :) Kurzform dazu
- :-)) sehr fröhlich
- :-(traurig
- (:-(sehr traurig
- :-c unglücklich
- :*) albern/betrunken
- :-| ernst
- :-> sarkastisch
- >:-o wütend

Kommentare zu Aussagen

- ;-) verschmitztes Lächeln
- :-D Lachen
- :-o Überraschung
- °< Augenzwinkern
- :-s Unverständnis
- :-& Sprachlosigkeit
- :-/ Skepsis
- :-O Schrei
- :'-(Weinen
- 8–O Oh nein!

Handlungen

- :~i rauchen
- :-x ein Küsschen geben
- |-(bloß nicht hinsehen
- |-I schlafen
- @--}--- eine Rose schicken
- :-X küssen, aber auch: Lippen zusammenkneifen

Mehr hierzu auf **http://www.abkuerzungen.de**

288. Meldeformel: Ich, weiblich, 25, lebe allein; darf ich mich sicherheitshalber am Telefon mit der Nummer oder einem »Hallo« melden?

In vielen Ländern gilt: Wer anruft, hat ein Anliegen, darum niedrigeren Status und muss sich deshalb zuerst identifizieren. In Deutschland wird andersherum argumentiert: Der Anrufer soll erkennen, ob er an der richtigen Stelle gelandet ist. Daher war es lange üblich, sich als Erwachsener mit dem Nachnamen zu melden, Kinder mit Vor- und Nachnamen. Heute gilt die Empfehlung an alle, sich mit ihrem kompletten Namen zu identifizieren. Fürchten Sie als Frau, von Anrufern terrorisiert zu werden, halten Sie sich sicherheitshalber bedeckt und sagen fest, doch freundlich den Tagesgruß oder Ihre Nummer. Einen wirklichen Schutz bietet das allerdings nicht. Da müssten Sie schon einen Anrufbeantworter zwischenschalten und einen befreundeten Mann bitten, die Ansage zu sprechen.

289. Ansage auf dem Anrufbeantworter: Auf meinem AB gehen private und geschäftliche Anrufe ein. Wie bespreche ich ihn richtig?

Haben Sie Feierabend oder Wochenende, sind Sie im Urlaub oder liegen Sie krank im Bett? Nur Sie können entscheiden, ob Ihre Anrufer das wissen müssen. Den Grund Ihrer Abwesenheit zu nennen, ist selten nötig, das Datum Ihrer Wiederkehr zu nennen, wäre bei einem Privatanschluss töricht: Eine bessere Einladung zum Einbruch als »Ich komme am 31. Juli wieder zurück« können Sie nicht geben!

Verfassen Sie eine praktische, hilfreiche und einladende Botschaft. Deren Komponenten sind: 1. der neutrale Gruß »Guten Tag«, 2. der Hinweis: »Hier spricht der automatische Anrufbeantworter von ...«, 3. der Dank für den Anruf und 4. die Verabschiedung »Auf Wiederhören«. Je nach Notwendigkeit kommen zwischen den Punkten 2 und 3 weitere Aspekte hinzu: Sie können eine direkte Weiterleitung ankündigen, Ihre Geschäftszeiten oder eine Ersatznummer angeben. Haben Sie es vorwiegend mit Bittstellern zu tun, fordern Sie sie auf: »Rufen Sie noch einmal an.« Wollen Sie wiederum einen Rückruf anbieten, fordern Sie freundlich und klar auf: »Bitte hinterlassen Sie nach dem Signalton Ihren Namen, den Grund Ihres Anrufs, Ihre Telefonnummer.« Statistisch betrachtet legt rund ein Drittel der Anrufer auf, ohne eine Nachricht zu hinterlassen. Das hat vielleicht damit zu tun, dass niemand gern mit einer Maschine spricht. Mit der Standardansage Ihres Telefonanbieters senken Sie diese Schwelle nicht, aber versprühen Sie bei einer persönlichen Ansage auch keine krampfhafte Heiterkeit. Artikulieren Sie deutlich und freundlich, gerade bei zweisprachigen Ansagen, und duzen Sie nicht jeden Anrufer ungefragt.

290. Nachricht auf AB hinterlassen: Ich verhaspele mich ständig, wenn ich eine Nachricht auf einem Anrufbeantworter hinterlassen soll. Wie kann ich das besser machen?

Sie wissen möglicherweise: Der Mensch am Lautsprecher des AB macht sich ein Bild von Ihnen aufgrund Ihrer Stimmlage, Ihrer Aussprache, Ihres Sprechtempos, Ihrer Lautstärke, Ihrer Modulation und Ihrer Freundlichkeit. Verunsichert Sie genau dieses Wissen? Dann hilft nur ein mentales Training: Ignorieren Sie, dass Sie zu einer Maschine sprechen, stellen Sie sich vor, Sie hätten einen Menschen am anderen Ende der Leitung. Sprechen Sie langsam und deutlich, nennen Sie Ihre Telefonnummer ruhig und gedehnt, der Zuhörer sollte problemlos mitschreiben können. Ist Ihre Botschaft sehr wichtig, notieren Sie sich die nötigen Kernaussagen, bevor Sie die Nummer wählen.

291. Telefonzeiten: Gibt es Zeiten, zu denen ich entfernte Bekannte zu Hause anrufen darf?

Sie haben ein Anliegen, doch für Ihre Bekannten ist Ihr Anruf mit einer Unterbrechung ihres Arbeitsablaufs oder ihrer Freizeit verbunden. Deshalb denken Sie beim Timing Ihrer Telefonate weniger an sich als an die Angerufenen. In Privathaushalten ist in der Regel an Werktagen 9 bis 13 und 15 Uhr bis kurz vor der Tagesschau günstig. Einen Handwerker erreichen Sie aber wahrscheinlich vor 9 Uhr besser als tagsüber, eine Journalistin, die lange in ihrer Redaktion sitzt, eher am späteren Abend. An Sonntagen sind der späte Vormittag oder die Spanne zwischen 17 und 18 Uhr – der möglichen Nachmittagskaffee- und Abendessenszeit – wahrscheinlich ideal. Nutzen Sie für Ihr Fine Tuning Ihr Vorwissen: Kleine Kinder müssen zwischen 19 und 20 Uhr ins Bett – nicht anrufen! Ihr Bekannter ist Mitglied des Gemeinderats? Halten Sie ihn nicht eine halbe Stunde vor Sitzungsbeginn auf. Ihre Bekannte hat Ihnen von Ihrer Lieblings-TV-Sendung vorgeschwärmt? Belegen Sie sie nicht ausgerechnet in dieser Zeit mit Beschlag. Wann immer Sie zum Hörer greifen – holen Sie sich zu Beginn des Gesprächs die Einwilligung des Adressaten. Fragen Sie nicht: »Störe ich gerade?« Dann müsste er negativ antworten, um Sie positiv zu lenken. Fragen Sie lieber: »Haben Sie einen Moment Zeit für mich?« Wenn nein – fragen Sie, wann es besser passt. Wenn ja – halten Sie sich an Ihre Zeitangaben. Nicht um fünf Minuten bitten und eine halbe Stunde lang sprechen.

292. Keine Lust zu telefonieren: Darf ich einem Anrufer sagen, dass ich im Moment keine Lust auf ein Gespräch habe?

Wenn Ihnen Anrufe generell unwillkommen sind, gehen Sie gar nicht ans Telefon oder schützen sich mit einem Anrufbeantworter vor unliebsamen Anrufern. Haben Sie einmal abgenommen, ist die Antwort auf die Frage, ob Sie dem Anrufer Grenzen setzen dürfen, von seinem Anliegen und seiner Rolle abhängig: Darf er jetzt Macht über Ihre Zeit ausüben? 1. Die Frage ist eindeutig mit »Ja« zu beantworten, wenn ein Nachbar, Freund oder Familienmitglied in Not ist. Vielleicht müssen Sie ihm nicht nur Ihr Ohr schenken, sondern nach dem Anruf praktische Hilfe leisten. 2. Es gilt ein eindeutiges »Nein«, wenn eine fremde Person Ihnen etwas verkaufen will: eine Geldanlage, ein Lotterielos oder die zweifelhafte Ehre, bei einer Umfrage Ihre Meinung äußern zu dürfen. Werbeanrufe stellen eine unzumutbare Belästigung dar und sind laut dem erneuerten Gesetz gegen den unlauteren Wettbewerb verboten – es sei denn, es läge Ihre Einwilligung vor. Sagen Sie schlicht »nein danke«. Schlecht geschulte Mitarbeiter von Call Centern gießen einen Redeschwall über Sie aus, unterbrechen Sie sie getrost: »Ich kann nur betonen: Ich habe kein Interesse.« Um unrechtmäßigen Anrufern das Handwerk zu legen, drehen Sie den Spieß um: »Wie kommen Sie auf mich?« Notieren Sie Namen und Nummer. Teilen Sie unmissverständlich mit, dass Sie keine weiteren Anrufe wünschen. Je schneller Sie auflegen, desto eher haben Sie Ihre Ruhe. 3. In nicht ganz so eindeutigen Fällen reagieren Sie, wenn Sie keine Lust haben, so wie Sie reagieren, wenn Sie keine Zeit haben: »Im Moment geht es leider nicht.« Entscheiden Sie gemäß dem Grund und der Dringlichkeit, wann Sie sich zur Verfügung halten wollen.

293. Anruf wegdrücken: Darf ich einen Anruf wegdrücken, wenn ich gerade Auto fahre oder ein anderes Gespräch führe?

Haben Sie keine Freisprechanlage, schalten Sie Ihr Handy im Auto sicherheitshalber gar nicht erst ein. Sind Sie im persönlichen Gespräch, ist das ebenfalls angebracht. Schließlich liest Ihr Gesprächspartner an Ihrem Verhalten Ihre Prioritäten ab. Als physisch Anwesendem sollte ihm der Vorrang vor Ihrem Telefonpartner gewiss sein. Lassen Sie das Gerät in Erwartung einer für ihn relevanten Nachricht eingeschaltet und ein anderer Anruf kommt dazwischen, haben Sie die Wahl: Sie drücken den Anruf weg oder Sie bitten die anwesende Person um die Erlaubnis, ausnahmsweise antworten zu dürfen. Fassen Sie sich kurz und danken Sie anschließend dem Gegenüber für das Warten. Danken Sie nicht ohne weiteres für seine »Geduld« oder sein »Verständnis«; vielleicht hatte er weder das eine noch das andere.

Auch Telefonieren will gelernt sein

Das Telefon klingelt, Sie werden aus einem Denkvorgang herausgerissen. Bevor Sie nun den Hörer abnehmen, versetzen Sie sich bitte in die Lage der anrufenden Person: Sie hat ein Anliegen, das sie an die richtige Person adressieren möchte. Für Ihre Stimmung trägt sie keine Verantwortung.

Ihre ersten Worte

Distanzieren Sie sich also allein aus Gründen der **Fairness,** bevor Sie ein Telefonat entgegennehmen, von dem aktuellen Geschehen um sich herum und schütteln Sie die damit verbundene Befindlichkeit ab: Atmen Sie tief aus, richten Sie sich auf, holen Sie Luft und sprechen Sie mit einem **Lächeln** die Meldeformel auf einladende Weise kurz und prägnant aus. Diese sollte gegebenenfalls mit Ihrem Unternehmen und Ihrer Abteilung beginnen, ist dies nicht relevant – weil Sie privat antworten oder weil innerhalb des Unternehmens an Sie verbunden wurde –, reichen Vor- und Nachname.
Es ist nach dem Prinzip »erst das Allgemeine, dann das Besondere« logisch, den **Tagesgruß** an den Anfang zu setzen, üblicherweise wird er aber nach dem Namen gesprochen. Kleine Pausen zwischen den Elementen erhöhen die Verständlichkeit, Floskeln wie »Sie sprechen mit« oder »Was kann ich für Sie tun?« sind überflüssig.

Sind Sie ein Telefonprofi?

Unterläuft Ihnen in der Routine des Alltags nicht doch die eine oder andere Nachlässigkeit?

1. Widmen Sie wirklich jedem Telefonat Ihre **vollständige Aufmerksamkeit?** Widerstehen Sie der Versuchung zu knabbern, zu trinken, mit Papier zu rascheln und auf der Computertastatur zu klimpern?

2. Steuern Sie die Aufmerksamkeit des Gegenübers durch eine **harmonische Modulation?**

3. Klingen Sie immer – immer? – **freundlich**, so lange, bis der Gesprächsteilnehmer Ihnen bewiesen hat, dass er eine andere Behandlung verdient?

4. Sind Ihre **Sätze** maximal zehn Wörter lang, machen Sie **Sinn-Pausen?**

5. Strukturieren Sie Ihre Argumente »Jetzt erläutere ich Ihnen ... 1. 2. 3.«?

6. Sprechen Sie **positiv** und **lösungsorientiert?**

7. Wählen Sie **konkrete Wörter,** vermeiden Sie Wortungetüme und Wolkenwörter (▸ Seite 221)?

Sie leiten weiter

Vermitteln Sie zu Hause oder in der Firma, lassen Sie den Anrufer nicht länger als **30 Sekunden** von »Freude schöner Götterfunken« & Co. berieseln. Demonstrieren Sie Ihren guten Willen und appellieren Sie an seine Geduld. Kündigen Sie Ihre Absicht an: »Ich verbinde Sie in den Vertrieb.«

Ist Ihre Suche vergebens, kehren Sie zum Anrufer zurück und sprechen Sie ihn mit seinem **Namen** an. Verzichten Sie auf die Angabe von Einzelheiten. Machen Sie einen konkreten **Vorschlag** für das weitere Vorgehen, bieten Sie z. B. einen Rückruf an. **Notieren** Sie die Informationen, die Ihrem Sohn/ Ihrem Kollegen helfen, den Anruf später zu bearbeiten. Lassen Sie sich gegebenenfalls den Namen des Anrufers buchstabieren, wiederholen Sie seine Telefonnummer und schreiben Sie sein Anliegen auf. Leiten Sie alles an die betreffende Person weiter.

Zum guten Schluss

Ob im Privat- oder im Geschäftsleben, **resümieren** Sie das Ergebnis: »Dann sehen wir uns am Sonntag um 12 Uhr vor der Alten Oper.« Oder: »Sie überdenken meinen Vorschlag und melden sich morgen um 8 Uhr.« Niemals legen Sie ohne Schlussformel und Abschiedsgruß auf, ob das nun ein »Ich danke Ihnen für Ihr offenes Wort. Auf Wiederhören« ist oder ein »Prima, dass du dich gemeldet hast. Grüße an Lore. Bis später«.

294. Rückruf: Muss ich unbedingt jedem Anrufer einen Rückruf anbieten?

Nein, das müssen Sie keinesfalls. Bieten Sie einen Rückruf nur an, wenn es Ihnen wichtig ist, dass der Anrufer Sie als höflich, freundlich, einfühlsam, kontaktbereit und kooperativ erachtet. Personen gegenüber, zu denen Sie jetzt und in der Zukunft Distanz halten wollen, wäre es daher unklug, dieses Signal zu senden.

295. Kein Rückruf: Was kann ich tun, wenn ein Freund trotz wiederholter Bitten nicht zurückruft?

Sie können Ihre Konsequenzen ziehen und sich von dem Freund, der vielleicht keiner ist, distanzieren. Ist Ihnen an der Beziehung gelegen, erkundigen Sie sich bei Nachbarn oder Verwandten: Vielleicht war er lange nicht zu Hause. Vielleicht fällt Ihnen aber ein Grund ein, der bei Ihnen liegt: Könnten Sie ihn enttäuscht, verletzt, vernachlässigt haben? Haben Sie eine Idee, teilen Sie ihm Ihre Vermutung per E-Mail oder Brief mit. Haben Sie keine? Schreiben Sie ihm genau das. Nicht tadeln, nicht jammern, nicht unter Druck setzen! Teilen Sie ihm mit, dass Ihnen daran liegt, den Kontakt aufrechtzuerhalten und warum. Vielleicht hatte er nicht verstanden, was er Ihnen bedeutet. Vielleicht will er Ihnen gar nicht so viel bedeuten. Das wäre traurig für Sie, doch sein gutes Recht.

296. Tabuzonen für Handys: Heutzutage telefoniert doch jeder an jedem Ort; warum sollte ich mich da zurückhalten?

Das Handy ist ein Statussymbol: Wer wirklich wichtig ist, braucht keines. Es gibt schließlich heute kaum eine größere Macht als die autonome Verfügungsgewalt über die eigene Zeit. Handy heißt auf Englisch »mobile phone«, das Wort »handy« bedeutet »handlich«, das Handy soll Ihnen also Leichtigkeit und Flexibilität beim Telefonieren garantieren – was eben bedeuten kann, dass Sie es nicht immer und nicht überall benutzen.

Sie können damit rechnen, dass man Ihnen die rote Karte zeigt, wenn Sie die Sicherheit Ihrer Mitmenschen gefährden: im Umfeld elektronischer Anlagen und in Flugzeugen bei Start, Landung und in der Luft. Die rote Karte gibt es auch an Orten, die Andacht und Entspannung fordern bzw. bieten: im Krankenhaus, auf dem Friedhof, beim Gottesdienstbesuch und bei der Besichtigung einer Kirche, in einer Wellness-Oase, in der Oper, beim Konzert, im Theater und Kino.
Machen Sie sich auf eine gelbe Karte gefasst, wenn Sie die Konzentration anderer Anwesender stören: bei Besprechungen, Ansprachen, Vorträgen – und natürlich beim Familientreffen und beim Date mit dem Liebsten. Erwarten Sie hingegen während eines Meetings mit Geschäftspartnern telefonisch z. B. hierfür relevante Informationen, nehmen Sie natürlich den Anruf entgegen. Und nicht einmal ein kritischer Kunde ist düpiert, wenn Sie ihm zu Beginn Ihrer Unterredung ankündigen, dass Ihre Tochter gerade in der Führerscheinprüfung sitzt und Ihnen das Ergebnis im Lauf der kommenden Minuten mitteilen wird. In diesem Fall gehen Sie vor wie in für Ruhe oder Genuss vorgesehenen Räumlichkeiten wie z. B. Ruhezonen in Flughafen-Lounges, Restaurants, Zugabteilen mit »Psst«-Zeichen: Sie schalten den Vibrationsalarm ein und nehmen den Anruf außerhalb der Hörweite entgegen. Jenseits der Tabuzonen sprechen Sie bitte stets leise direkt ins Mikrofon oder Headset. Bedenken Sie, dass Sie sich und Ihre Gesprächspartner mit Indiskretionen in Gefahr bringen.

Der Klingelton: Ihre Visitenkarte

Ihr Handy bietet eine Auswahl an Klingeltönen; kreieren Sie nicht unbedingt extravagante Motive wie das Schreien Ihres Jüngsten oder das Bellen Ihrer Dogge. Sie können sich damit zwar der Aufmerksamkeit Ihrer Umgebung sicher sein, doch ob die so positiv ist, sei dahingestellt. Geben Sie einem diskreten Ton den Vorzug – wenn die Stummschaltung tatsächlich nicht möglich ist.

297. Telefon im Zugabteil: Ich darf doch im Zugabteil telefonieren, oder?

Haben Sie Platz in einem mit Handy-Zeichen ausgewiesenen Wagen gefunden, darf sich niemand beklagen, wenn Sie telefonieren. Vielleicht aber ist es nicht nur für die Mitreisenden im Abteil angenehmer, sondern auch für Sie selbst sicherer, wenn Sie zum Telefonieren das Abteil verlassen. Im Gang ist doch genügend Platz.

298. Telefon stört: Darf ich einen Mitreisenden darauf hinweisen, dass mich sein Telefonieren stört?

Sie dürfen eine Person, die im Ruhebereich eines Zuges telefoniert, an die Spielregel erinnern; Sie sollten das aber freundlich tun, vielleicht ist sie nicht böswillig, sondern ungeschickt oder hat das Nicht-Telefonieren-Schild nicht gesehen. Sie können natürlich auch das Begleitpersonal bitten, für die Einhaltung der Regeln zu sorgen.

299. Telefonat bei Tisch: Wie verhalte ich mich, wenn ein Gast im Restaurant während des Essens am Tisch telefoniert?

Als Gastgeber machen Sie gute Miene zum unhöflichen Spiel: Der Gast ist König. Beim wiederholten Mal bieten Sie Ihrem Gast mit einer Geste an, dass Sie den Tisch während des Gesprächs verlassen; eventuell erreichen Sie damit, dass er das Telefonat kurz hält. Da der Gast selbst als König nicht das Recht hat, Sie und gegebenenfalls andere Gäste zu tyrannisieren, fragen Sie ihn – auch wenn das schwer fällt, ohne tadelnden Unterton – nach dem Telefonat, ob er dringende Dinge zu regeln wünscht, bevor Sie mit dem Essen fortfahren. Sind Sie selbst Gast, können Sie dem Gastgeber die Regie überlassen oder aber – ist der Störenfried Ihr direkter Nachbar – ihn diskret bitten, aus Wertschätzung für den Gastgeber das Telefonieren zu unterlassen. »Meinen Sie nicht, es wäre besser, aus Höflichkeit unserem Gastgeber gegenüber nach draußen zu gehen, um zu telefonieren?« Stört Sie das Telefonat anderer Gäste an einem Nebentisch in einem eleganten Restaurant, bitten Sie den Oberkellner um Unterstützung; er ist dazu verpflichtet, dafür zu sorgen, dass jeder seiner Kunden ungestört sein Essen genießen kann.

300. SMS zwischendurch: Meine Tochter verschickt ständig SMS, sogar beim Essen mit Gästen; wie gewöhne ich ihr das ab?

Geschäftsleute treffen in Zügen, in S-Bahnen, im Taxi und sogar in Meetings Terminabsprachen, bei abgeschaltetem Tastengeräusch ist das mit minimalem Störaufwand möglich und die meisten Anwesenden finden das normal oder ignorieren es. Im privaten Umgang haben »Simser« in einer nicht von der SMS-Wut befallenen Umgebung jedoch oft schlechte Karten. Das liegt in der Natur der Sache, da es beim Simsen meist weniger um Datenübermittlung geht als um die Festigung der Beziehungsebene mit einer abwesenden Person. Oftmals wird mal eben schnell eine Verabredung für den Abend oder das nächste Wochenende per SMS vereinbart. Manche Simser halten so Kontakt anstatt zu telefonieren und tauschen Neuigkeiten miteinander aus. Welche Inhalte auch immer übermittelt werden, gewisse Spielregeln gilt es einzuhalten und eine davon ist, Anwesende mit dem ständigen Griff zur Handytastatur nicht zu stören.

Im Familien- und vertrauten Gästekreis können Sie die Spielregel aufstellen: Wer vor Ort ist, hat Vorrang. Erklären Sie Ihrer Tochter, dass ihr Verhalten den Anwesenden gegenüber – beispielsweise bei einer Familienfeier oder einem Essen mit Gästen – unhöflich ist. Dann heißt es nur noch mit gutem Beispiel vorangehen – wie Vorgesetzte das in Besprechungen tun (sollten). Sie dürfen als Eltern dann auch nicht während der Mahlzeiten oder des gemeinsamen Kartenspiels ans Telefon oder Handy gehen und sollten, wenn Sie beispielsweise keine Freisprechanlage im Auto haben, keine Anrufe entgegennehmen oder selbst tätigen. Kinder lernen am besten durch gute Vorbilder.

Durch die weite Welt: Wo im Ausland die Fettnäpfchen stehen

Begegnung mit einzelnen Personen, zumal in verschiedenen Milieus, lassen ganz unterschiedliche Rückschlüsse auf nationale Besonderheiten zu, auf Verallgemeinerungen beruhende Tipps zu geben ist daher schwierig. Bei aller gebotenen Vorsicht sei dennoch auf einige Stolpersteine hingewiesen, die sich Ihnen als Hindernisse erweisen können.

Europa von Nord bis Süd, von Ost bis West

Bei allen Bemühungen um ein vereintes Europa bleiben nationale Unterschiede bestehen. Wer genau hinschaut, sieht: Der Rhein ist breiter, die Donau länger, der Ärmelkanal tiefer, als man es über 40 Jahre nach dem deutsch-französischen Freundschaftsvertrag – dem Grundstein der Europäischen Union – gedacht hätte.

»Hallo, du da …«

Im angelsächsischen Raum gibt es nur das Anredewort »you« und der Vorname ist schnell im Spiel; in Skandinavien ist die »Du«-Anrede mit Vornamen an der Tagesordnung. Leiten Sie daraus kein Angebot zur Verbrüderung ab, bleiben Sie sensibel für körpersprachliche Anzeichen von Nähe und Distanz. Beginnen Sie von sich aus niemals eine Küss- und/oder Umarmungszeremonie. In Frankreich z. B. ist sie auf Kontakte unter Frauen bzw. von Frauen zu Männern begrenzt.

Die richtige Anrede

Hören Sie bei Anreden genau hin, übernehmen Sie die angebotene Anredeform: Akademische Grade beispielsweise werden in den wenigsten Ländern genannt; an ihre Stelle können, wie in Österreich, Ehrentitel oder, wie in Frankreich, Positionsbezeichnungen treten. Meist entfällt dann der Nachname: »Frau Magistra«; »Monsieur le Président«.

Was Sie wissen sollten

Dass Sie in Italien keinen Löffel zum Eindrehen der Spaghetti und nach dem Essen nicht das Frühstücksgetränk Cappuccino bestellen sollten, wissen Sie vielleicht schon.

Wussten Sie aber auch, dass Sie in Russland Vodka entweder flaschenweise oder mit Grammangabe bestellen und meist aus kleinen Tassen trinken?

Ausländische Gäste werden in polnischen Lokalen besser behandelt als einheimische, u. a. weil man sie für zahlungskräftiger hält. Erliegen Sie deshalb aber nicht der Versuchung, mit ostentativer Großzügigkeit bei polnischen Geschäftspartnern Eindruck schinden zu wollen.

Bleiben Sie in Großbritannien lange zu Tisch, kann es sein, dass Ihr Gastgeber einen »Loyal Toast« auf das Königshaus ausspricht. Währenddessen nur ja nicht sprechen, nicht einmal das Glas in der Hand halten. Der hierzu verwendete Portwein wird nur im Uhrzeigersinn weitergereicht.

Lieber perfekt: Ihr Outfit

Im Jogginganzug zum Einkaufen, in Shorts und Sandalen in die Stadt – derartige Herren-Outfits sehen Sie außerhalb Deutschlands selten. Prinzipiell sind Sie als Mann im europäischen Geschäftsleben konservativ richtig gekleidet. Eine Ausnahme macht Italien; dort gilt am Tag der braune Schuh zum blauen Anzug als schick und in der Freizeit der locker über die Schultern geschwungene Pullover. Kein Spanier, kein Italiener würde in Strandkleidung eine Kirche besichtigen wollen. Wundern Sie sich also nicht, wenn Ihnen in Shorts der Eintritt verwehrt bleibt – gerade als Frau sollten Sie sich dort bedeckt halten. Gehen Sie lieber mit als ohne Make-up, eher mit als ohne Strumpf, in Großbritannien sowie Mittel- und Osteuropa eher dezent und mit bedecktem Knie denn als Blickfang.

Nord- und Südamerika

Die Uhren gehen in den USA und Kanada häufig anders als in Lateinamerika; selbst innerhalb der USA ist mit großen Unterschieden zwischen der am »hard business« orientierten Ostküste, den Südstaaten und dem sonnigen Westen zu rechnen.

Zeit ist Geld

Ein US-Amerikaner käme vor allem in den Großstädten mit ihrem dichten Verkehr nicht auf die Idee, aus einer kleinen Unpünktlichkeit einen Mangel an Respekt abzulesen. Sobald Sie sich am Verhandlungstisch niedergelassen haben, gilt jedoch im angelsächsisch geprägten Nordosten: »Time is money.« Ergebnisorientierung geht vor Detailkontrolle. In südlicheren Regionen wiederum lassen Sie Termine kurzfristig bestätigen, streichen die Tage vor und nach Feiertagen aus dem Geschäftskalender und kalkulieren ein, dass Gäste zu privaten Anlässen 30 bis 60 Minuten nach der verabredeten Zeit eintreffen.

Ein Netzwerk hilft

Im Urlaub kein Thema, für das Business unabdingbar: Wenn Sie in Lateinamerika Fuß fassen wollen, lassen Sie sich durch Kontaktpersonen vorbereiten und einführen. Eine genaue Kenntnis der Sprachen, Gepflogenheiten und rechtlichen Bedingungen vor Ort hilft Geld und Nerven sparen. In den USA ist es leichter, selbst Kontakte herzustellen.

Smalltalk: Annäherung in Maßen

Ob Sie im Urlaub ins Gespräch oder im Business ins Geschäft kommen wollen – üben Sie sich in der hohen Kunst der leichten, doch nicht seichten Unterhaltung. Regionale Herkunft und Alltagsgeschichten, Urlaub und Reisen, Beruf, Freizeit und Familienverhältnisse sind gute Plauderthemen. Denken Sie nicht, Sie könnten gleich etwas zur Lage der Nation verkünden oder einen Blondinen-Witz erzählen: Bei Politik und Religion, Sex und Moral hört der Smalltalk auf. Gerade weil die Kontaktaufnahme so leicht ist, achten Sie bitte auf minimale Sig-

nale, mit denen Ihr Gegenüber Grenzen setzen möchte. Nehmen Sie nicht die erste Einladung Ihrer Urlaubsbekanntschaft gleich an. Sie war möglicherweise nichts als das Signal: Ich finde Sie o. k., aber im Moment ist es genug.
Auf dem gesamten Doppelkontinent sind große Gesten und intime Umarmungen unangebracht, ebenso wie öffentlicher Alkoholkonsum, Händchenhalten gleichgeschlechtlicher Personen und Oben-ohne-Baden am öffentlichen Strand. Halten Sie sich zurück, halten Sie sich bedeckt. Eine in Deutschland völlig unspektakuläre Geste könnte jenseits des Atlantiks Empörung hervorrufen. Achten Sie daher auf Ihre Körpersprache.

Elegant gewinnt
US-amerikanische Männerhosen sind für deutsche Begriffe immer ein Stück zu kurz; kurze Socken, die den Blick auf das Bein freilegen, sind wiederum absolut tabu. Das gilt beim Frauen-Outfit für nackte unrasierte Beine ebenso wie der freie Blick auf nicht rasierte Achseln. In guten Restaurants behalten Herren ihr Jackett an; Damen haben zum Kleid eine Jacke oder eine Stola dabei: die Klimaanlagen sind sehr kalt eingestellt. Im Business tragen Sie eher Rock als Hose, eher Kostüm als Kleid, eher Bluse als Shirt. Auf der Straße das Jackett auszuziehen und in Sportschuhen zu gehen ist üblich; im Geschäftsleben liegen Sie konservativ richtig. In Lateinamerika hingegen findet sich das traditionelle Geschlechterverhältnis im Erscheinungsbild wieder: Anzug für die Herren, ein feminines Kleid für die Dame. Stellen Sie aber im Business Ihre Reize zu sehr zur Schau, werden Sie zwar als Frau ernst genommen, aber nicht als Geschäftspartnerin.

Zwischen Mittelmeer und Pazifik

In der arabischen Welt und in Asien werden Deutsche leicht als direkt und laut, hektisch und unsensibel empfunden – jede einzelne dieser Eigenschaften ist in diesen Ländern ein »no go«. Zeigen Sie, dass es auch bei uns anders geht. Bringen Sie genügend Zeit, Geduld und Diskretion mit!

An erster Stelle: Beziehungspflege

Pünktlichkeit wird von Ihnen überall erwartet, auch wenn man Sie warten lässt. Vielleicht empfängt man Sie nicht pünktlich, um Sie auf die Geduldsprobe zu stellen oder um Ihren Status zu senken. Sowohl Ihr arabischer Gesprächspartner als auch Menschen aus dem Fernen Osten nehmen sich die Zeit, Sie als Person zu prüfen und zu Ihnen eine Beziehung aufzubauen. Gehen Sie nicht zu zügig zum geschäftlichen Thema über, lassen Sie sich von Ihrem Umfeld leiten. Selbst als Tourist werden Sie recht häufig in ein Gespräch über Ihre Familie und Ihr Herkunftsland verwickelt. Betrachten Sie das nicht als Aufdringlichkeit, sondern als Chance.

Wahren Sie Distanz

Achten Sie auf die Nähe bzw. Distanz, mit der man Ihnen begegnet. Berühren Sie von sich aus keine andere Person, streichen Sie niemals einem Kind über den Kopf. In vielen arabischen Ländern reichen sich Frauen und Männer zur Begrüßung niemals die Hand; dafür sehen Sie Männer in freundschaftlicher Umarmung. Inder und Japaner z. B. reichen einander nicht die Hand, haben sich aber inzwischen im internationalen Kontakt an den Handschlag gewöhnt. Versuchen Sie niemals, das ausgefeilte japanische Verbeugungsritual zu imitieren, Sie würden sich lächerlich machen.
Das gilt auch für in vielen Ländern äußerst komplizierte Anredeformeln. Bleiben Sie bei »Ms/Mr + Nachname«.

Zeigen Sie Geduld

Sie müssen auf einen Bescheid, ein Telefonat, bei einer Verabredung auf eine Person lange warten? Zeigen Sie Ihre Verärgerung nicht; die Fassung zu wahren ist eine hohe Tugend. Überlegen Sie sich gut, ob Sie tatsächlich mit kalkulierter Wirkung auf den Tisch schlagen wollen, um Ihren Status zu heben. In der Regel erreichen Sie das Gegenteil: Man lässt Sie hängen! Umgekehrt gilt: Schlagen Sie kein freundliches Angebot, keine Einladung aus. »Heute neue Freunde, morgen alte Freunde«, sagen die Chinesen. Hat sich eine Beziehung etabliert, können Sie auf Ihre Gesprächspartner zählen. Bringen Sie diese Voraussetzung, um einen Kontakt fortzusetzen, nicht in Gefahr. Erweisen Sie sich bei der privaten Vermittlung von Kontakten als dankbar und verlässlich.

Machen Sie Geschenke

Reisen Sie nicht zu privaten oder Geschäftsfreunden ohne Präsente im Gepäck. Farbenfrohe Verpackungen – in Japan oft wichtiger als der Inhalt – kommen gut an; kleine Luxusartikel wie Markenschreibwaren sind ideal. Vorsicht mit Spirituosen in islamisch geprägten Ländern. Das Prinzip der Gegenseitigkeit ist in Beziehungen wichtig, beim Austausch von – großzügigen! – Geschenken erhält es eine konkrete Form.

Halten Sie sich bedeckt

Als Mann sind Sie in einem grauen Anzug mit dezenter Krawatte und langärmligem Hemd immer richtig angezogen. Als Frau verzichten Sie nicht nur in vom Islam geprägten Ländern auf eine körperbetonte, transparente Kleidung, kurze Röcke und bloße Arme und Beine. Halten Sie sich selbst im Urlaub bedeckt; gehen Sie nicht mit Shorts ins Einkaufszentrum!

Wohl bekomm's

In manchen Kulturkreisen des Nahen, Mittleren und Fernen Ostens wird mit Messer und Gabel gegessen, in manchem mit Löffel und Gabel (z. B. Thailand), in manchen mit den Fingerspitzen (z. B. in Indien), in wieder anderen mit Stäbchen (China, Japan, Korea). Lehnen Sie niemals eine Speise mit angewiderter Mimik ab, probieren Sie wenigstens von allem. Denken Sie notfalls dabei an etwas anderes. Berühren Sie Ihre Speisen nicht mit der linken Hand; sie wird in vielen Regionen als unrein angesehen. Lassen Sie sich die Tischmanieren erklären und demonstrieren; allein Ihr Versuch, sie zu praktizieren, wird als Ehrerbietung gewertet. Putzen Sie sich niemals die Nase bei Tisch.

Adresse der Autorin

Elisabeth Bonneau
Hasemannstraße 8
79117 Freiburg
www.bonneau.de

Die Autorin bietet Seminare zu Business, Etikette, Smalltalk, Gesprächsführung und Rhetorik an.

Bücher, die weiterhelfen

Bücher der Autorin

Erfolgsfaktor Smalltalk.
GRÄFE UND UNZER VERLAG, München

Gastgeber-Knigge.
GRÄFE UND UNZER VERLAG, München

Mini-Knigge.
GRÄFE UND UNZER VERLAG, München

Smalltalk.
GRÄFE UND UNZER VERLAG, München

Spaghetti, Jeans & gute Sprüche: Knigge für Kids.
Heinrich Ellermann, Hamburg

Stilvoll zum Erfolg. Der moderne Business-Knigge.
Hoffmann und Campe, Hamburg

Weitere Bücher

Baron v. Mirbach, Johannes:
Adelsnamen, Adelstitel.
Starke Verlag, Limburg

Hertzer, Karin: *Rhetorik im Job.*
GRÄFE UND UNZER VERLAG, München

Johnson, Hugh:
Der kleine Johnson 2004.
GRÄFE UND UNZER VERLAG, München

N. N.: *Schreib- und Gestaltungsregeln. Sonderdruck 5008.*
Beuth Verlag, Berlin

Paczensky, Gert v.; Dünnbier, Anna: *Kulturgeschichte des Essens und Trinkens.* Albrecht Knaus Verlag, München

Pohlmann, Nina:
Krawattenknoten. GRÄFE UND UNZER VERLAG, München

Roetzel, Bernhard:
Der Style Guide – Moderatgeber für Männer.
Rowohlt Taschenbuch Verlag, Reinbek

Wahl, Heidi: *Rhetorik.*
GRÄFE UND UNZER VERLAG, München

Wolff, Inge:
Anti-Blamier-Knigge. So verbessern Sie Ihren Auftritt.
GRÄFE UND UNZER VERLAG, München

Register

Fett gesetzte Seitenzahlen verweisen auf Abbildungen.

Wichtiger Hinweis

Die Beiträge in diesem Buch sind sorgfältig recherchiert und entsprechen dem aktuellen Stand. Abweichungen, beispielsweise durch seit Drucklegung geänderte Preise, Gebühren, Anlageentwicklungen, WWW-Adressen etc. sind nicht auszuschließen. Weder Autorin noch Verlag können für eventuelle Nachteile oder Schäden, die aus den im Buch gegebenen praktischen Hinweisen resultieren, eine Haftung übernehmen.

Die Autorin

Elisabeth Bonneau leitet seit über zehn Jahren Seminare zum Thema Stil und Auftreten. Zu ihren Kunden zählen u. a. die Deutsche und die HypoVereinsbank. Sie ist ein gefragter Gast im Fernsehen und bekannt durch zahlreiche Veröffentlichungen in der Fach- und Publikumspresse. Bei GU sind von ihr bereits die erfolgreichen Ratgeber »Mini-Knigge«, »Smalltalk«, »Erfolgsfaktor Smalltalk« und »Gastgeber-Knigge« erschienen.

GRÄFE UND UNZER VERLAG,
Redaktion Leben & Lernen
Grillparzerstr. 12
81675 München

Programmleitung:
Steffen Haselbach

Leitende Redaktion:
Anita Zellner

Redaktion: Esther Szolnoki

Lektorat: Sibylle Kolb

Umschlag:
independent Medien-Design

Titelillustration:
Gavin Reece / new division

Innenlayout: Martin Knipping

Illustrationen:
Sonja Heller, www.heller-blau.de;
S. 44, 46, 47 Renate Holzner;
S. 174 Isabelle Fischer,
independent Medien-Design

Herstellung:
Maike Promm, Gloria Pall

Satz: Knipping Werbung GmbH, Berg / Starnberg

Repro: Penta Repro, München

Druck und Bindung:
Druckerei L. Auer, Donauwörth

Umwelthinweis
Dieses Buch wurde auf chlorfrei gebleichtem Papier gedruckt. Um Rohstoffe zu sparen, haben wir auf Folienverpackung verzichtet.

ISBN (10) 3-7742-8778-3
ISBN (13) 978-3-7742-8778-5

Auflage:

5.	4.	3.	2.
2009	2008	2007	2006

GRÄFE UND UNZER

Ein Unternehmen der
GANSKE VERLAGSGRUPPE